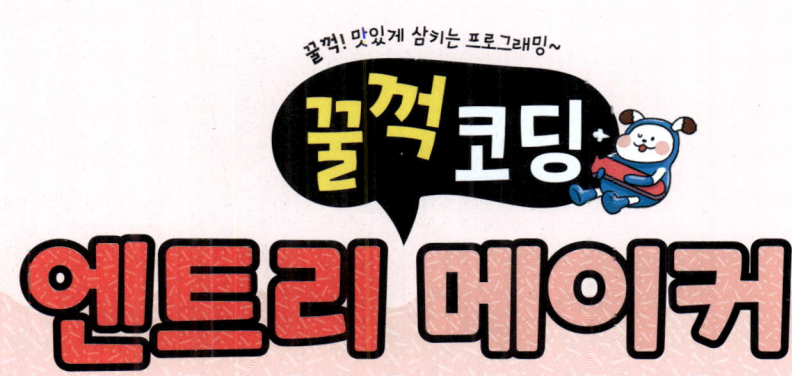

초판 발행일 | 2025년 09월 10일

지은이 | 창의코딩연구소
발행인 | 최용섭
책임편집 | 이준우
기획진행 | 김미경

㈜해람북스
주소 | 서울시 용산구 한남대로 11길 12, 6층
문의전화 | 02-6337-5419 **팩스** | 02-6337-5429
홈페이지 | https://class.edupartner.co.kr

발행처 | (주)미래엔에듀파트너
출판등록번호 | 제2020-000101호

ISBN 979-11-6571-243-3 13000

이 책은 저작권법에 따라 보호받는 저작물이므로 무단전재와 무단복제를 금지하며,
이 책 내용의 전부 또는 일부를 이용하려면 반드시 저작권자와 (주)미래엔에듀파트너의 서면동의를 받아야 합니다.

※ 잘못된 책은 바꾸어 드립니다.
※ 책 가격은 뒷면에 있습니다.

Copyright ⓒ NAVER Connect Foundation. Some Rights Reserved.

이 책의 구성

학습목표 : 단원별로 학습할 내용을 요약 정리하여 어떤 내용을 학습할지 미리 확인할 수 있도록 했어요.

오늘의 작품은? : 해당 단원에서 코딩을 통해 어떠한 작품을 만들지 파악할 수 있도록 했어요.

주요 블록 : 해당 단원에서 사용할 주요 블록들을 블록 이미지로 확인할 수 있도록 했어요.

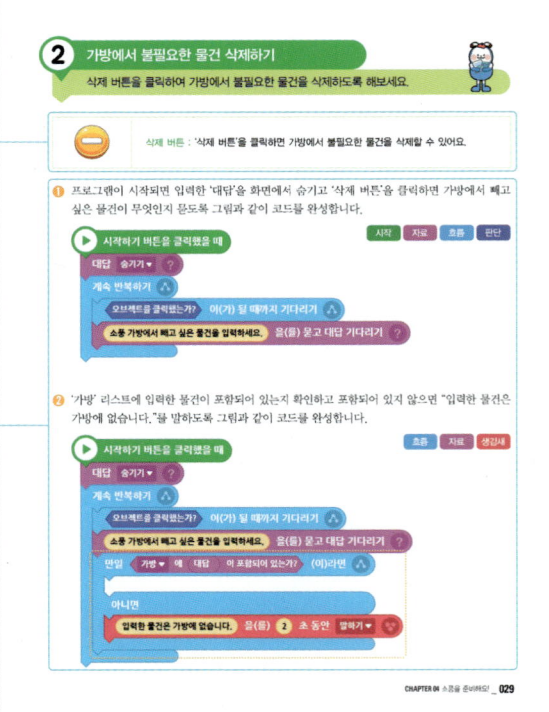

오브젝트 : 코드를 작성할 오브젝트의 이미지와 어떤 명령의 코드를 작성할지 확인할 수 있도록 했어요.

작성할 코드를 이미지로 보여주어 쉽게 따라할 수 있도록 했어요.

CONTENTS

tip : 코드를 작성하며 알아두어야 할 내용이나 관련 정보, 주의할 점 등을 확인할 수 있어요.

쏙쏙! 코드 이해하기 : 작성한 코드가 어떠한 명령을 실행하기 위한 코드인지 알기 쉽게 설명해 두었어요.

리스트와 함수의 개념을 예시를 통해 알기 쉽게 설명해 두었어요.

스스로 코딩 : 학습한 내용을 활용하여 스스로 작품을 만들어 보며 학습 내용을 완벽히 습득하도록 했어요.

코드를 작성할 오브젝트를 이미지로 제공하고 미션을 해결하기 위한 조건들을 확인할 수 있도록 했어요.

이 책의 차례

01 좋아하는 음식 기록하기

010

02 레시피 정리하기

017

03 내가 좋아하는 동물 찾기

022

07 내가 만든 마법 동화책

045

08 뒤죽박죽 책장 정리하기

052

09 행운의 선물 상자 랜덤 뽑기

058

13 자동 드럼 연주
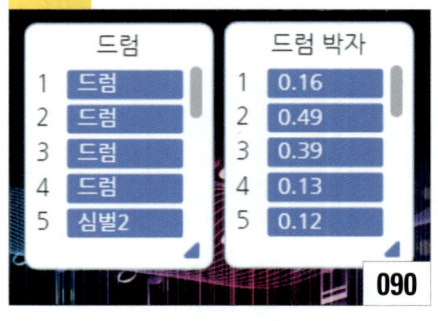
090

14 오늘은 청소왕!

098

15 동물 리듬 게임

108

19 과일 순서 맞히기

139

20 좀비 HP 줄이기

148

21 아이디 생성하기

161

CONTENTS

04 소풍을 준비해요! — 027

05 보물 지도 단서 수정하기 — 034

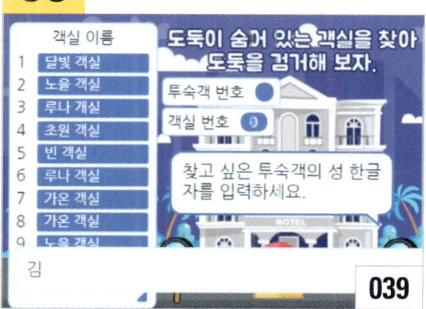
06 숨어 있는 도둑 찾기 — 039

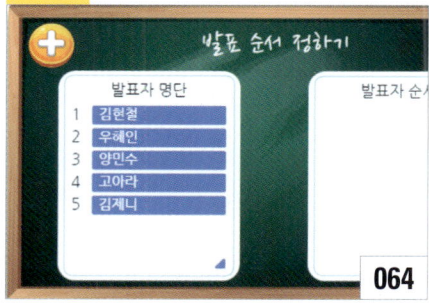
10 발표 순서 뽑기 대작전! — 064

11 도전! 수학 왕! — 070

12 잃어버린 물건 찾기 — 078

16 블록 쌓기 챌린지! — 116

17 용감한 기사 경험치 쌓기! — 124

18 우주 전쟁 — 131

22 로그인 설정하기 — 170

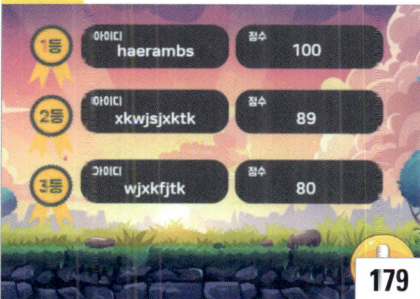
23 등수 확인하기 — 179

24 점수대로 정렬하기 — 187

00 리스트와 함수는 내 친구!

학습목표
- 리스트의 개념에 대해 이해해요.
- 리스트 관련 명령 블록에 대해 이해해요.
- 함수를 생성하고 함수 관련 명령 블록에 대해 이해해요.

1 리스트 개념 이해하기

리스트가 무엇인지 알아보세요.

❶ 리스트란?

'리스트'는 여러 개의 데이터를 순서대로 저장할 수 있는 공간입니다. '변수'가 실시간으로 변하는 값을 1개만 저장할 수 있다면 '리스트'는 여러 개의 값을 저장할 수 있습니다. 쉽게 말해 여러 개의 '변수'를 하나로 묶어 관리하기 쉽게 하는 기능이라고 생각할 수 있습니다.

리스트 형태	변수 형태
① 저장 공간	
② 저장 공간	저장 공간
③ 저장 공간	
④ 저장 공간	
⑤ 저장 공간	

 쏙쏙! 코드 이해하기

리스트는 층층이 쌓여 있어 각 항목마다 위치를 숫자로 알려줘 리스트에서 해당 항목을 가져와 사용할 때 편리해요.

❷ 리스트의 종류에 대해 알아봅니다.

리스트 종류	설명
일반 리스트로 사용	• 프로그램이 종료되면 리스트에 저장된 자료가 사라져요. • 프로그램이 종료되면 사라져도 되는 자료일 경우에 사용해요.
공유 리스트로 사용	• 프로그램이 종료되면 자료가 저장돼요. • 프로그램이 종료되어도 자료가 남아 있어야 할 경우에 사용해요.
실시간 리스트로 사용	• 실시간으로 작품 내 모든 사용자에게 공용으로 사용되고 실시간으로 자료가 저장돼요.

❸ 리스트와 관련된 명령 블록에 대해 알아봅니다.

명령 블록	기능
10 항목을 TEST▼ 에 추가하기	리스트에 항목(자료)이 1번 위치부터 아래쪽으로 순서대로 쌓여요.
1 번째 항목을 TEST▼ 에서 삭제하기	1번째 위치에 있는 항목(자료)을 리스트에서 삭제해요.
10 을(를) TEST▼ 의 1 번째에 넣기	10을 리스트의 1번째 위치에 추가해요. 항목(자료)을 1번째에 추가하면 기존에 있던 항목들은 뒤로 밀려나게 돼요.
TEST▼ 1 번째 항목을 10 (으)로 바꾸기	리스트의 1번째 위치에 있는 항목(자료)을 10으로 변경해요.
TEST▼ 항목 수	리스트에 항목(자료)이 몇 개나 있는지 확인할 수 있어요.
TEST▼ 에 10 이 포함되어 있는가?	리스트의 항목(자료) 중에 10이 있는지 확인해요. 하지만 어느 위치에 있는지는 확인할 수 없어요.

> **Tip**
>
> **용어 이해하기**
> - **항목** : 리스트의 각 층에 저장된 하나 하나의 내용(자료)을 의미해요. 예를 들어, 리스트에 '사과' 텍스트가 입력되어 있으면 '사과'가 항목이 돼요.
> - **포함** : 리스트 내에 해당 항목(자료)이 있는지 확인해요.
> - **1번째에 넣기** : 해당 항목(자료)을 리스트의 1번째 항목에 추가해요.
> - **바꾸기** : 리스트에 입력되어 있는 항목을 다른 항목으로 변경해요.

❹ 변수를 활용하여 리스트에서 필요한 항목을 가져올 수도 있습니다. 변수를 활용하여 리스트에 저장된 모든 항목(자료)을 확인합니다.

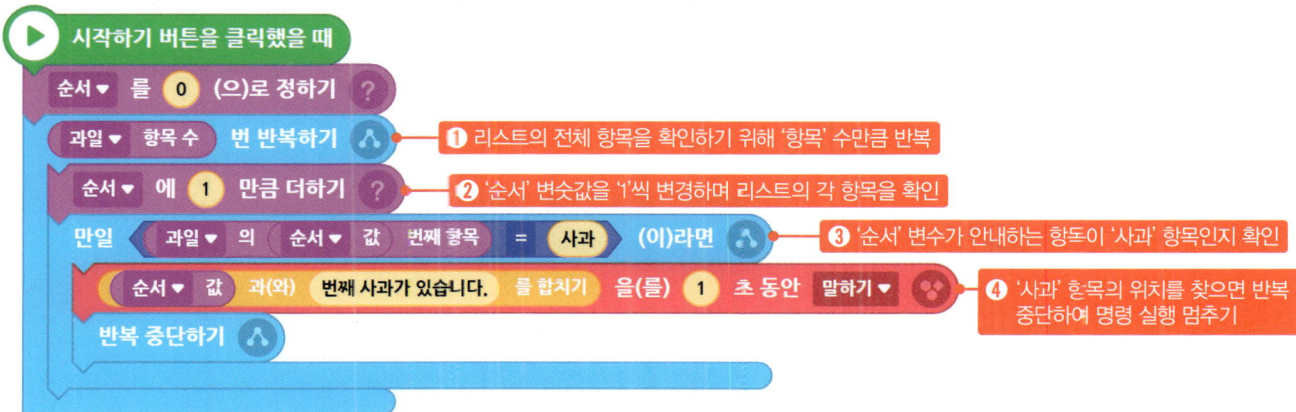

▲ 변수를 활용하여 리스트의 항목(자료)을 확인하는 코드

2 함수 개념 이해하기

함수의 개념과 함수 설정 방법에 대해 알아보세요.

❶ 함수란?

'함수'는 여러 오브젝트가 함께 사용할 수 있는 명령을 하나로 묶어 놓는 기능입니다. 특정 조건에서 함수를 호출하면 함수에 정의되어 있는 명령들이 실행됩니다. '함수'는 동일한 명령을 반복하여 실행할 때 사용하면 효과적으로 사용할 수 있습니다. 또한 '함수'는 '신호'와는 다르게 값을 저장하여 내보낼 수 있어서 오브젝트마다 다른 값을 저장하여 실행할 수 있다는 장점이 있습니다.

> **Tip**
> 위 그림에서 노래를 부르는 '가수'가 '함수'의 이름이 되고 '동요', '가요'가 '함수'의 매개변수가 돼요. 매개변수에 '동요', '가요'를 저장하여 '가수'를 호출하면 해당 명령('동요'를 부르거나 '가요'를 부르는 것)을 실행하게 돼요.

❷ 함수는 [함수] 탭에서 [함수 만들기]를 클릭하여 생성할 수 있고, **함수 정의하기** 블록에 '함수 이름'을 입력하고 함수를 호출했을 때 어떤 명령을 실행할지 코드를 작성합니다.

❸ 함수와 관련된 명령 블록에 대해 알아봅니다.

명령 블록	기능
이름	함수 이름 또는 매개변수에 대한 설명을 입력할 수 있어요.
문자/숫자값	호출할 때 보낸 자료를 넘겨 받을 수 있어요.
판단값	참(true) 또는 거짓(false) 값을 넘겨 받아 처리할 수 있어요.

④ 다양한 음악을 넘겨 받아 지정한 시간 동안 재생하는 함수를 확인합니다.

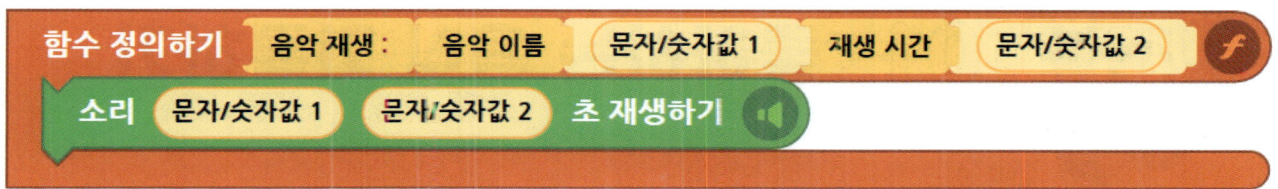

▲ 함수를 호출 받아 음악을 재생하는 함수 정의 블록

▲ 음악 이름과 재생 시간을 넘겨주는 함수 호출 블록

⑤ 함수는 여러 개의 블록을 하나로 묶어 정리해 주는 역할을 합니다. 같은 동작을 반복해서 사용할 때 하나로 묶을 수 있는 블록들을 함수로 만들어 사용하면 더욱 빠르고 효율적으로 코드를 작성할 수 있습니다.

01 좋아하는 음식 기록하기

학습목표
- 리스트를 생성해요.
- 음식을 입력하면 입력한 대답을 리스트에 기록해요.
- 추가 버튼을 클릭하면 해당 음식을 리스트에 기록해요.
- 리스트에 기록된 음식을 확인해요.

오늘의 작품은? 꼬마 요리사 토리는 친구들이 어떤 음식을 좋아하는지 궁금했어요. 라비는 삼겹살, 우지는 떡볶이.. 토리는 자신의 보물 1호인 '좋아하는 음식 리스트' 메모장에 친구들이 좋아하는 음식을 적어 나갔어요.

· 예제 파일 : 01강 좋아하는 음식 기록하기(예제).ent · 완성 파일 : 01강 좋아하는 음식 기록하기(완성).ent

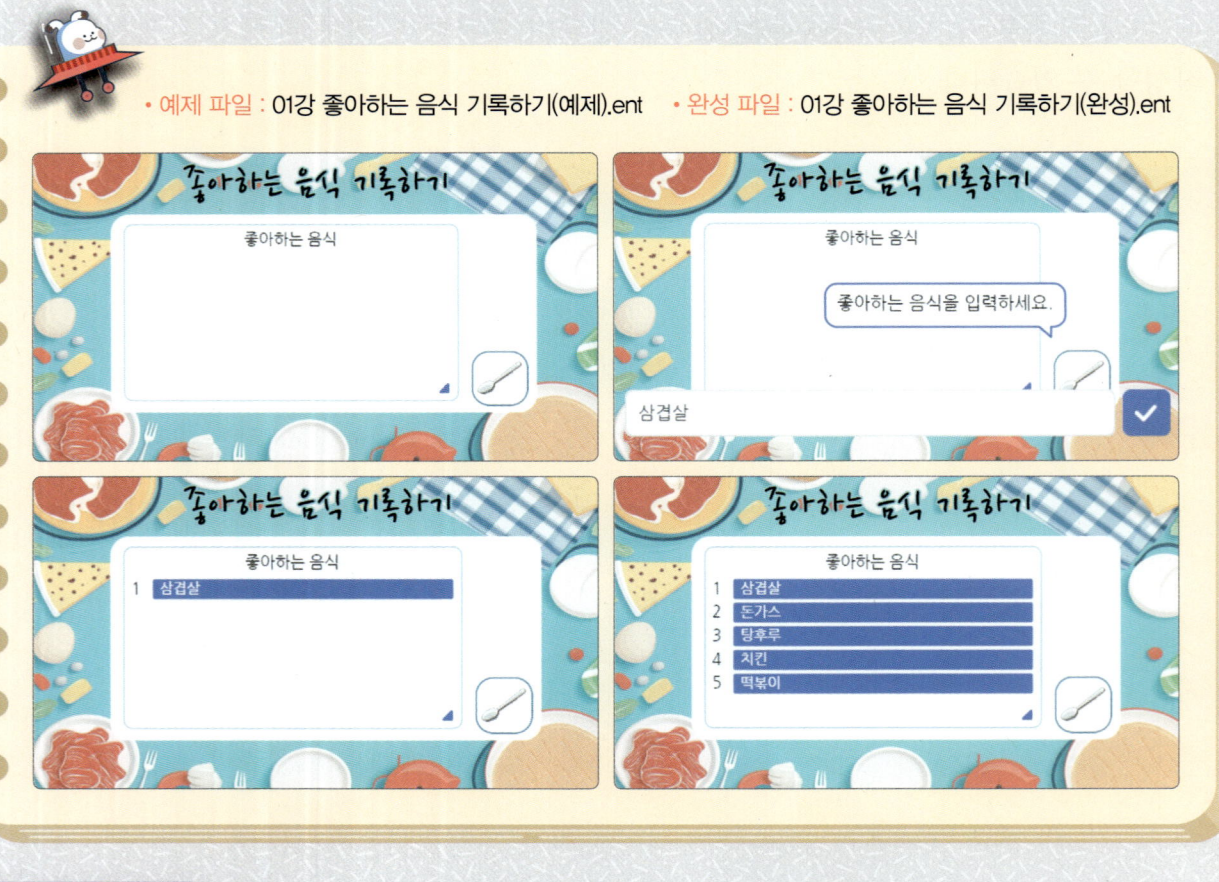

주요 블록

- 안녕! 을(를) 묻고 대답 기다리기
- 대답 숨기기
- 10 항목을 좋아하는 음식 ▼ 에 추가하기
- 리스트 좋아하는 음식 ▼ 보이기

1 리스트에 항목 추가하기

리스트를 생성하고 질문에 대한 대답을 리스트에 추가해 보세요.

❶ '01강 좋아하는 음식 기록하기(예제).ent' 파일을 불러와 [속성] 탭-[리스트]-[리스트 추가하기]를 클릭하여 리스트 이름('좋아하는 음식')을 입력하고 [공유 리스트로 사용 (서버에 저장)]을 선택한 후 [리스트 추가]를 클릭합니다.

Tip
'공유 리스트로 사용 (서버에 저장)'을 선택하면 프로그램을 종료해도 리스트에 기록된 항목이 삭제되지 않아요.

❷ 실행 화면에 리스트가 추가되면 크기를 조절합니다.

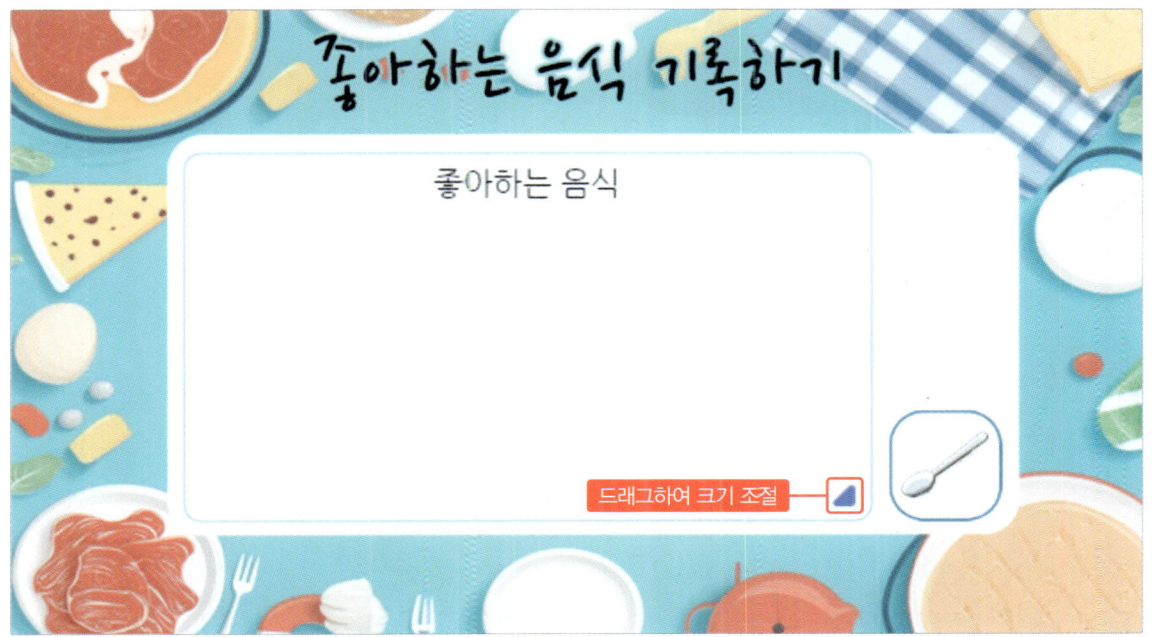

 **추가 버튼** : '추가 버튼'을 클릭하면 좋아하는 음식을 입력할 수 있어요.

❸ [속성] 탭에서 '좋아하는 음식' 리스트의 [숨기기(👁)]를 클릭하여 화면에서 리스트를 숨깁니다.

❹ 프로그램이 시작되면 '좋아하는 음식' 리스트가 화면에 나타나도록 그림과 같이 코드를 완성합니다.

`시작` `리스트`

❺ '대답'을 화면에서 숨기도록 그림과 같이 코드를 완성합니다.

`리스트`

> **Tip**
> 사용자가 입력한 '대답'이 실행 화면에 불필요하게 나타나지 않도록 '대답'을 실행 화면에서 숨겨요.

❻ '추가 버튼'을 클릭하면 사용자에게 질문을 하도록 그림과 같이 코드를 완성합니다.

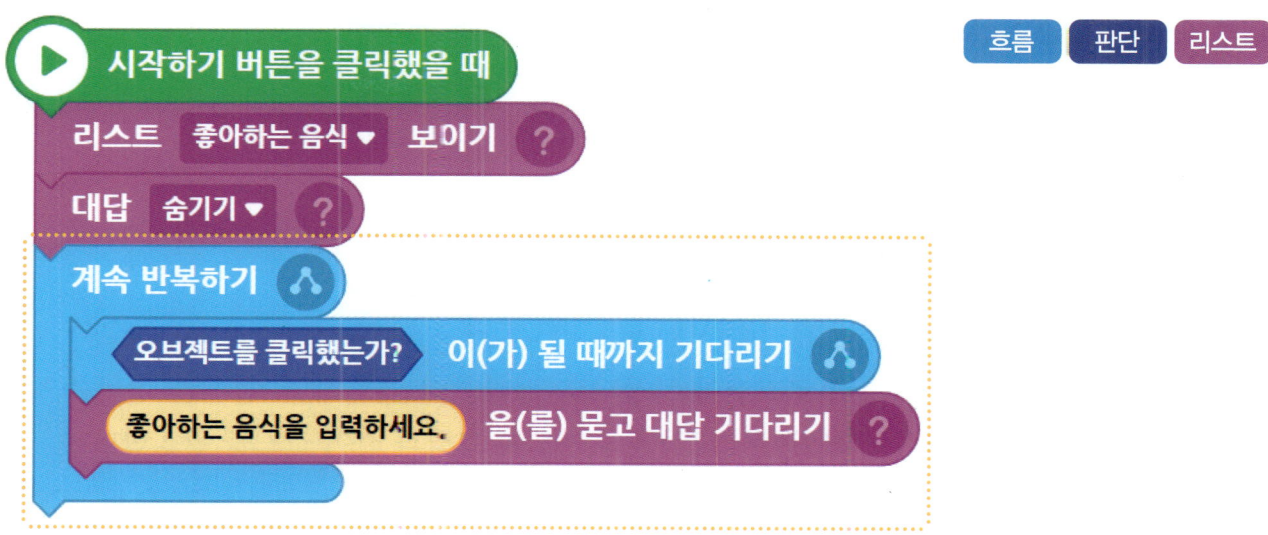

❼ 사용자가 입력한 '대답'을 '좋아하는 음식' 리스트에 추가하도록 그림과 같이 코드를 완성합니다.

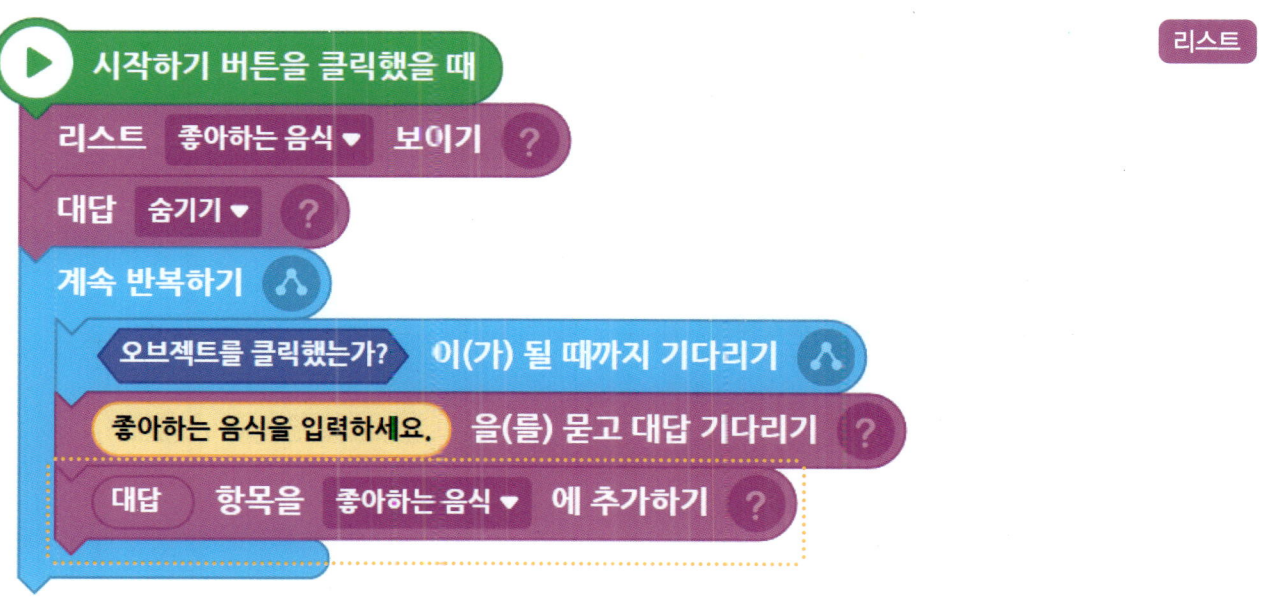

❽ 프로그램이 완성되면 실행하여 '추가 버튼'을 클릭하고 좋아하는 음식을 입력하여 리스트에 기록해 봅니다.

2 입력한 음식 화면에 표시하기

오브젝트를 클릭하여 자료를 리스트에 기록해 보세요.

 컵라면 : '컵라면'을 클릭하면 '컵라면' 항목을 리스트에 추가해요.

❶ [입력2] 장면을 선택하고 프로그램이 시작되고 '컵라면'을 클릭하면 '컵라면' 항목을 '좋아하는 음식' 리스트에 추가하고 화면에서 모양을 숨기도록 그림과 같이 코드를 완성합니다.

❷ ❶과 같은 방법으로 '딸기'~'케이크'를 클릭하면 '딸기'~'케이크' 항목을 '좋아하는 음식' 리스트에 추가하고 화면에서 모양을 숨기도록 코드를 완성합니다.

▲ '딸기' 오브젝트

▲ '케이크' 오브젝트

 결과 확인 버튼 : '결과 확인 버튼'을 클릭하면 기록된 리스트가 화면에 나타나요.

③ 프로그램이 시작되면 '대답'을 화면에서 숨기고 '안눌림' 모양으로 변경한 후 화면에서 리스트를 숨기도록 그림과 같이 코드를 완성합니다.

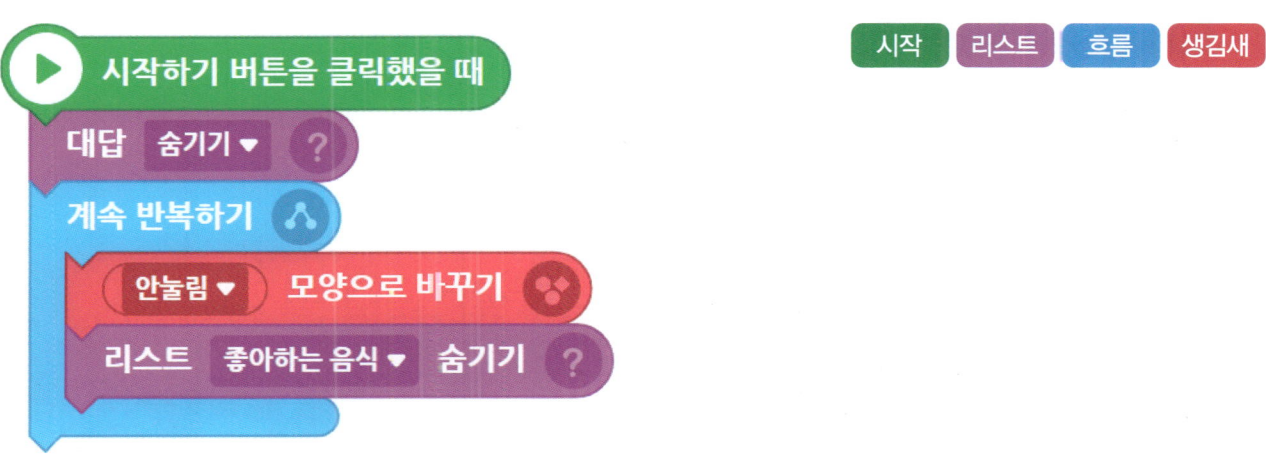

④ '결과 확인 버튼'을 클릭한 동안에는 '눌림' 모양으로 변경하고 리스트가 화면에 나타나도록 그림과 같이 코드를 완성합니다.

⑤ 프로그램이 완성되면 실행하고 '컵라면'~'케이크'를 클릭하여 리스트에 기록한 후 '결과 확인 버튼'을 클릭하여 기록된 리스트를 확인해 봅니다.

• 예제 파일 : 01강 받고 싶은 선물 기록하기(예제).ent   • 완성 파일 : 01강 받고 싶은 선물 기록하기(완성).ent

 예제 파일을 불러와 선물을 클릭해 리스트에 추가하도록 코딩해 보세요.

 '자전거'~'게임기'

① '자전거'~'게임기'를 클릭하면 선물을 '받고 싶은 선물' 리스트에 추가해요.
② 해당 선물이 리스트에 추가되면 화면에서 모양을 숨겨요.

 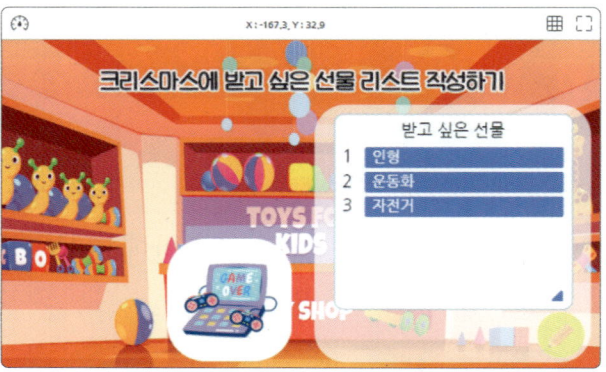

| 힌트 | 리스트 종류를 '공유 리스트로 사용 (서버에 저장)'으로 지정해요.

 '추가 버튼'을 클릭하여 받고 싶은 선물을 리스트에 추가하도록 코딩해 보세요.

추가 버튼

① 프로그램이 시작되면 '받고 싶은 선물' 리스트는 화면에 보이고 '대답'은 화면에서 숨겨요.
② '추가 버튼'을 클릭하면 "받고 싶은 선물을 입력하세요."를 묻고 기다려요.
③ 사용자가 입력한 '대답'을 '받고 싶은 선물' 리스트에 추가해요.

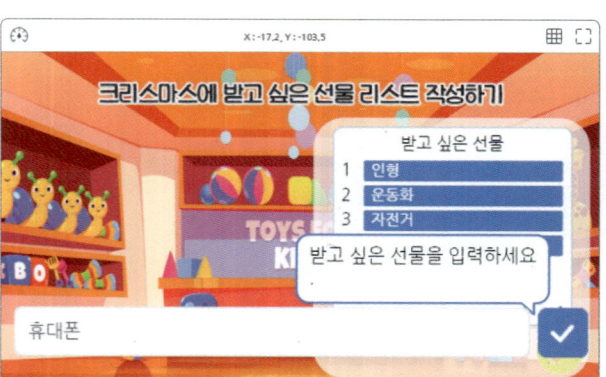 

016 _ 꿀꺽코딩 엔트리 메이커

02 레시피 정리하기

학습목표
- 리스트를 불러와 항목을 입력해요.
- 입력한 대답을 순서 변숫값으로 지정해요.
- 입력한 대답을 리스트의 순서 변숫값 번째에 추가해요.

오늘의 작품은?

우지는 요리 학원에서 배운 요리들의 레시피를 정리하고 있었어요. 옆에서 그 모습을 지켜보던 토리가 말했어요. "어..? 레시피가 하나 빠진 것 같은데?" 우지는 정리한 레시피를 읽어봤어요. "아! 식빵에 달걀물을 적시는 걸 깜박했다!" 우지는 빠진 내용을 레시피 중간에 추가했어요.

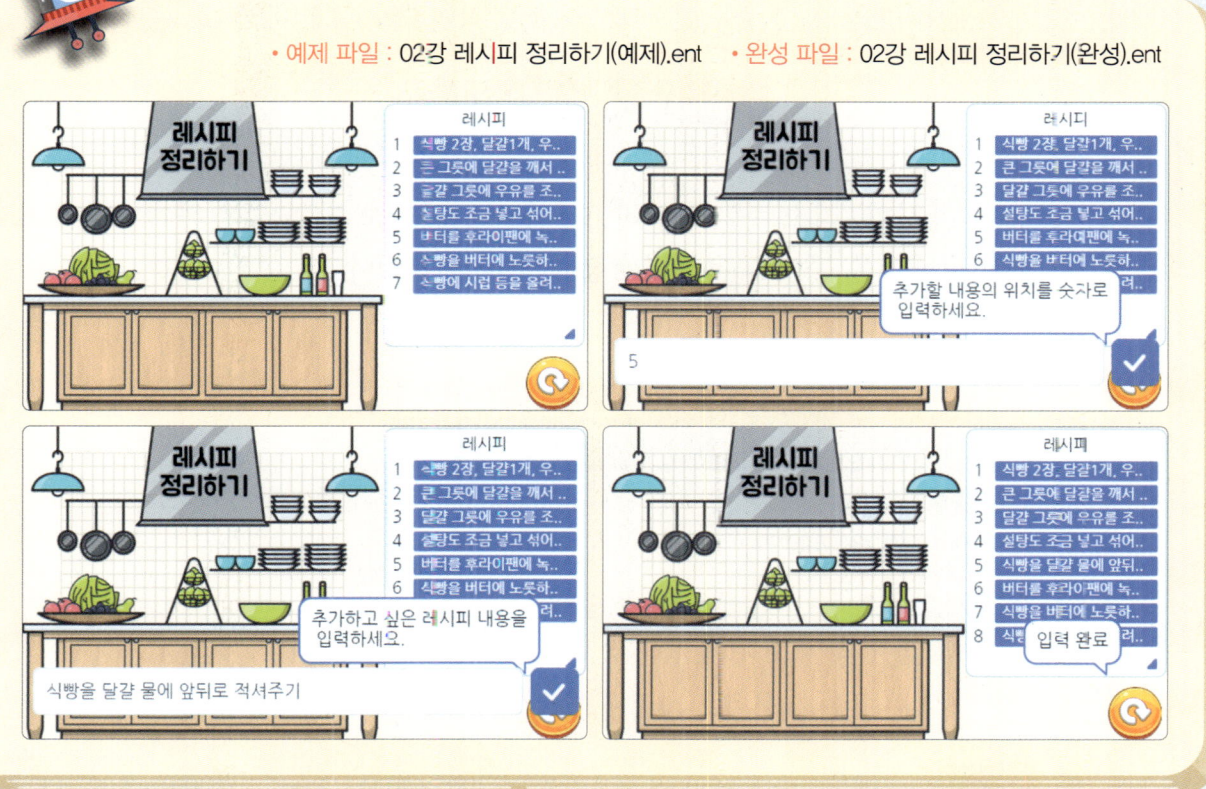

- 예제 파일 : 02강 레시피 정리하기(예제).ent
- 완성 파일 : 02강 레시피 정리하기(완성).ent

주요 블록

대답 | 순서▼ 값 | 10 을(를) 레시피▼ 의 1 번째에 넣기 ?

1 리스트에 항목 추가하기

리스트를 생성하고 리스트 불러오기를 이용해 리스트 항목을 추가해 보세요.

❶ '02강 레시피 정리하기(예제).ent' 파일을 불러와 [속성] 탭에서 '레시피' 리스트와 '순서' 변수를 생성하고 변수를 화면에서 숨깁니다.

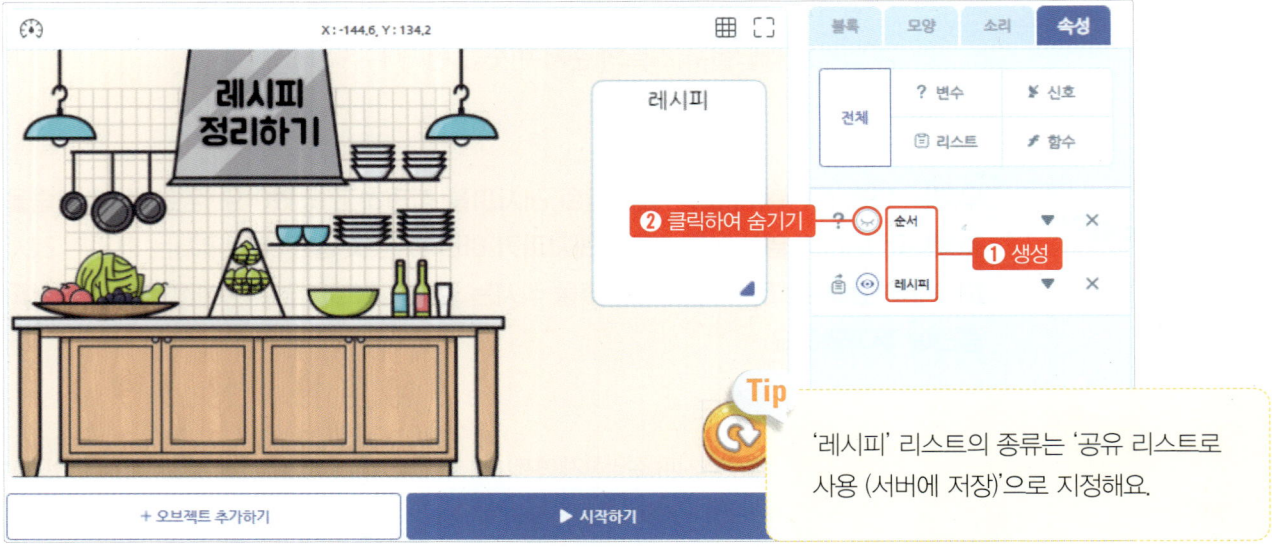

Tip '레시피' 리스트의 종류는 '공유 리스트로 사용 (서버에 저장)'으로 지정해요.

❷ [속성] 탭에서 '레시피' 리스트를 선택하고 [리스트 불러오기]를 클릭하여 '02강 요리 레시피.txt' 메모장의 내용을 붙여 넣은 후 [저장하기]를 클릭합니다.

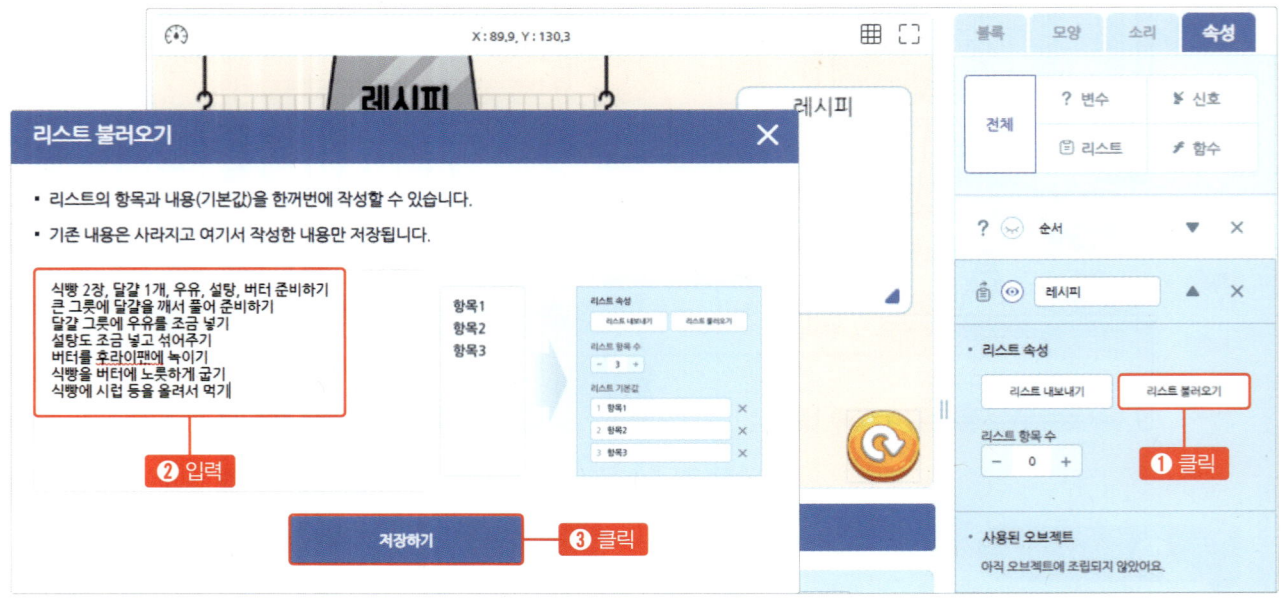

Tip '02강 요리 레시피.txt' 파일은 [예제파일]-[02강] 폴더에 위치해 있어요.

 수정 버튼 : '수정 버튼'을 클릭하면 리스트 중간에 항목을 추가할 수 있어요.

❸ 프로그램이 시작되면 사용자가 입력한 '대답'을 화면에서 숨기도록 그림과 같이 코드를 완성합니다.

❹ '수정 버튼'을 클릭하면 "추가할 내용의 위치를 숫자로 입력하세요."를 묻고 입력한 '대답'을 '순서' 변숫값으로 지정하도록 그림과 같이 코드를 완성합니다.

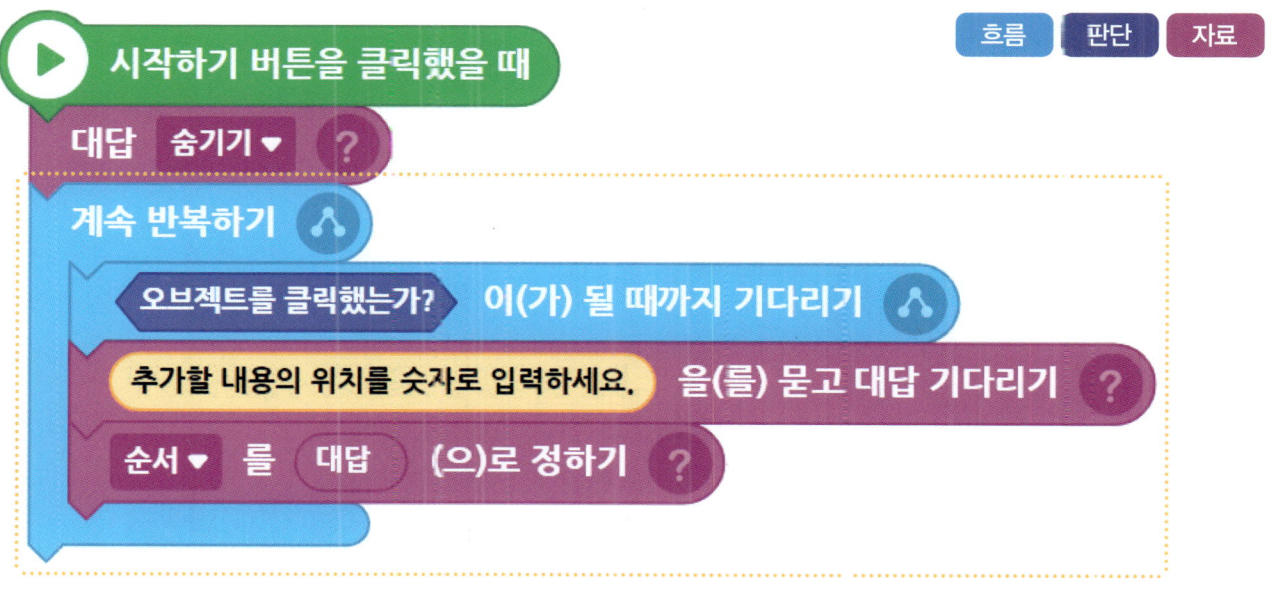

 쏙쏙! 코드 이해하기

- 리스트 중간에 항목(자료)을 추가하기 위해 어느 위치에 항목을 추가할지 입력해야 해요.
- '순서' 변수는 추가될 항목의 위치를 입력 받아 기록해두는 역할을 해요.

❺ 이어서 "추가하고 싶은 레시피 내용을 입력하세요."를 추가로 묻고 입력한 '대답'을 '레시피' 리스트의 '순서' 변숫값 번째에 추가하도록 그림과 같이 코드를 완성합니다.

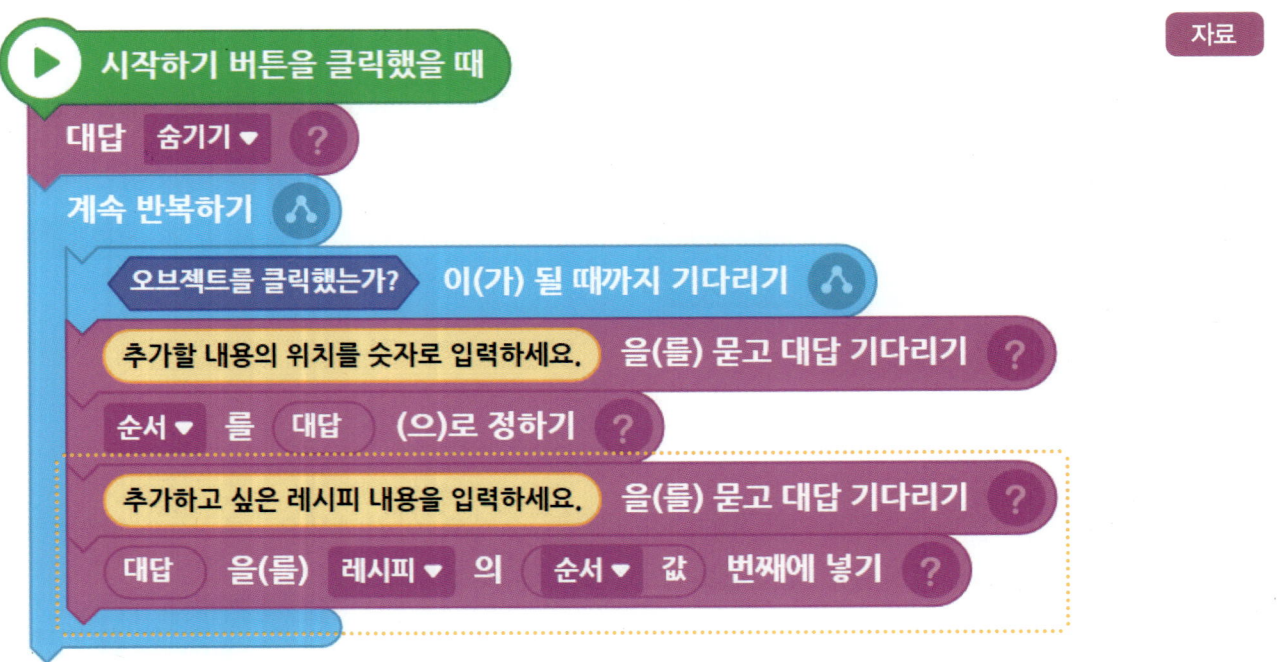

❻ 입력을 마치면 '1'초 동안 "입력 완료"를 말하도록 그림과 같이 코드를 완성합니다.

❼ 프로그램이 완성되면 실행하여 '레시피' 리스트의 '5'번째 항목에 "식빵을 달걀물에 앞뒤로 적셔주기" 레시피를 추가해 봅니다.

• 예제 파일 : 02강 순서 추가하기(예제).ent   • 완성 파일 : 02강 순서 추가하기(완성).ent

 **미션 1** 예제 파일을 불러와 리스트에 게임 순서를 순서대로 추가해 보세요.

추가 버튼
① '게임 내용' 리스트와 '순서' 변수를 생성하고 변수는 화면에서 숨겨요.
② [리스트 불러오기]를 클릭하고 게임 순서를 '게임 내용' 리스트에 추가해요.
③ 입력된 게임 순서 중 1가지 항목을 삭제해요.

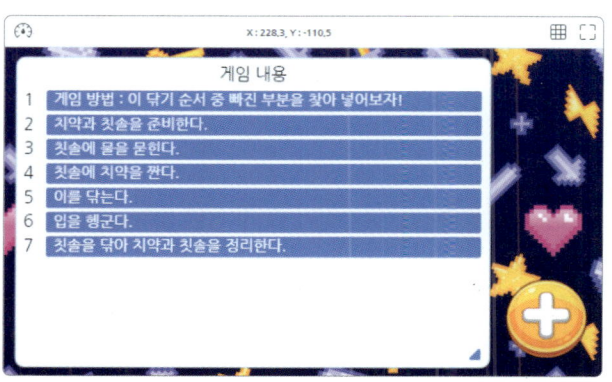 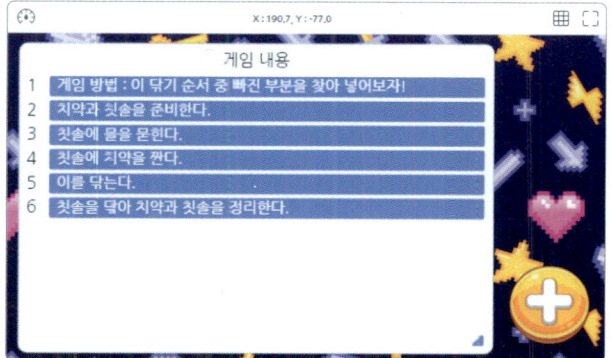

| 힌트 | • 리스트 종류를 '공유 리스트로 사용 (서버에 저장)'으로 지정해요.
 • '02강 게임 내용.txt' 파일의 내용을 복사해 사용해요.

 **미션 2** '추가 버튼'을 클릭하면 리스트에 빠진 게임 순서를 추가하도록 코딩해 보세요.

추가 버튼
① '추가 버튼'을 클릭하면 추가할 내용의 위치를 묻고 기다려요.
② 입력한 '대답'을 '순서' 변숫값으로 지정해요.
③ 추가하고 싶은 게임 내용을 묻고 기다려요.
④ '대답'을 '게임 내용' 리스트의 '순서' 변숫값 번째에 추가해요.

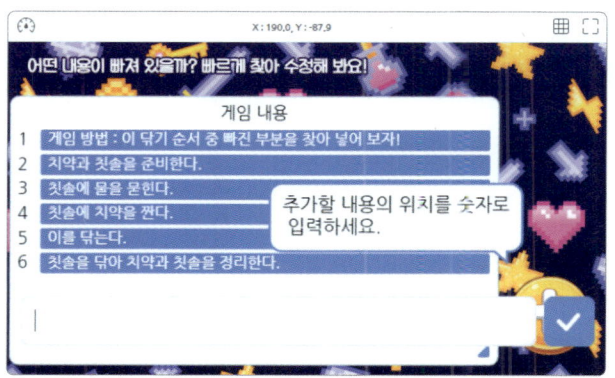 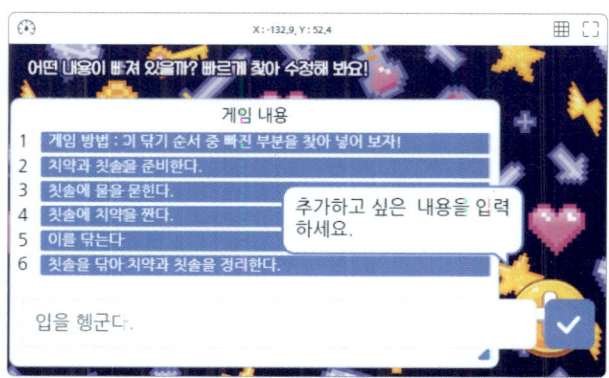

03 내가 좋아하는 동물 찾기

학습목표
- 동물 이름을 리스트에 추가해요.
- 찾을 동물의 이름이 무엇인지 묻고 찾을 동물을 입력해요.
- 입력한 대답이 동물 종류 리스트에 포함되어 있는지 확인해요.
- 입력한 대답이 순서 변숫값 번째 항목과 같으면 동물이 있는 위치를 알려줘요.

오늘의 작품은?

오늘은 신나는 소풍날! 친구들은 동물원에 도착했어요. 보고 싶은 동물이 있는데 어디로 가야 할지 모르겠어요. 친구들이 보고 싶은 동물을 검색하고 해당 동물이 어느 위치에 있는지 알려줄 수 있도록 도와줄까요?

· 예제 파일 : 03강 동물 찾기(예제).ent   · 완성 파일 : 03강 동물 찾기(완성).ent

주요 블록

| 동물 종류▼ 에 10 이 포함되어 있는가? | 동물 종류▼ 항목 수 |
| 동물 종류▼ 의 10 번째 항목 | 안녕! 과(와) 엔트리 를 합치기 |

022 _ 꿀꺽코딩 엔트리 메이커

1 리스트에 동물 추가하기

리스트를 생성하고 리스트 불러오기를 이용해 동물 종류를 추가해 보세요.

❶ '03강 동물 찾기(예제).ent' 파일을 불러와 [속성] 탭에서 '동물 종류' 리스트와 '순서' 변수를 생성하고 변수와 리스트를 화면에서 숨깁니다.

Tip
'동물 종류' 리스트의 종류는 '공유 리스트로 사용 (서버에 저장)'으로 지정해요.

❷ [속성] 탭에서 '동물 종류' 리스트를 선택하고 [리스트 불러오기]를 클릭하여 '03강 동물 이름.txt' 메모장의 내용을 붙여 넣은 후 [저장하기]를 클릭합니다.

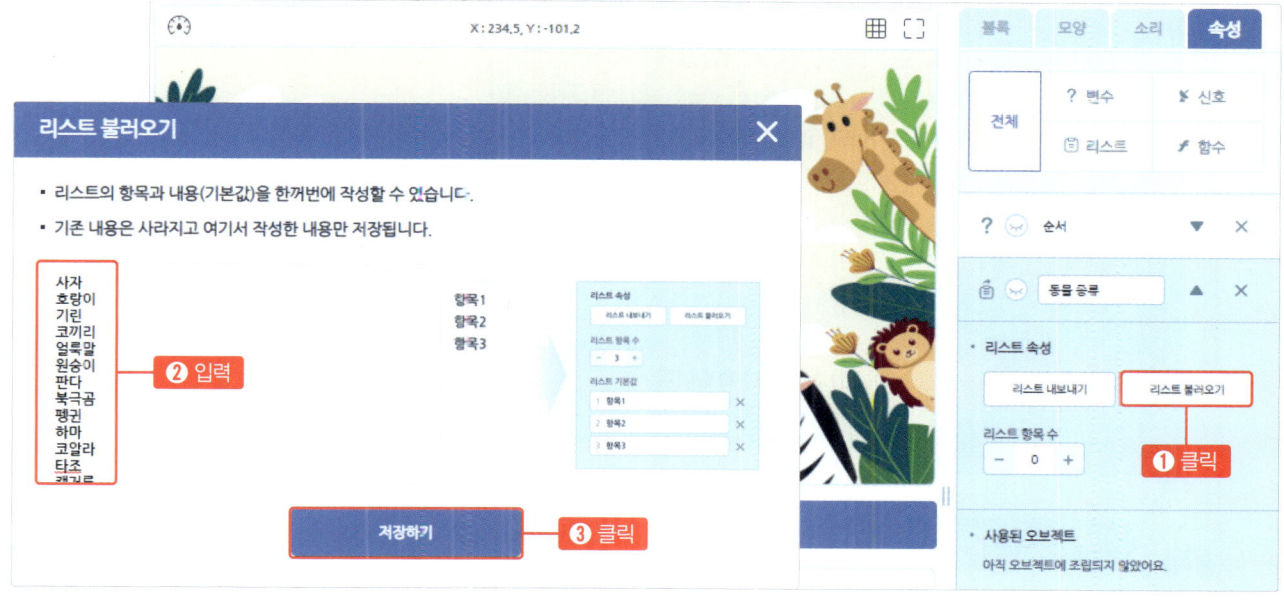

Tip
'03강 동물 종류.txt' 파일은 [예제파일]-[03강] 폴더에 위치해 있어요.

2 좋아하는 동물 찾기

검색 버튼을 클릭하여 좋아하는 동물이 동물원에 있는지 검색해 보세요.

 검색 버튼 : '검색 버튼'을 클릭하면 동물원에 내가 좋아하는 동물이 있는지 확인해요.

① 프로그램이 시작되면 입력한 '대답'을 화면에서 숨기고 '검색 버튼'을 클릭하면 검색할 동물을 입력할 수 있도록 그림과 같이 코드를 완성합니다.

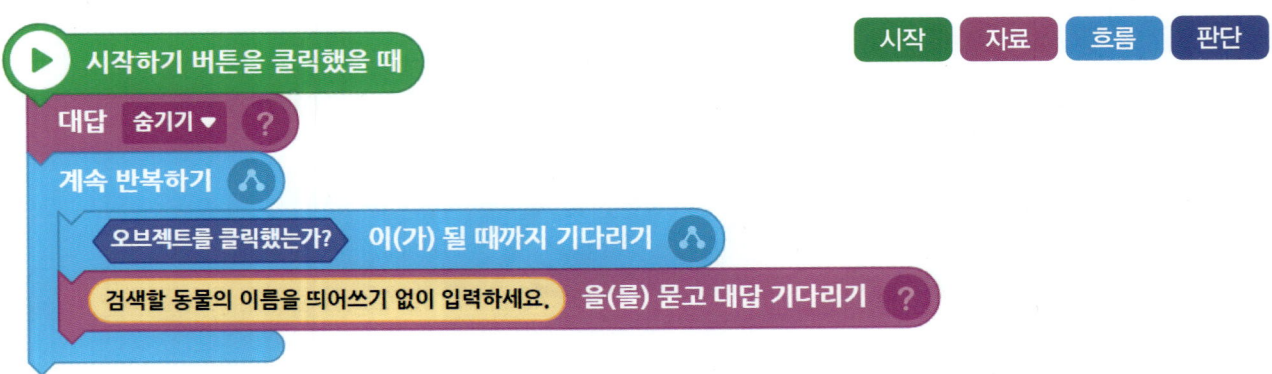

② 입력한 동물이 '동물 종류' 리스트에 포함되어 있는지 확인한 후 '2'초 동안 결과를 말하도록 그림과 같이 코드를 완성합니다.

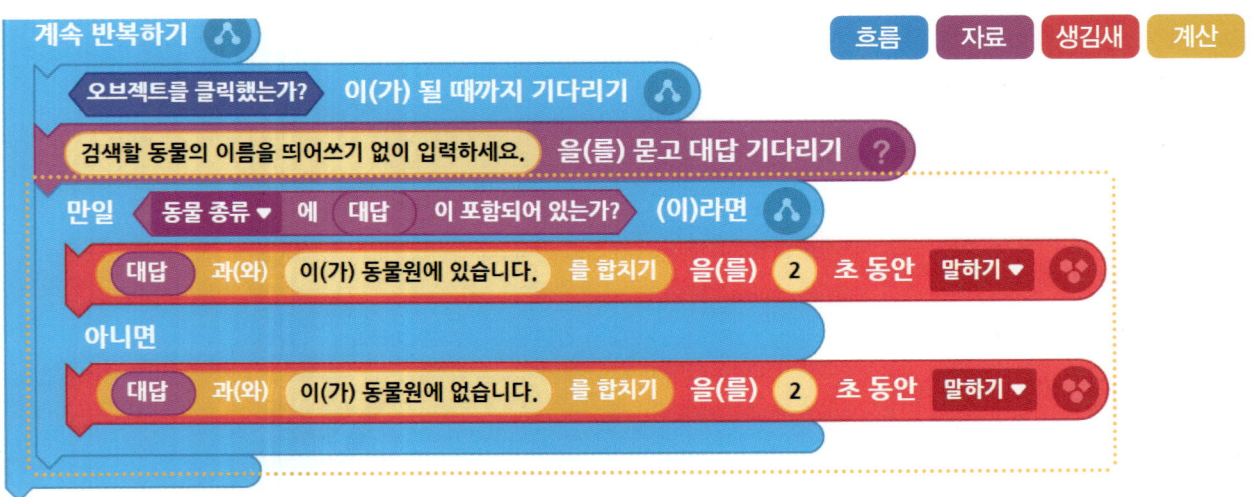

 쏙쏙! 코드 이해하기

- 입력한 동물이 '동물 종류' 리스트 항목에 포함되어 있는지 확인해요.
- 입력한 동물이 '동물 종류' 리스트 항목에 포함되어 있으면 입력한 '대답'+"이(가) 동물원에 있습니다." 메시지가 나타나고 아니면 '대답'+"이(가) 동물원에 없습니다." 메시지가 나타나요.

 검색 버튼 : 좋아하는 동물이 동물원 어디에 있는지 알려줘요.

❸ 입력한 동물이 동물원에 있다면 '동물 종류' 리스트 항목을 확인하여 해당 동물이 몇 번째 항목에 위치해 있는지 확인하도록 그림과 같이 코드를 완성합니다.

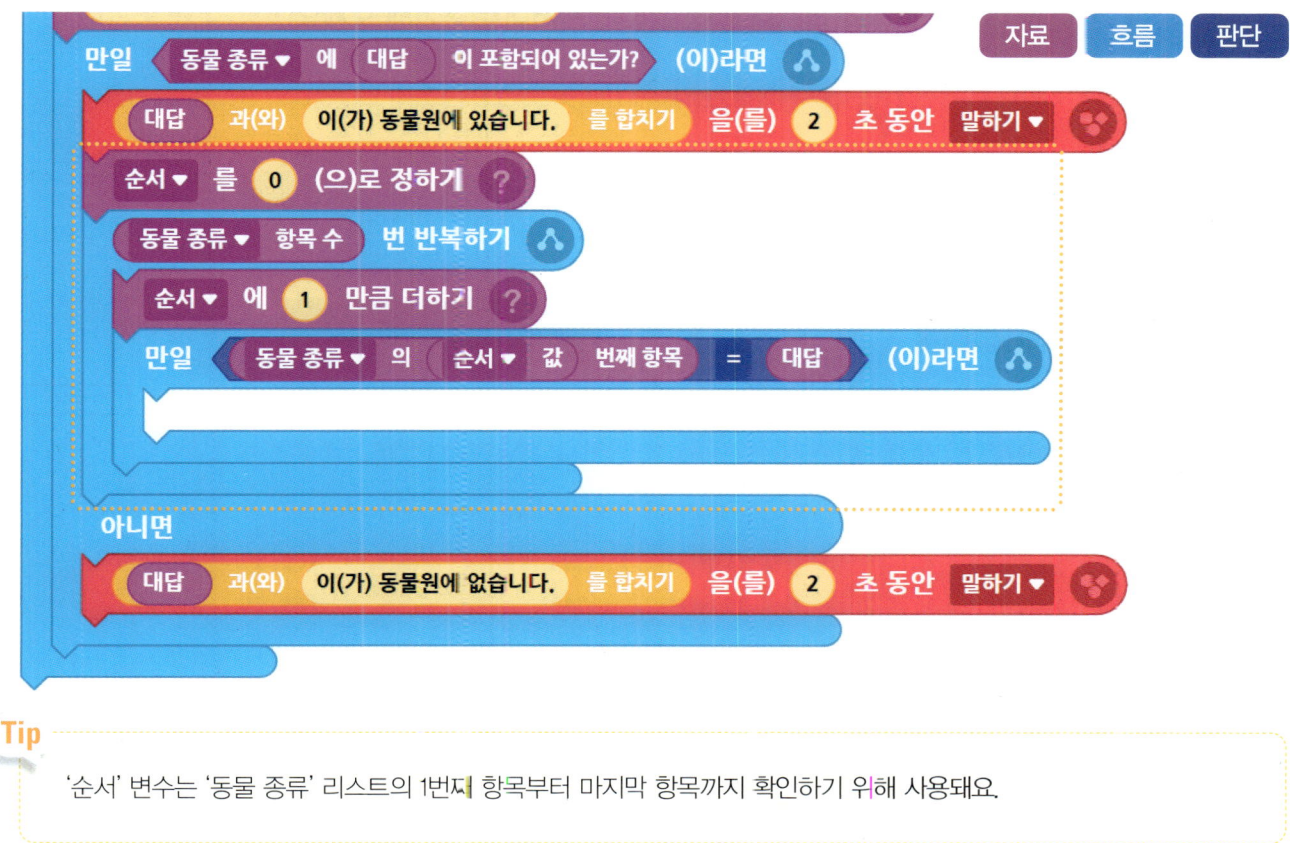

> **Tip**
> '순서' 변수는 '동물 종류' 리스트의 1번째 항목부터 마지막 항목까지 확인하기 위해 사용돼요.

❹ 입력한 동물이 '동물 종류' 리스트의 몇 번째 항목에 위치해 있는지 확인되면 해당 동물이 몇 층에 있는지 안내하고 반복을 중단하도록 그림과 같이 코드를 완성합니다.

❺ 프로그램이 완성되면 실행하여 동물원 검색대에서 좋아하는 동물을 검색해 봅니다.

• 예제 파일 : 03강 서점에서 책 찾기(예제).ent　　• 완성 파일 : 03강 서점에서 책 찾기(완성).ent

미션 1　예제 파일을 불러와 리스트에 책 종류를 순서대로 추가해 보세요.

　검색 버튼
① '책 이름' 리스트와 '순서' 변수를 생성하고 리스트와 변수를 화면에서 숨겨요.
② [리스트 불러오기]를 클릭해 책 종류를 '책 이름' 리스트에 추가해요.

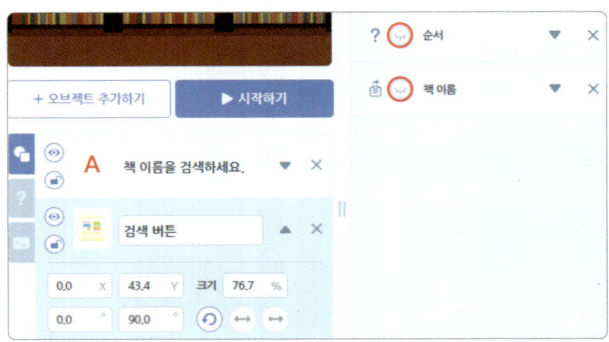 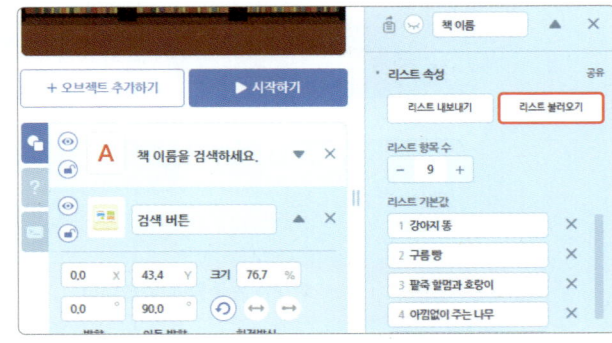

| 힌트 |　• 리스트 종류를 '공유 리스트로 사용 (서버에 저장)'으로 지정해요.
　　　　• '03강 책 이름.txt' 파일의 내용을 복사해 사용해요.

미션 2　'검색 버튼'을 클릭하면 서점에 원하는 책이 있는지 검색할 수 있도록 코딩해 보세요.

　검색 버튼
① '검색 버튼'을 클릭하면 검색할 책을 묻고 기다려요.
② 검색한 책이 '책 이름' 리스트에 포함되어 있는지 확인해요.
③ 검색한 책이 서점에 있으면 책의 위치를 알려줘요.

| 힌트 |　• '순서' 변숫값을 활용해 검색한 책의 위치를 찾아요.

04 소풍을 준비해요!

학습목표
- 소풍에 필요한 물건들을 가방 리스트 항목에 추가해요.
- 빼고 싶은 물건이 무엇인지 묻고 가방에서 뺄 물건을 입력해요.
- 입력한 대답이 가방 리스트에 포함되어 있는지 확인해요.
- 입력한 대답이 순서 변숫값 번째 항목의 내용과 같으면 해당 물건을 삭제해요.

 **오늘의 작품은?**

내일은 기다리고 기다리던 소풍날이에요. 우선 짐부터 챙겨야겠죠? 물, 돗자리, 교과서, 인형, 간식, 손전등, 호루라기, 필통 등등.. 소풍 가방에 필요한 짐을 모두 넣었어요. 그런데.. 가방이 너무 무거워졌어요. 리스트를 이용해 가방에서 불필요한 물건을 꺼내 가볍게 소풍을 갈 수 있도록 도와주세요.

- 예제 파일 : 04강 소풍 준비하기(예제).ent
- 완성 파일 : 04강 소풍 준비하기(완성).ent

 **주요 블록**

- `순서▼ 값`
- `가방▼ 에 10 이 포함되어 있는가?`
- `1 번째 항목을 가방▼ 에서 삭제하기`
- `가방▼ 의 1 번째 항목`

1 리스트에 물건 추가하기

리스트를 생성하고 리스트 불러오기를 이용해 물건들을 추가해 보세요.

❶ '04강 소풍 준비하기(예제).ent' 파일을 불러와 [속성] 탭에서 '가방' 리스트와 '순서' 변수를 생성하고 리스트의 크기와 위치를 조절한 후 변수를 화면에서 숨깁니다.

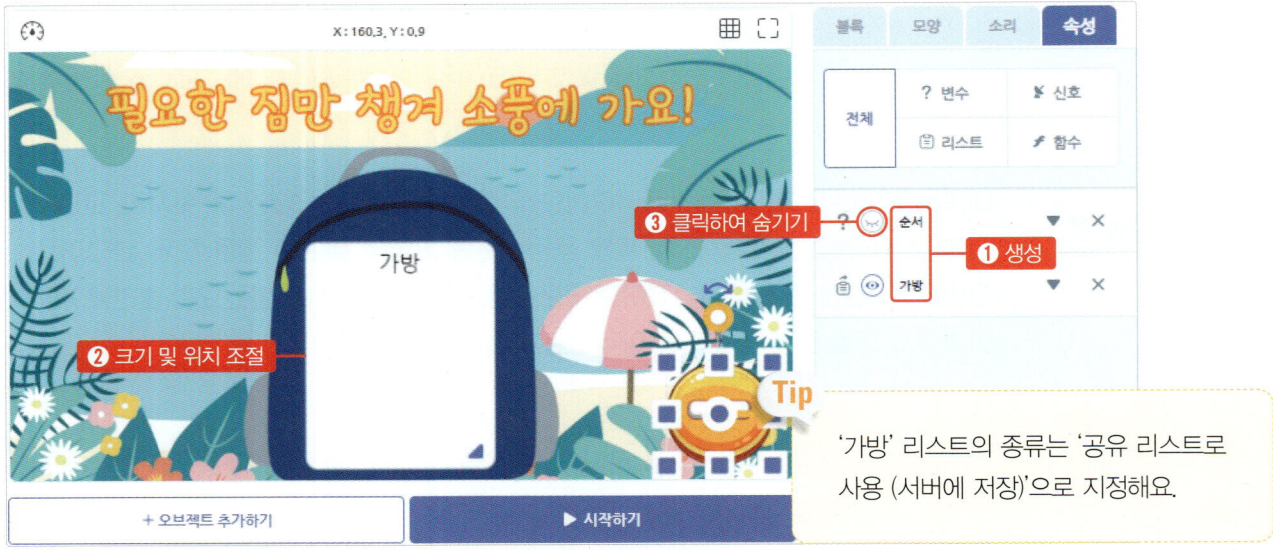

Tip '가방' 리스트의 종류는 '공유 리스트로 사용 (서버에 저장)'으로 지정해요.

❷ [속성] 탭에서 '가방' 리스트를 선택하고 [리스트 불러오기]를 클릭하여 '04강 가방 속 물건.txt' 메모장의 내용을 붙여 넣은 후 [저장하기]를 클릭합니다.

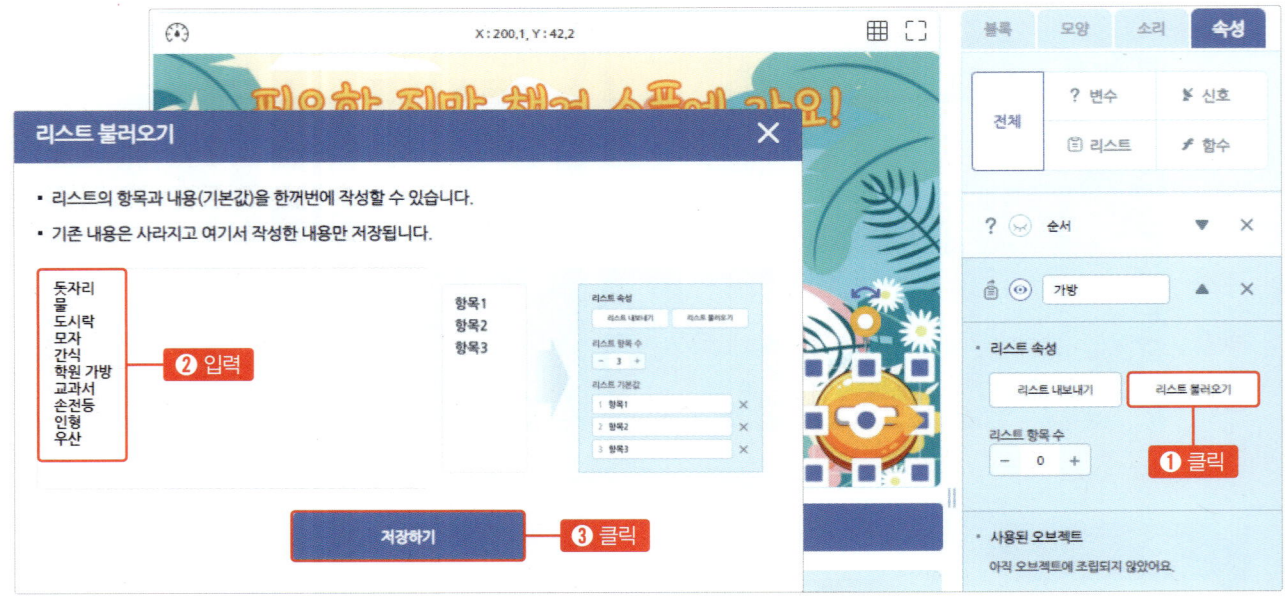

Tip '04강 가방 속 물건.txt' 파일은 [예제파일]-[04강] 폴더에 위치해 있어요.

2 가방에서 불필요한 물건 삭제하기

삭제 버튼을 클릭하여 가방에서 불필요한 물건을 삭제하도록 해보세요.

 삭제 버튼 : '삭제 버튼'을 클릭하면 가방에서 불필요한 물건을 삭제할 수 있어요.

❶ 프로그램이 시작되면 입력한 '대답'을 화면에서 숨기고 '삭제 버튼'을 클릭하면 가방에서 빼고 싶은 물건이 무엇인지 묻도록 그림과 같이 코드를 완성합니다.

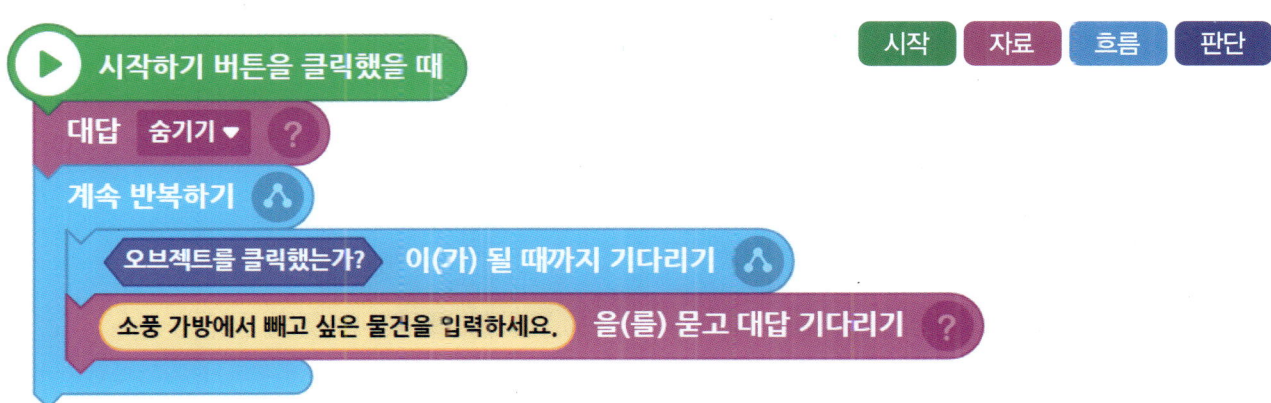

❷ '가방' 리스트에 입력한 물건이 포함되어 있는지 확인하고 포함되어 있지 않으면 "입력한 물건은 가방에 없습니다."를 말하도록 그림과 같이 코드를 완성합니다.

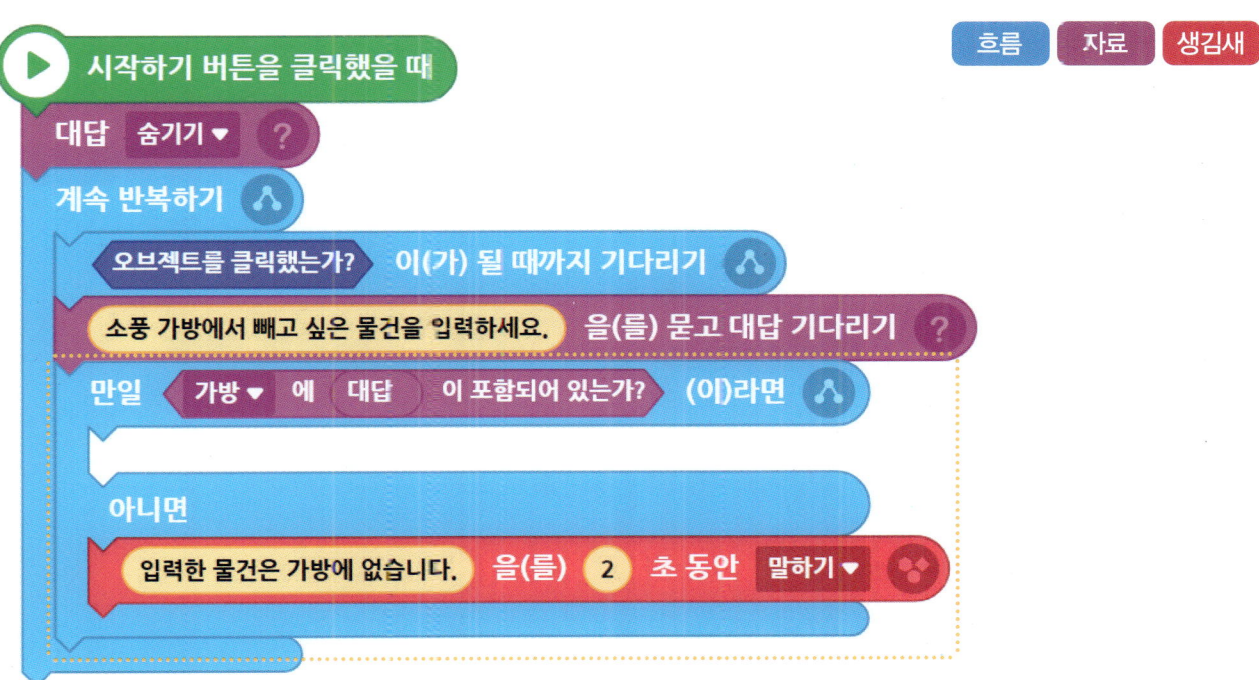

❸ 입력한 물건이 '가방' 리스트에 포함되어 있으면 '가방' 리스트의 항목 수만큼 반복하여 '순서' 변숫값이 '1'씩 증가하도록 그림과 같이 코드를 완성합니다.

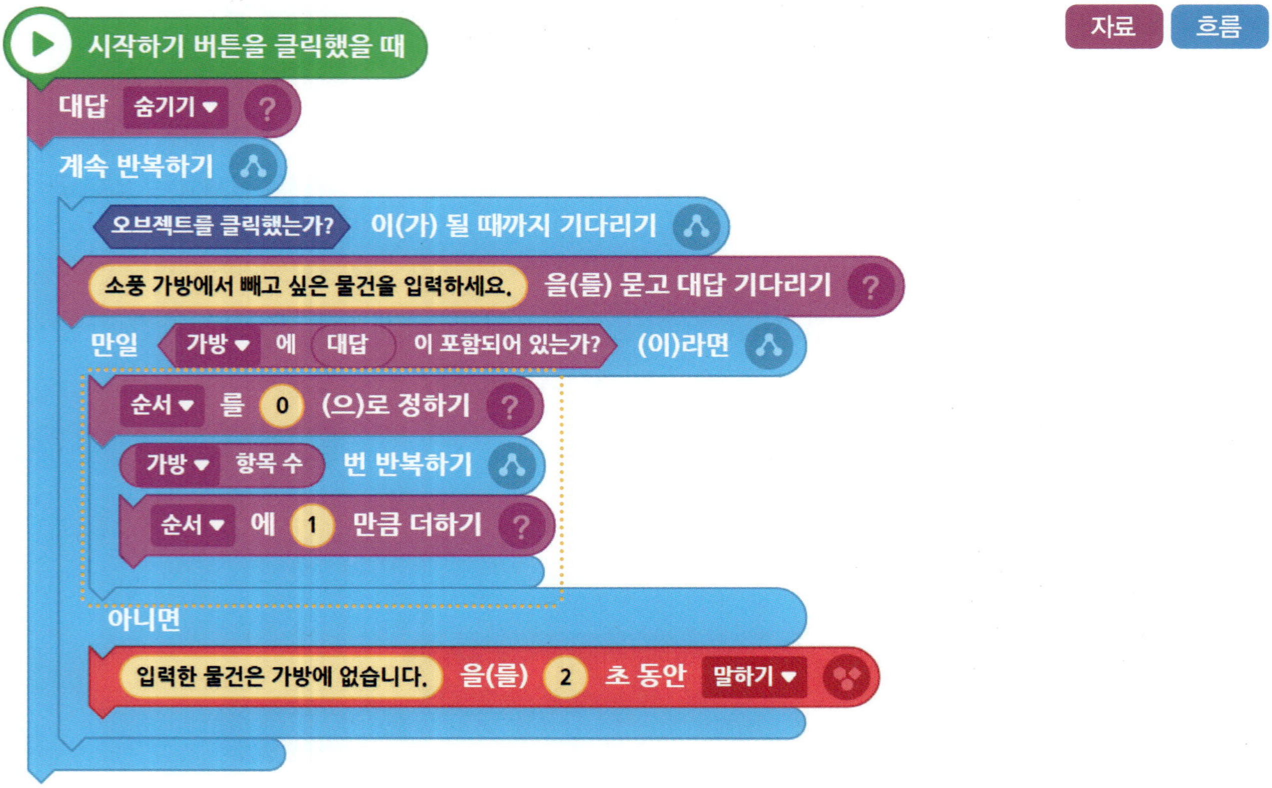

> Tip
> '순서' 변수는 이후 '가방' 리스트의 항목을 하나씩 확인하기 위해 사용돼요.

❹ '가방' 리스트의 '순서' 변숫값 번째 항목이 입력한 물건과 같은지 확인하도록 그림과 같이 코드를 완성합니다.

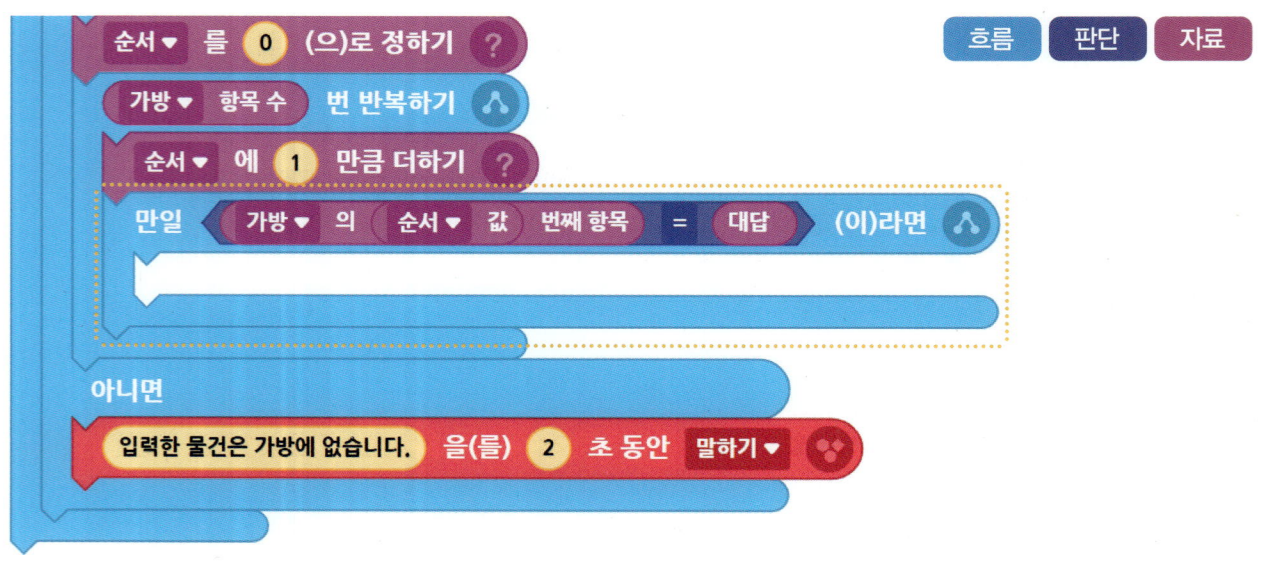

❺ '가방' 리스트의 '순서' 변숫값 번째 항목이 입력한 물건과 같으면 해당 항목을 '가방' 리스트에서 삭제하도록 그림과 같이 코드를 완성합니다.

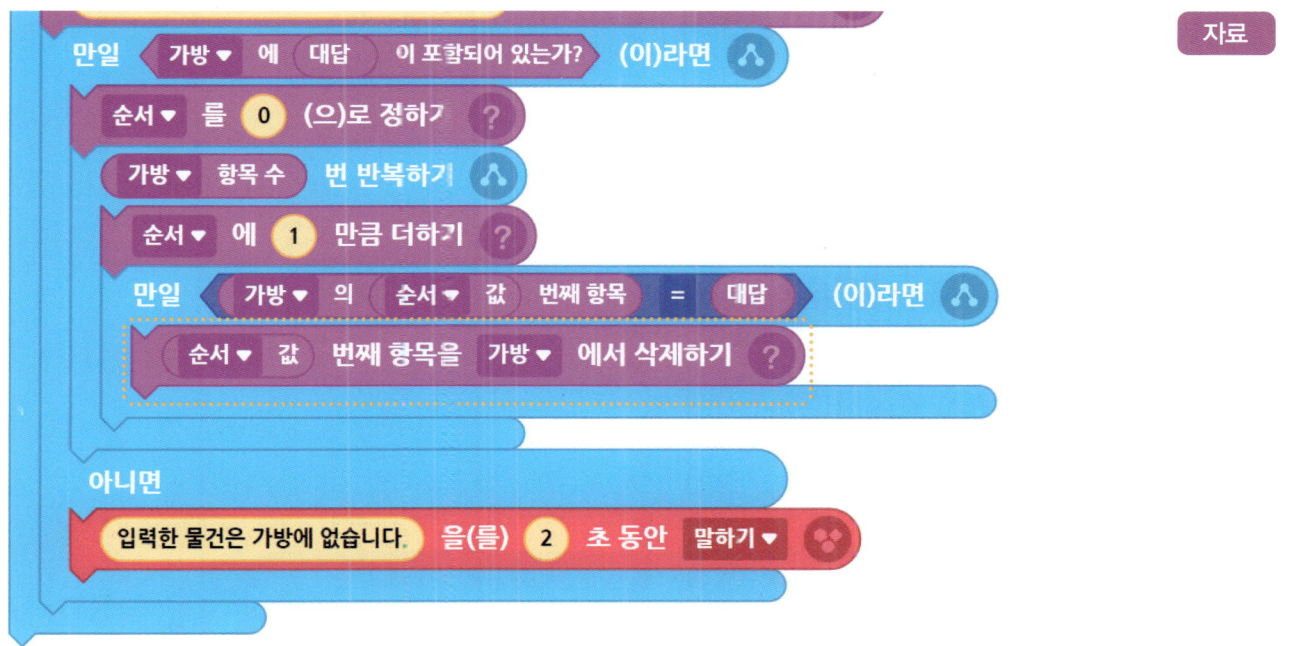

❻ '가방' 리스트에서 삭제된 물건을 안내하고 반복을 중단하도록 그림과 같이 코드를 완성합니다.

> **Tip**
> 반복 중단하기 블록을 사용하면 '가방' 리스트의 항목 수만큼 반복하던 명령을 중단할 수 있어요.

Tip

리스트 항목을 삭제하기 전에 한 번 더 질문하는 방법

❶ 리스트 항목을 삭제하기 전에 사용자에게 다시 한 번 질문해요.
❷ 입력한 대답이 "예"면 해당 항목을 '가방' 리스트에서 삭제하고 반복을 중단해요.
❸ 입력한 대답이 "예"가 아니면 해당 항목을 '가방' 리스트에서 삭제하지 않고 반복을 중단해요.

❼ 프로그램이 완성되면 실행하여 불필요한 물건을 '가방'에서 삭제해 봅니다.

04 스스로 코딩

• 예제 파일 : 04강 공룡 이름 정리하기(예제).ert   • 완성 파일 : 04강 공룡 이름 정리하기(완성).ent

미션 1 예제 파일을 불러와 리스트에 공룡들을 순서대로 추가해 보세요.

 정리 버튼

① '공룡 이름' 리스트와 '순서' 변수를 생성하고 변수를 화면에서 숨겨요.
② [리스트 불러오기]를 클릭해 공룡들을 '공룡 이름' 리스트에 추가해요.
③ 화면에서 '공룡 이름' 리스트의 크기와 위치를 조절해요.

| 힌트 | • 리스트 종류를 '공유 리스트로 사용 (서버에 저장)'으로 지정해요.
         • '04강 공룡 이름.txt' 파일의 내용을 복사해 사용해요.

미션 2 '정리 버튼'을 클릭하면 공룡과 관련 없는 동물을 삭제할 수 있도록 코딩해 보세요.

 정리 버튼

① '정리 버튼'을 클릭하면 정리하고 싶은 동물을 묻고 기다려요.
② 입력한 동물이 '동물 이름' 리스트에 포함되어 있는지 확인해요.
③ 입력한 동물이 '동물 이름' 리스트에 포함되어 있으면 해당 동물을 삭제해요.

| 힌트 | '순서' 변숫값을 활용해 입력한 동물이 '동물 이름' 리스트에 포함되어 있는지 찾아요.

05 보물 지도 단서 수정하기

학습목표
- 보물 지도의 단서들을 단서 리스트 항목에 추가해요.
- 수정할 단서의 위치를 묻고 대답을 위치 변숫값으로 지정해요.
- 수정하고 싶은 단서의 내용이 무엇인지 묻고 수정할 내용을 입력해요.
- 단서 리스트의 위치 변숫값 번째 항목을 입력한 대답으로 변경해요.

몇 백 년 전 해적들은 숲속에 보물을 숨겨두고 나중에 보물을 찾을 수 있도록 보물 지도에 단서를 남겨 놓기로 했어요. 하지만 세월이 흐르면서 변경된 지형 때문에 해적들은 보물을 찾다가 길을 잃고 말았어요. 해적들이 보물 지도를 보고 길을 잃지 않도록 단서를 수정해 주세요.

• 예제 파일 : 05강 단서 수정하기(예제).ent   • 완성 파일 : 05강 단서 수정하기(완성).ent

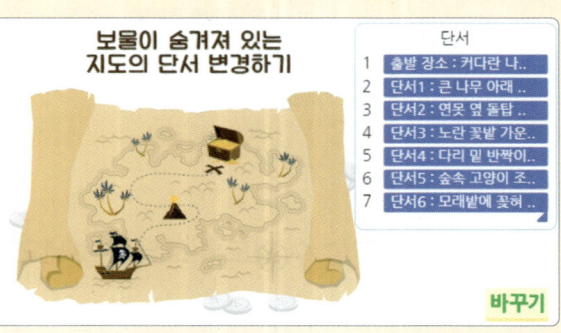
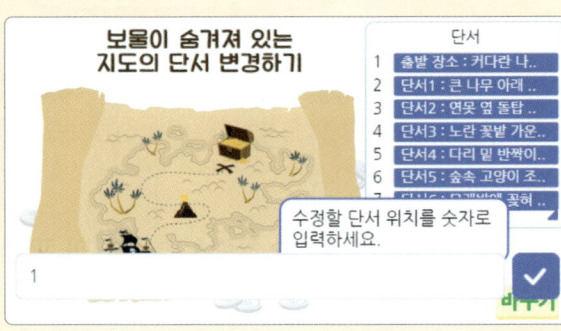

주요 블록

| 위치▼ 를 10 (으)로 정하기 | 위치▼ 값 | 단서▼ 1 번째 항목을 10 (으)로 바꾸기 |

1 리스트에 단서 추가하기

리스트를 생성하고 리스트 불러오기를 이용해 단서들을 추가해 보세요.

① '05강 단서 수정하기(예제).ent' 파일을 불러와 [속성] 탭에서 '단서' 리스트와 '위치' 변수를 생성하고 리스트의 크기와 위치를 조절한 후 변수를 화면에서 숨깁니다.

Tip '단서' 리스트의 종류는 '공유 리스트로 사용 (서버에 저장)'으로 지정해요.

② [속성] 탭에서 '단서' 리스트를 선택하고 [리스트 불러오기]를 클릭하여 '05강 단서.txt' 메모장의 내용을 붙여 넣은 후 [저장하기]를 클릭합니다.

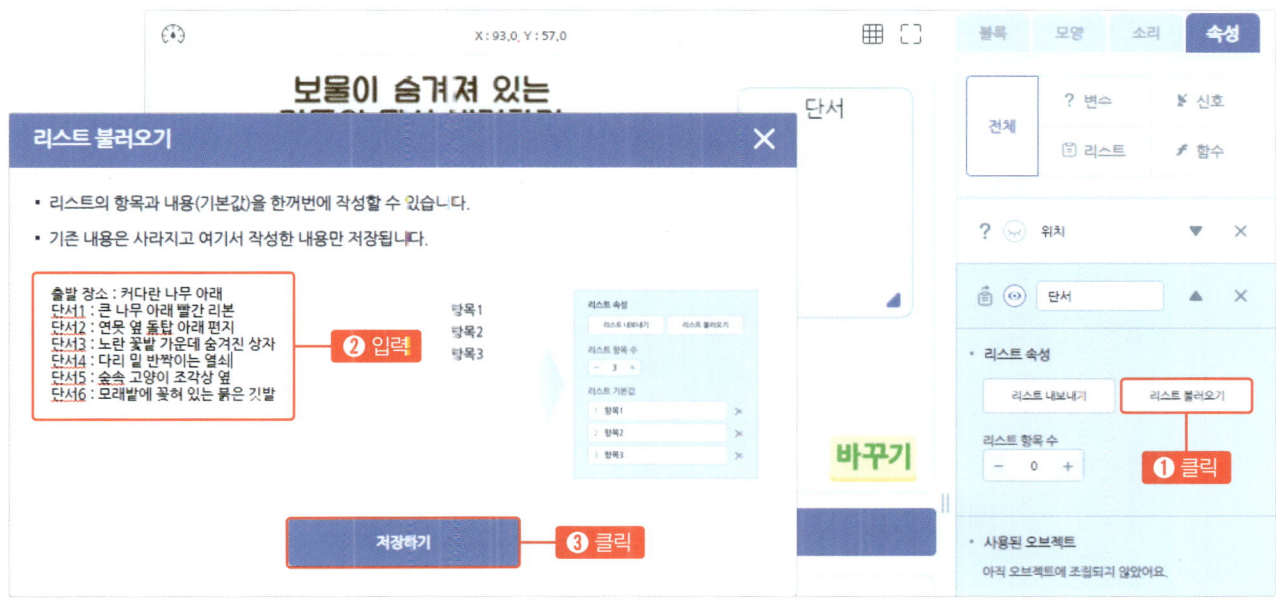

Tip '05강 단서.txt' 파일은 [예제파일]-[05강] 폴더에 위치해 있어요.

2 잘못된 단서 수정하기

변경 버튼을 클릭하여 보물 지도의 단서를 변경하도록 해보세요.

바꾸기 변경 버튼 : '변경 버튼'을 클릭하면 보물 지도의 단서를 다른 내용으로 변경할 수 있어요.

❶ 프로그램이 시작되면 입력한 '대답'을 화면에서 숨긴 후 '변경 버튼'을 클릭하면 수정할 단서의 위치를 묻고 입력한 '대답'을 '위치' 변숫값으로 지정하도록 그림과 같이 코드를 완성합니다.

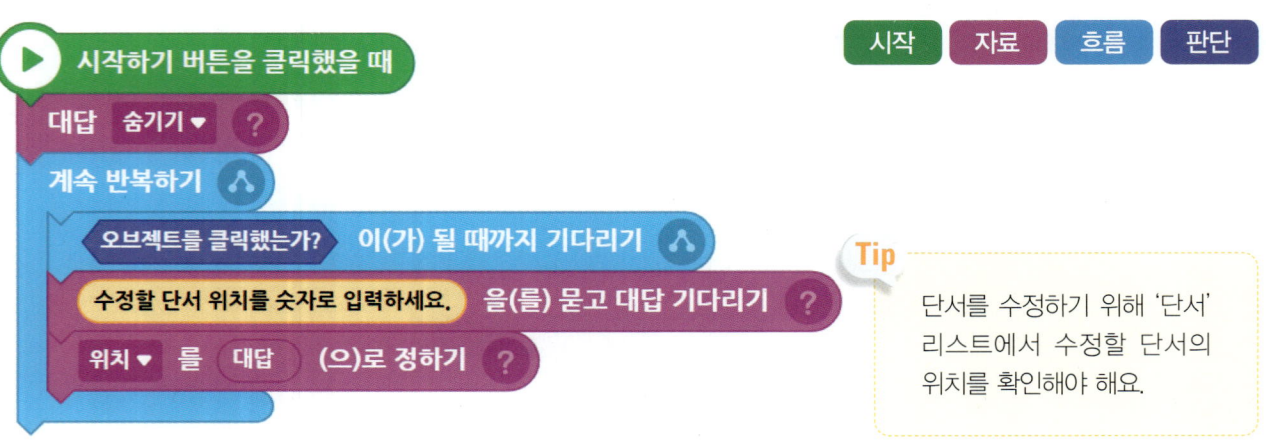

Tip 단서를 수정하기 위해 '단서' 리스트에서 수정할 단서의 위치를 확인해야 해요.

❷ 이어서 수정할 단서의 내용을 묻고 입력한 '대답'을 '단서' 리스트의 '위치' 변숫값 번째 항목으로 변경하도록 그림과 같이 코드를 완성합니다.

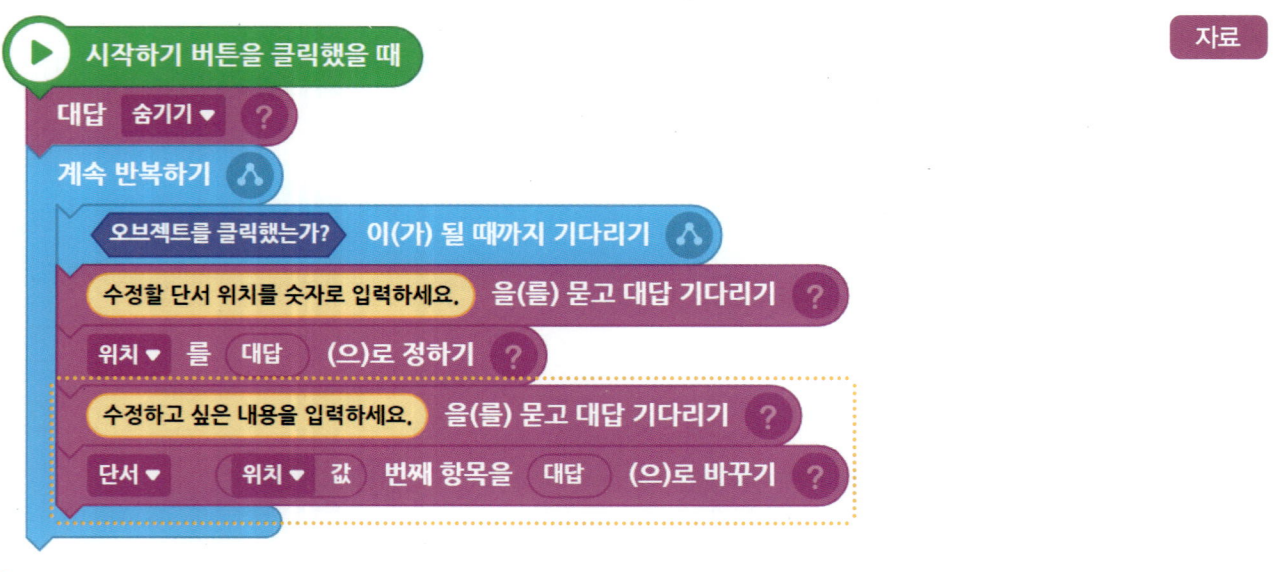

Tip 앞서 지정한 '위치' 변숫값이 '5'라면 5번째 항목을 입력한 '대답'으로 변경해요.

❸ 수정을 완료했음 안내하도록 그림과 같이 코드를 완성합니다.

생김새

❹ 프로그램이 완성되면 실행하여 보물 지도의 단서를 다음과 같이 수정해 봅니다.

항목	수정 전	수정 후
1	출발 장소 : 커다란 나무 아래	출발 장소 : 마을 입구에 있는 커다란 나무 아래
2	단서1 : 큰 나무 아래 빨간 리본	단서1 : 큰 나뭇가지에 묶인 빨간 리본
3	단서2 : 연못 옆 돌탑 아래 편지	단서2 : 연못 오른쪽 돌탑 아래에 숨겨진 편지
4	단서3 : 노란 꽃밭 가운데 숨겨진 상자	단서3 : 나비 조형물이 있는 노란 꽃밭 중앙 상자
5	단서4 : 다리 밑 반짝이는 열쇠	단서4 : 나무 다리 밑 돌 위에 놓인 반짝이는 열쇠
6	단서5 : 숲속 고양이 조각상 옆	단서5 : 숲 입구 오른쪽 고양이 조각상 아래
7	단서6 : 모래밭에 꽂혀 있는 붉은 깃발	단서6 : 부서진 배 옆 모래밭에 꽂혀 있는 붉은 깃발

· 예제 파일 : 05강 외계인 번역하기(예제).ent   · 완성 파일 : 05강 외계인 번역하기(완성).ent

미션 1 예제 파일을 불러와 리스트에 외계인 말을 순서대로 추가해 보세요.

번역 버튼

① '외계인 말' 리스트와 '위치' 변수를 생성하고 변수를 화면에서 숨겨요.
② [리스트 불러오기]를 클릭하고 외계인의 말을 '외계인 말' 리스트에 추가해요.
③ 화면에서 '외계인 말' 리스트의 크기와 위치를 조절해요.

| 힌트 |
- 리스트 종류를 '공유 리스트로 사용 (서버에 저장)'으로 지정해요.
- '05강 외계인 말.txt' 파일의 내용을 복사해 사용해요.

미션 2 '번역 버튼'을 클릭하면 외계인의 말을 번역할 수 있도록 코딩해 보세요.

번역 버튼

① '번역 버튼'을 클릭하면 번역할 외계인의 말 위치를 입력해요.
② 입력한 위치를 '위치' 변숫값으로 지정해요.
③ 번역한 대화 내용을 입력해요.
④ '위치' 변숫값 번째 항목의 외계인의 말을 번역된 내용으로 변경해요.

06 숨어 있는 도둑 찾기

학습목표
- 도둑이 숨어 있는 객실을 검색해요.
- 검색된 항목을 비교하여 도둑이 숨어 있는 위치를 확인해요.
- 도둑이 검거되면 해당 객실을 빈 객실로 변경해요.

오늘의 작품은? 도둑이 호텔로 도망갔어요! 경찰은 도둑의 성과 투숙 중인 객실 이름만 알고 있어요. 수많은 호텔 투숙객 중 도둑을 찾기 위해 성이 김이고 가온 객실에 투숙 중인 투숙객을 리스트에서 찾기 시작했어요. 과연 경찰은 도둑을 검거할 수 있을까요?

· 예제 파일 : 06강 도둑 찾기(예제).ent   · 완성 파일 : 06강 도둑 찾기(완성).ent

 주요 블록

1 리스트에 객실과 투숙객 추가하기

리스트를 생성하고 객실 이름과 투숙객 이름을 추가해 보세요.

❶ '06강 도둑 찾기(예제).ent' 파일을 불러와 [속성] 탭에서 '투숙객 이름', '객실 이름' 리스트와 '순서', '객실 번호', '투숙객 번호' 변수를 생성하고 리스트의 크기와 위치를 조절한 후 '순서' 변수를 화면에서 숨깁니다.

Tip 리스트의 종류는 '공유 리스트로 사용 (서버에 저장)'으로 지정해요.

❷ [속성] 탭에서 '투숙객 이름', '객실 이름' 리스트를 각각 선택하고 [리스트 불러오기]를 클릭하여 '06강 투숙객 이름.txt', '06강 객실 이름.txt' 메모장의 내용을 붙여 넣은 후 [저장하기]를 클릭합니다.

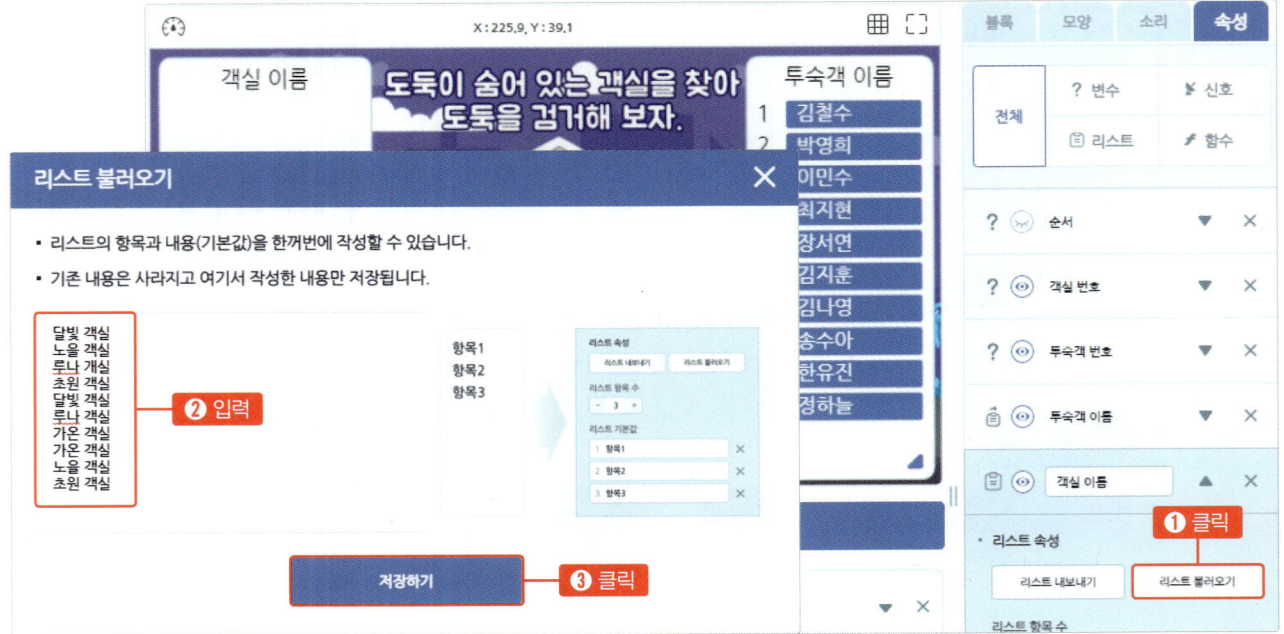

040 _ 꿀꺽코딩 엔트리 메이커

2 호텔에 숨은 도둑 검거하기

입력한 대답을 비교하여 도둑이 숨어 있는 객실을 찾아 검거해 보세요.

 투숙객 수색 : '투숙객 수색'을 클릭하면 도둑과 같은 성을 가진 투숙객의 위치를 확인할 수 있어요.

❶ 프로그램이 시작되고 '투숙객 수색'을 클릭하면 '투숙객 번호' 변숫값을 공란으로 지정하고 찾고 싶은 투숙객의 성을 묻고 기다리도록 그림과 같이 코드를 완성합니다.

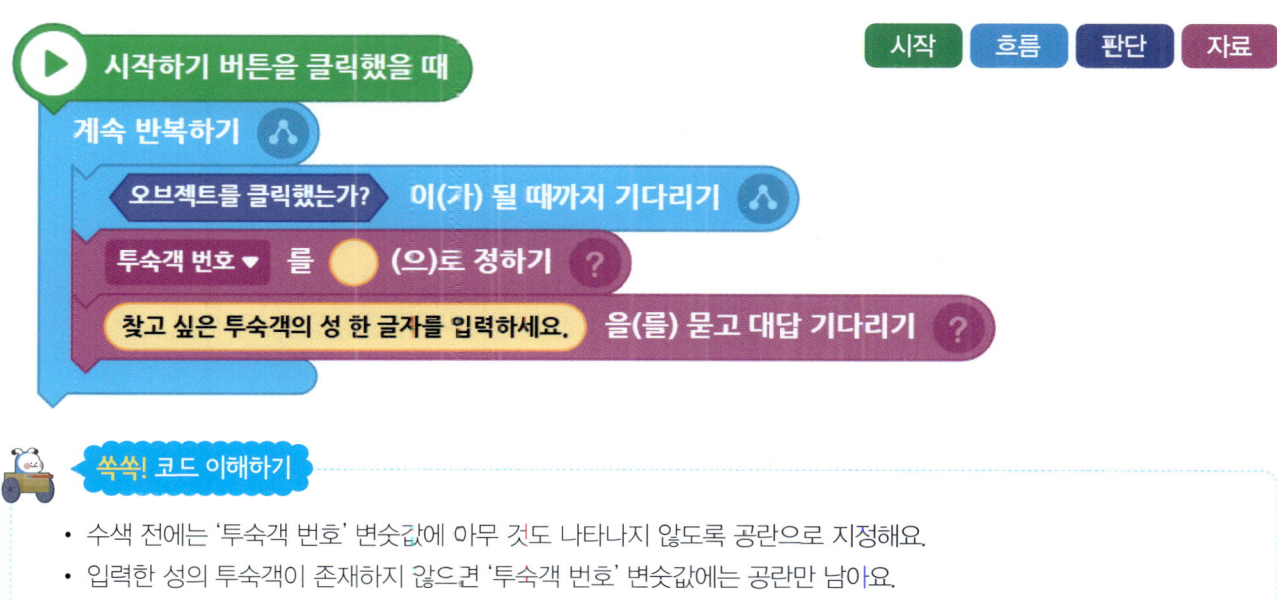

쏙쏙! 코드 이해하기

- 수색 전에는 '투숙객 번호' 변숫값에 아무 것도 나타나지 않도록 공란으로 지정해요.
- 입력한 성의 투숙객이 존재하지 않으면 '투숙객 번호' 변숫값에는 공란만 남아요.

❷ 입력한 대답('성')이 '투숙객 이름' 리스트에 있는지 확인하고 있다면 투숙객이 위치한 층과 투숙객 이름을 알려주도록 그림과 같이 코드를 완성합니다.

 객실 수색 : '객실 수색'을 클릭하면 도둑이 위치한 객실의 위치를 확인할 수 있어요.

❸ 프로그램이 시작되고 '객실 수색'을 클릭하면 '객실 번호' 변숫값을 공란으로 지정하고 찾고 싶은 객실의 이름을 묻고 기다리도록 그림과 같이 코드를 완성합니다.

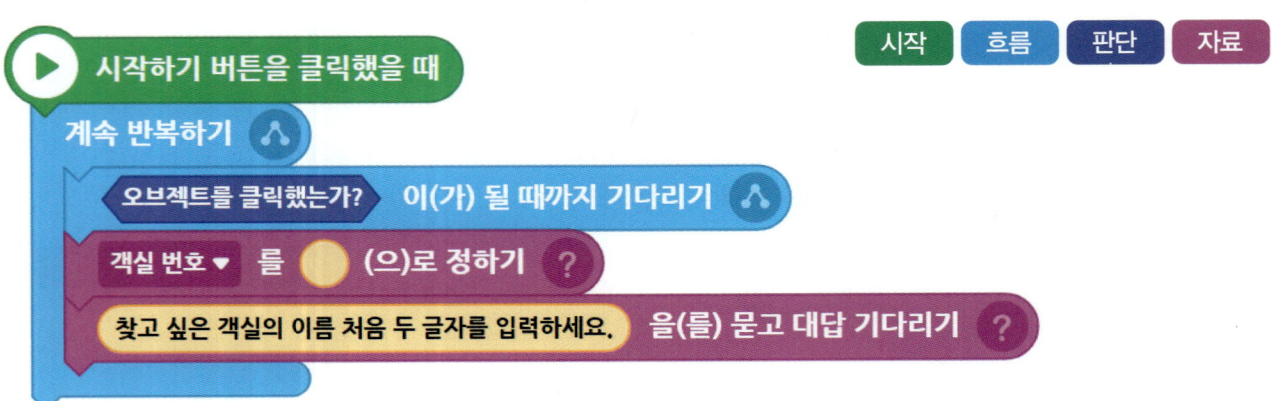

❹ 입력한 대답이 '객실 이름' 리스트에 있는지 확인하고 있다면 객실의 위치를 알려주도록 그림과 같이 코드를 완성합니다.

Tip
'투숙객 수색' 오브젝트의 코드를 복사하여 붙여 넣은 후 속성 값을 수정해 보세요.

 쏙쏙! 코드 이해하기

- 객실의 위치를 이어서 표시하기 위해 '객실 번호' 변숫값을 이용해요.
- 예를 들어, '달빛'을 입력했을 때 '달빛 객실'이 1층과 5층에 있다면 '객실 번호' 변숫값을 '객실 번호(0)+1+층 : 달빛 객실/'로 지정하여 표시하고 이어서 새로 지정된 '객실 번호' 변숫값(객실 번호(0)+1+층 : 달빛 객실/)+5+층 : 달빛 객실/'로 지정하여 표시해요.

 검거 : '검거'를 클릭하고 도둑이 숨어 있는 층을 입력하면 도둑을 검거할 수 있어요.

❺ 프로그램이 시작되면 입력한 '대답'을 화면에서 숨긴 후 '검거'를 클릭하면 도둑의 위치를 묻고 기다리도록 그림과 같이 코드를 완성합니다.

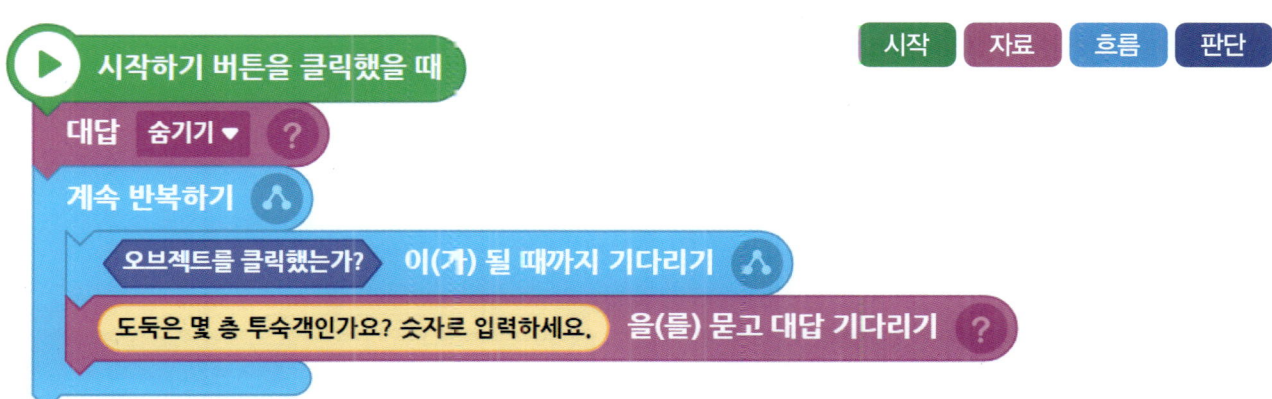

❻ '투숙객 이름', '객실 이름' 리스트의 '대답' 번째 항목을 각각 '검거', '빈 객실'로 변경하고 도둑 검거를 안내하도록 그림과 같이 코드를 완성합니다.

쏙쏙! 코드 이해하기

도둑이 검거되면 도둑의 이름은 '검거'로 변경되고 도둑이 숨었던 객실의 이름은 '빈 객실'로 변경돼요.

❼ 프로그램이 완성되면 실행하여 호텔에 숨어 있는 도둑을 검거해 봅니다.

06 스스로 코딩

• 예제 파일 : 06강 분실물 찾기(예제).ent   • 완성 파일 : 06강 분실물 찾기(완성).ent

 **1** 예제 파일을 불러와 리스트에 물건들을 순서대로 추가해 보세요.

| 분실물 검색 | ① '학생 소지품', '분실물 신고' 리스트를 생성하고 리스트 항목을 추가해요.
② '순서', '소지품 확인', '분실물 확인' 변수를 생성해요.
③ 화면에서 '분실물 신고', '학생 소지품' 리스트의 크기와 위치를 조절해요. |

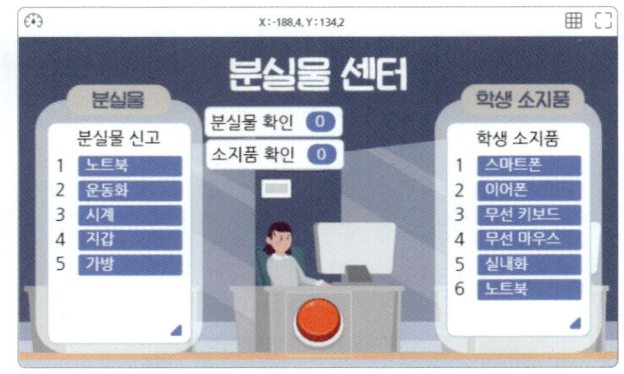

| 힌트 | • 리스트 종류를 '공유 리스트로 사용 (서버에 저장)'으로 지정하고 '순서' 변수는 화면에서 숨겨요.
• '06강 분실물 찾기.txt', '06강 학생 소지품.txt' 파일의 내용을 복사해 사용해요. |

 **2** '분실물 검색'을 클릭하면 분실물 센터에서 분실한 물건을 찾도록 코딩해 보세요.

| 분실물 검색 | ① '분실물 검색'을 클릭해 분실물이 무엇인지 입력해요.
② '학생 소지품', '분실물 신고' 리스트에 입력한 물건이 있는지 확인해요.
③ 리스트에 입력한 물건이 모두 있으면 '분실물 신고' 리스트의 '순서' 변숫값
번째 항목이 '찾아감'으로 변경돼요. |

07 내가 만든 마법 동화책

학습목표
- 리스트 항목만큼 반복하여 순서 변숫값을 증가해요.
- 리스트 항목의 순서대로 화면에 동화 내용이 나타나요.
- 리스트 항목의 순서대로 동화 장면이 변경돼요.
- 인공지능 기능으로 읽어주는 동화책을 만들어요.

오늘의 작품은?

승연이에게는 귀여운 4살 동생이 있어요. 동생은 승연이가 동화책 읽어주는 것을 좋아했어요. 승연이는 동생에게 동화책을 읽어주다가 생각했어요. '내가 없을 때도 동생에게 책을 읽어줄 수 있으면 좋겠다.' 승연이는 동생을 위해 코딩 마법을 부려 클릭만 하면 동화책을 읽어주는 마법 동화책을 만들기로 결심했어요.

• 예제 파일 : 07강 마법 동화책(예제).ent   • 완성 파일 : 07강 마법 동화책(완성).ent

 **주요 블록**

| 스토리▼ 의 1 번째 항목 | 스토리▼ 항목 수 |
| 순서▼ 에 10 만큼 더하기 | 엔트리 라고 글쓰기 | 엔트리 읽어주고 기다리기 |

1 리스트에 동화 스토리와 장면 추가하기

리스트를 생성하고 동화 스토리와 장면을 추가해 보세요.

❶ '07강 마법 동화책(예제).ent' 파일을 불러와 [속성] 탭에서 '스토리', '장면 순서', 리스트, '순서' 변수를 생성하고 리스트와 변수를 화면에서 숨깁니다.

Tip 리스트의 종류는 '공유 리스트로 사용 (서버에 저장)'으로 지정해요.

❷ [속성] 탭에서 '스토리', '장면 순서' 리스트를 각각 선택하고 [리스트 불러오기]를 클릭하여 '07강 스토리.txt', '07강 장면 순서.txt' 메모장의 내용을 붙여 넣은 후 [저장하기]를 클릭합니다.

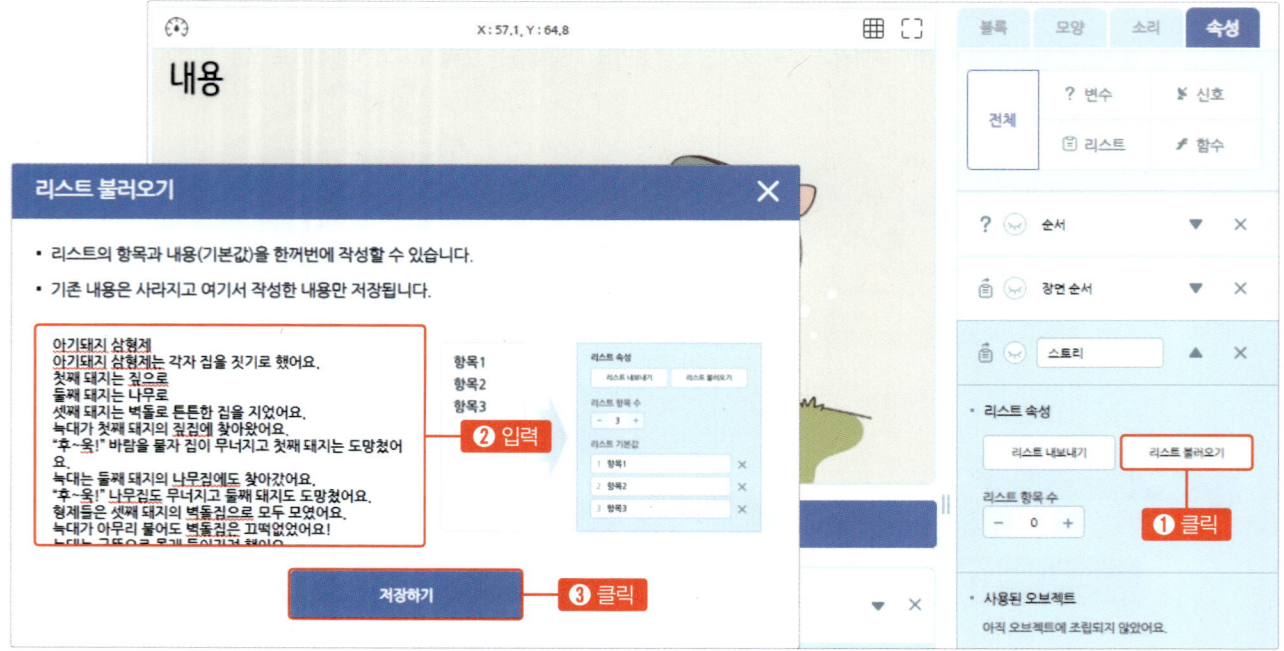

2 읽어주는 마법 동화책 만들기

리스트와 변수를 이용해 동화 스토리와 장면이 순서대로 변경되도록 해보세요.

| A | 글상자 : 화면어 동화 스토리가 순서대로 나타나요. |

 [인공지능] 탭에서 [인공지능 블록 불러오기]를 클릭하여 [읽어주기]를 선택한 후 [불러오기]를 클릭합니다.

 프로그램이 시작되면 '글상자'를 화면에서 숨기고 동화책을 읽어줄 인공지능 음성을 설정하도록 그림과 같이 코드를 완성합니다.

 쏙쏙! 코드 이해하기

- 동화가 시작되기 전에는 '글상자'를 실행 화면에서 숨겨요.
- 인공지능의 목소리와 속도, 음높이를 변경하여 동화를 읽어줄 목소리를 설정해요.

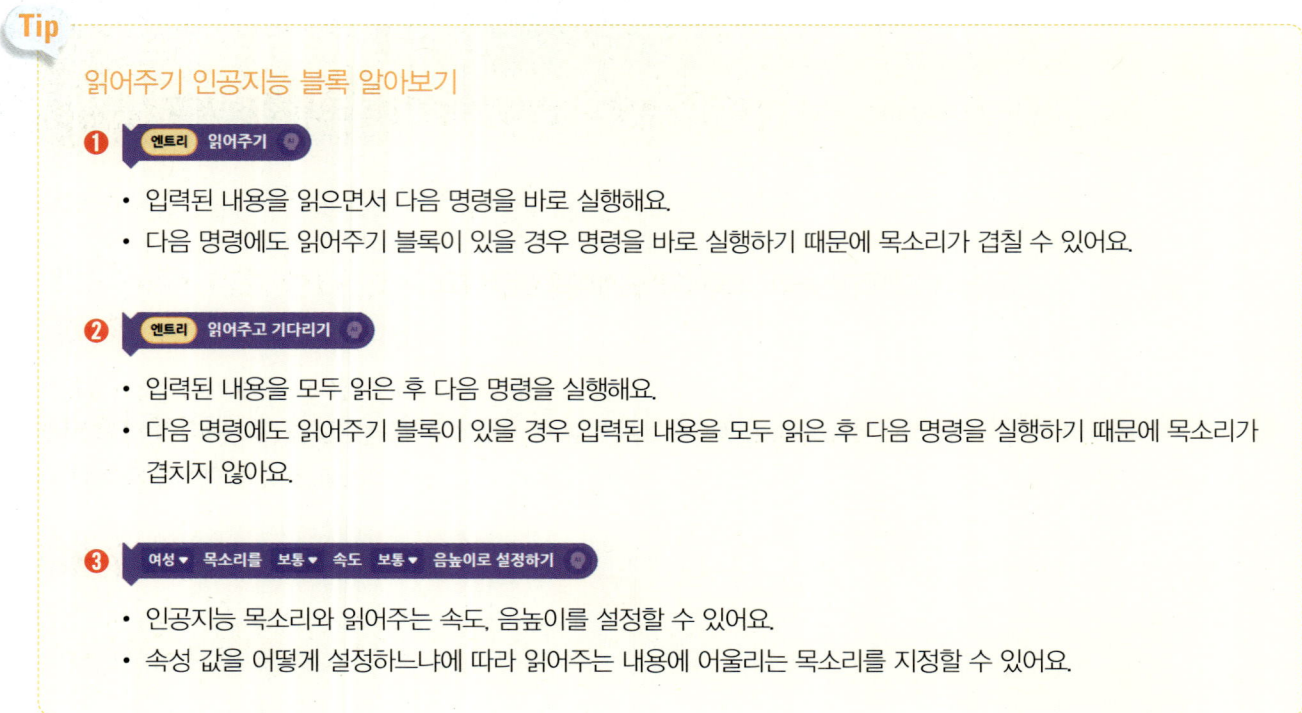

❸ '1'초 후 '순서' 변숫값을 '0'으로 지정하고 화면에 '글상자'가 나타나도록 그림과 같이 코드를 완성합니다.

Tip
'순서' 변숫값을 이용하여 '스토리', '장면 순서' 리스트의 각 항목이 순서대로 나타나도록 할 예정이므로 초기 값을 '0'으로 지정해요.

④ '스토리' 리스트의 항목 수만큼 반복하여 '순서' 변숫값을 '1'씩 증가하고 '스토리' 리스트의 '순서' 변숫값 번째 항목의 내용이 '글상자'에 나타나도록 그림과 같이 코드를 완성합니다.

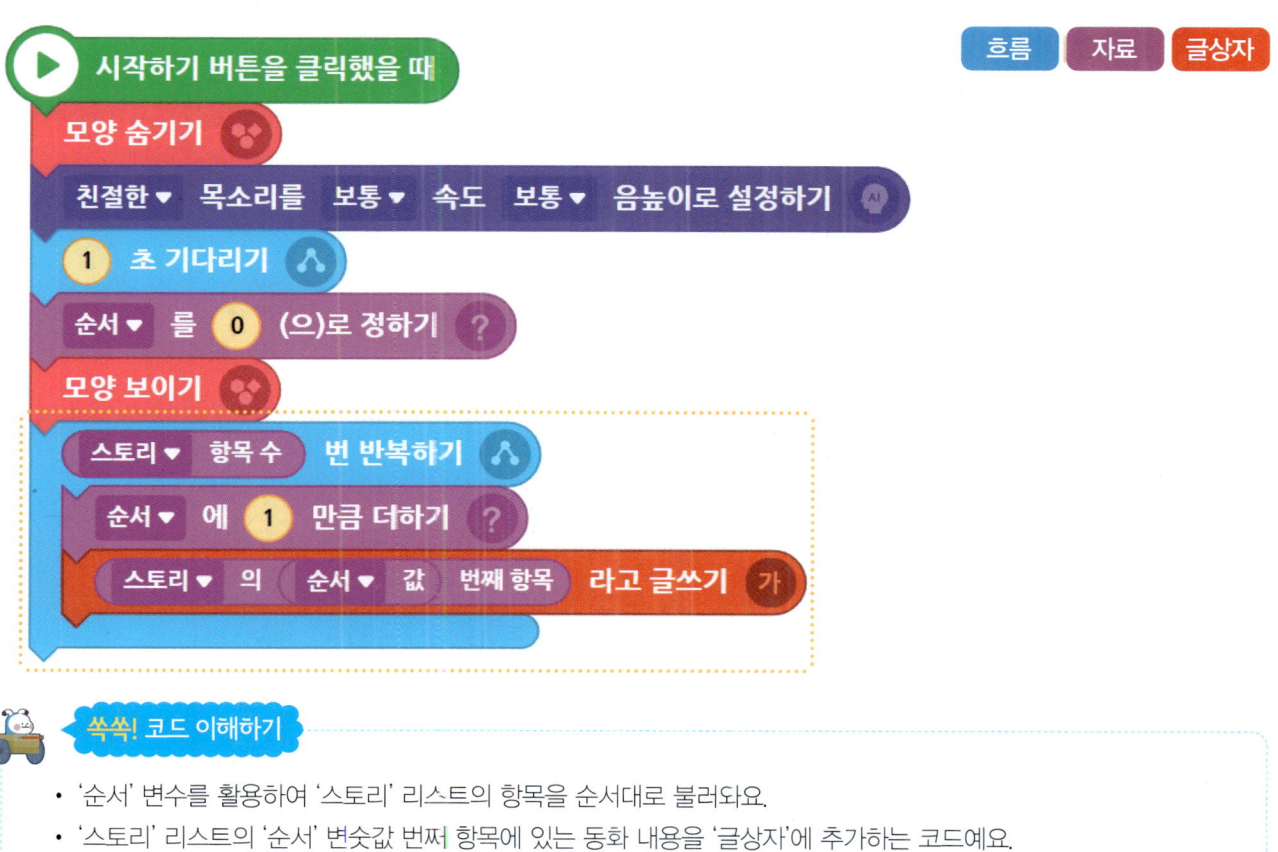

쏙쏙! 코드 이해하기

- '순서' 변수를 활용하여 '스토리' 리스트의 항목을 순서대로 불러와요.
- '스토리' 리스트의 '순서' 변숫값 번째 항목에 있는 동화 내용을 '글상자'에 추가하는 코드예요.

⑤ '글상자'에 나타난 동화 내용을 인공지능 목소리로 읽어주도록 그림과 같이 코드를 완성합니다.

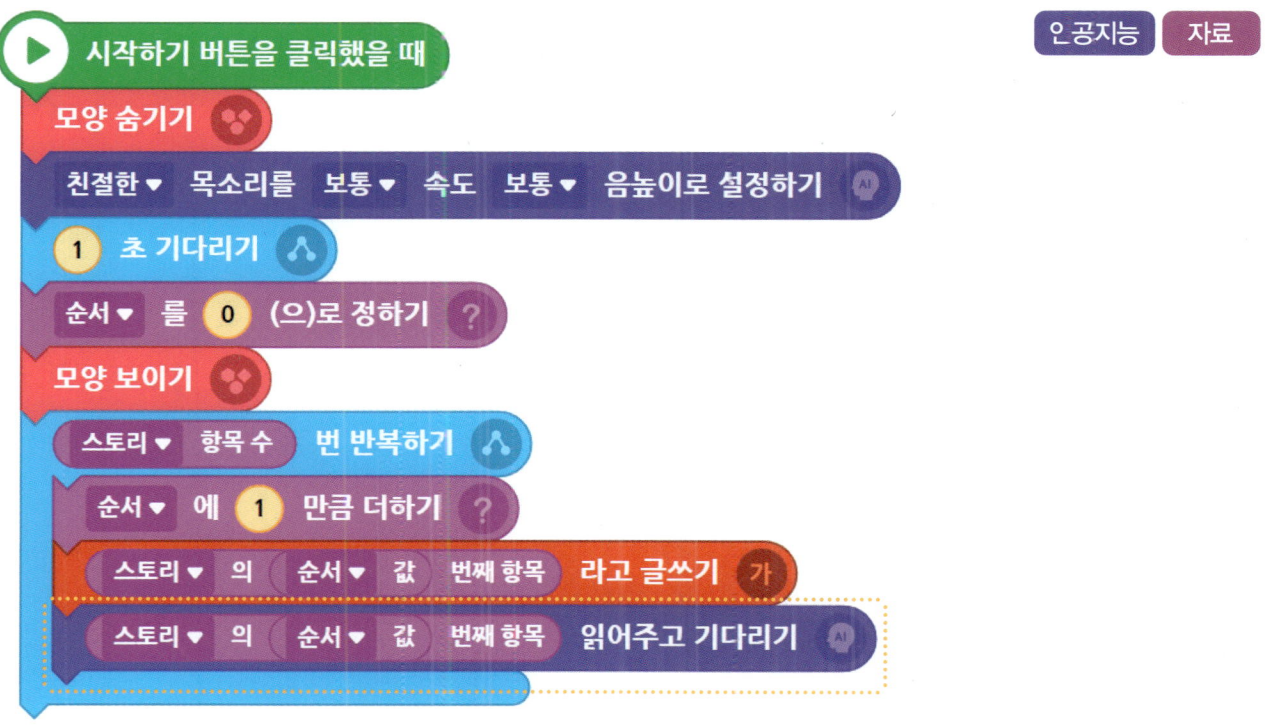

 장면 : 동화 내용에 맞는 장면이 화면에 나타나요.

❻ 프로그램이 시작되면 계속해서 모양을 변경하도록 그림과 같이 코드를 완성합니다.

❼ '글상자'에 나타난 동화 내용에 맞는 장면으로 변경하도록 그림과 같이 코드를 완성합니다.

 쏙쏙! 코드 이해하기

'장면 순서' 리스트의 '순서' 변숫값 번째 항목 모양으로 모양을 변경하여 화면에 나타난 동화 내용과 어울리는 장면이 나타나도록 하는 코드예요.

❽ 프로그램이 완성되면 실행하여 동화를 감상해 봅니다.

07 스스로 코딩

・예제 파일 : 07강 편지 쓰기(예제).ent   ・완성 파일 : 07강 편지 쓰기(완성).ent

미션 1 예제 파일을 불러와 리스트에 편지 내용을 순서대로 추가해 보세요.

 편지지

① '편지 내용' 리스트와 '순서' 변수를 생성해요.
② 리스트와 변수를 화면에서 숨겨요.
③ '편지 내용' 리스트에 리스트 항목을 추가해요.
④ [인공지능] 탭에서 [읽어주기] 블록을 추가해요.

| 힌트 | ・'07강 편지 내용.txt' 파일의 내용을 복사해 사용해요.
・리스트 항목에 편지 내용을 직접 작성해도 좋아요.

미션 2 프로그램이 시작되면 편지 내용을 읽어주도록 코딩해 보세요.

 편지 내용

① 프로그램이 시작되면 인공지능 목소리를 설정해요.
② '편지 내용' 리스트 항목 수만큼 반복하여 '순서' 변숫값을 증가해요.
③ '편지 내용' 리스트의 '순서' 변숫값 번째 항목의 내용이 화면에 나타나요.
④ '편지 내용' 리스트의 '순서' 변숫값 번째 항목의 내용을 읽어줘요.

08 뒤죽박죽 책장 정리하기

학습목표
- 변수를 활용하여 리스트의 항목을 변경해요.
- 두 리스트의 값을 서로 변경해요.
- 좌푯값을 활용하여 책의 위치를 변경해요.

오늘의 작품은? 도서관에서 책을 읽던 민이는 책장에 책들이 뒤죽박죽 꽂혀 있는 걸 보게 됐어요. 민이는 책 제목을 보며 차례대로 책을 꽂기 시작했어요. 하지만 정리해야 할 책이 너무 많아요. 민이를 위해 변수와 리스트를 활용해 쉽고 빠르게 책장을 정리할 수 있도록 도와주세요.

• 예제 파일 : 08강 책장 정리하기(예제).ent   • 완성 파일 : 08강 책장 정리하기(완성).ent

1 리스트에 책 위치 추가하기

리스트를 생성하고 리스트 불러오기를 이용해 책 위치를 추가해 보세요.

❶ '08강 책장 정리하기(예제).ent' 파일을 불러와 [속성] 탭에서 '책 위치' 리스트, '위치', '위치값 저장' 변수를 생성하고 리스트와 변수를 화면에서 숨깁니다.

Tip
'책 위치' 리스트의 종류는 '공유 리스트로 사용 (서버에 저장)'으로 지정해요.

❷ [속성] 탭에서 '책 위치' 리스트를 선택하고 [리스트 불러오기]를 클릭하여 '08강 책 위치 설정.txt' 메모장의 내용을 붙여 넣은 후 [저장하기]를 클릭합니다.

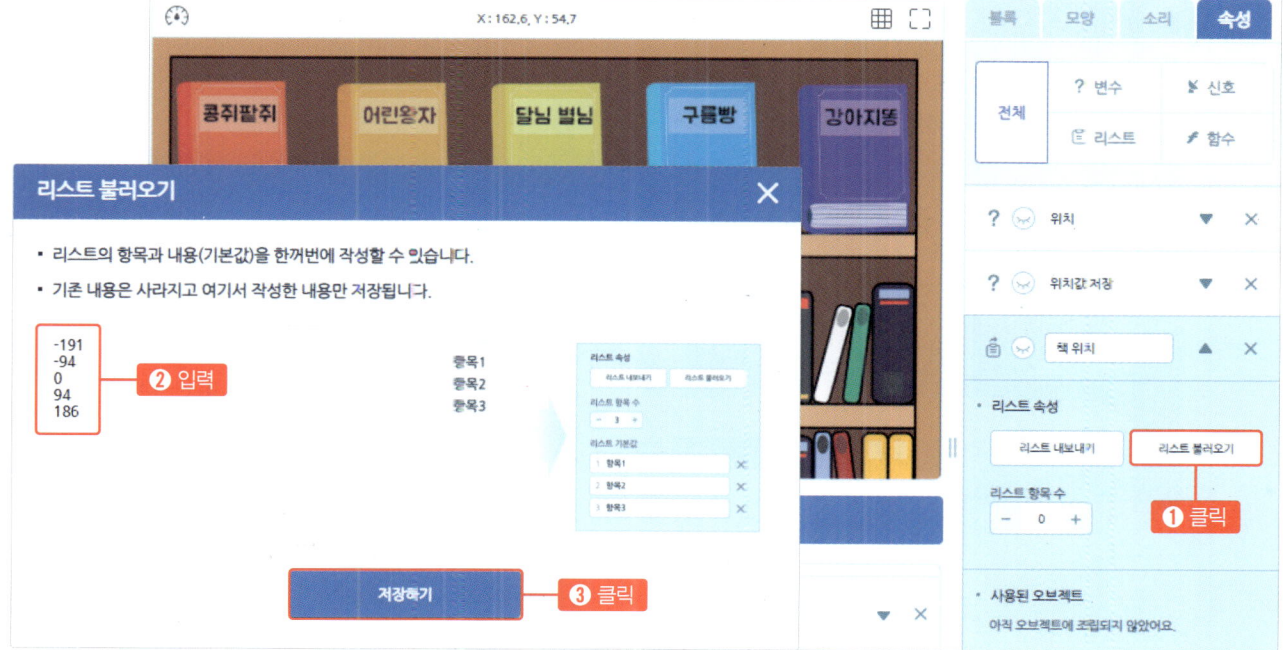

2. 책장 정리하기

임시 변수를 활용하여 리스트의 항목을 변경하며 책을 정리해 보세요.

 콩쥐팥쥐 : '콩쥐팥쥐' 책을 클릭하고 다른 책을 클릭하면 두 책의 위치가 변경돼요.

❶ 프로그램이 시작되면 계속해서 '콩쥐팥쥐'가 '책 위치' 리스트의 1번째 항목 위치로 이동하도록 그림과 같이 코드를 완성합니다.

쏙쏙! 코드 이해하기
- '책 위치' 리스트의 1번째 항목 위치로 '콩쥐팥쥐'의 x좌표가 변경돼요.
- '책 위치' 리스트의 항목은 계속해서 변경될 예정이므로, '콩쥐팥쥐'의 위치도 계속 변경돼요.

❷ '콩쥐팥쥐'를 클릭했을 때 '위치' 변숫값이 '0'이면 '위치값 저장' 변숫값을 '책 위치' 리스트의 1번째 항목 값으로 지정하고 '위치' 변숫값을 '1'로 지정하도록 그림과 같이 코드를 완성합니다.

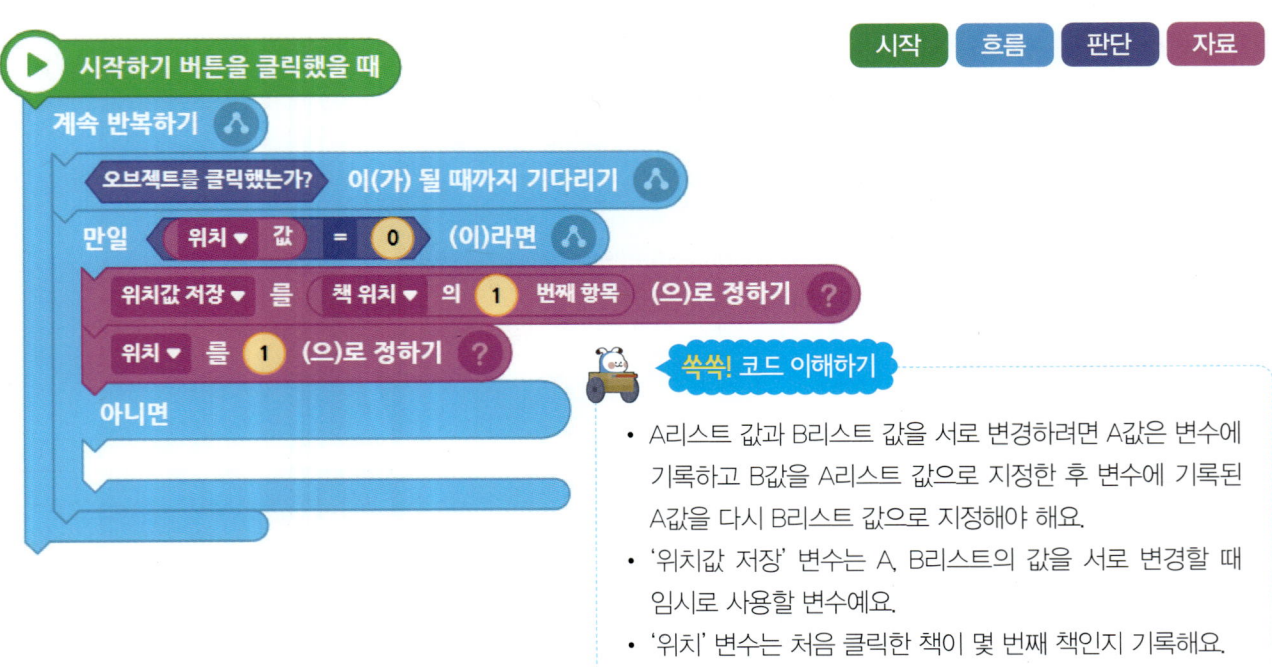

쏙쏙! 코드 이해하기
- A리스트 값과 B리스트 값을 서로 변경하려면 A값은 변수에 기록하고 B값을 A리스트 값으로 지정한 후 변수에 기록된 A값을 다시 B리스트 값으로 지정해야 해요.
- '위치값 저장' 변수는 A, B리스트의 값을 서로 변경할 때 임시로 사용할 변수예요.
- '위치' 변수는 처음 클릭한 책이 몇 번째 책인지 기록해요.

❸ '콩쥐팥쥐'를 2번째로 클릭했다면 '콩쥐팥쥐'의 위치를 1번째 클릭한 책의 위치 값으로 입력하고, '콩쥐팥쥐'의 위치는 1번째 클릭한 책의 위치로 값이 입력되도록 그림과 같이 코드를 완성합니다.

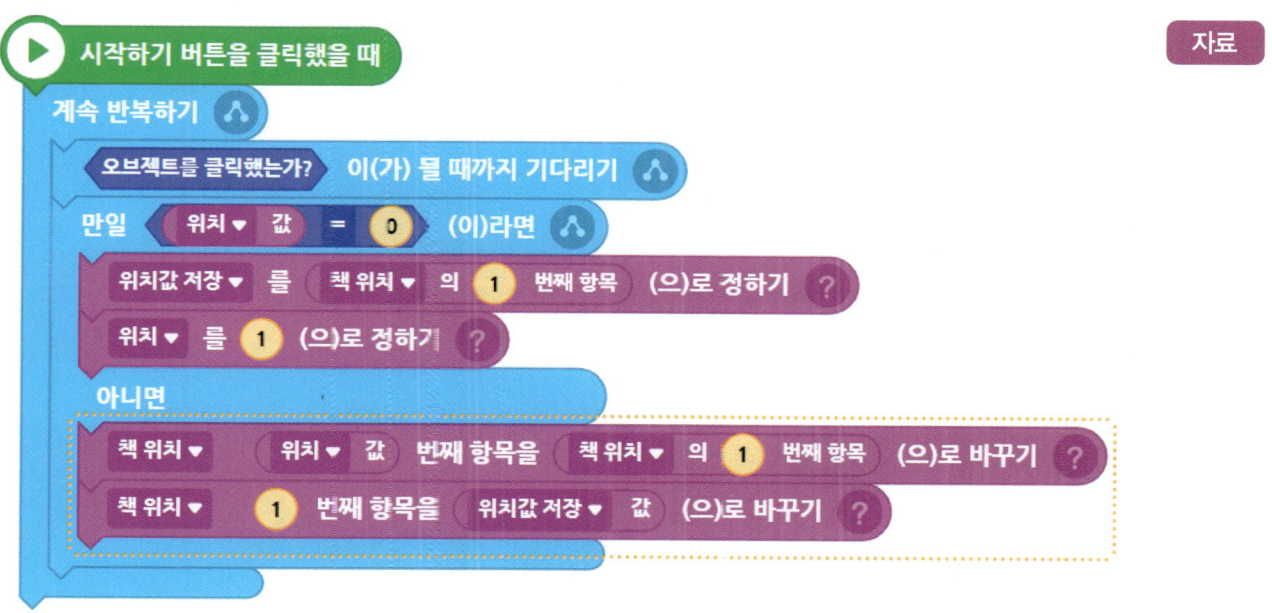

쏙쏙! 코드 이해하기

- 예를 들어 두 책을 순서대로 선택할 때 '강아지똥'을 처음 클릭하면 '위치' 변숫값이 '0'이므로 '위치값 저장' 변숫값은 '책 위치' 리스트의 '5'번째 항목('186')으로, '위치' 변숫값은 '5'로 지정돼요.
- '콩쥐팥쥐'를 이어서 클릭하면 '위치' 변숫값이 '0'이 아니므로 '책 위치' 리스트의 '위치' 변숫값('5') 번째 항목을 1번째 항목('-191')으로 변경하고 1번째 항목을 앞서 지정한 '위치값 저장' 변숫값('186')으로 변경하여 두 오브젝트의 위치를 서로 변경해요.

❹ 다른 책들도 정리하기 위해 '위치', '위치값 저장' 변숫값을 '0'으로 초기화하도록 그림과 같이 코드를 완성합니다.

 어린왕자 : '어린왕자' 책을 클릭하고 다른 책을 클릭하면 두 책의 위치가 변경돼요.

❺ '콩쥐팥쥐'와 같은 방법으로 코드를 완성하고 책의 위치를 '2'로 변경합니다.

❻ '달님 별님'~'강아지똥' 책도 ❺와 같은 방법으로 코드를 완성하고 각각 책의 위치를 변경합니다.

오브젝트	위치
달님 별님	3
구름빵	4
강아지똥	5

❼ 프로그램이 완성되면 실행하여 책의 위치를 변경하며 책장을 정리해 봅니다.

• 예제 파일 : 08강 음식 정리하기(예제).ent   • 완성 파일 : 08강 음식 정리하기(완성).ent

미션 1 예제 파일을 불러와 리스트에 좌푯값을 순서대로 추가해 보세요.

 배경
① 'x좌표', 'y좌표' 리스트와 'x좌표 위치', 'y좌표 위치', '위치' 변수를 생성해요.
② 리스트와 변수를 화면에서 숨겨요.
③ 'x좌표', 'y좌표' 리스트에 리스트 항목을 추가해요.

 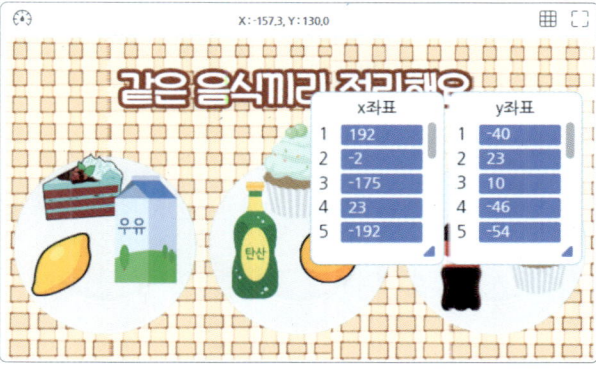

| 힌트 | '08강 x좌표.txt', '08강 y좌표.txt' 파일의 내용을 복사해 사용해요.

미션 2 음식 2개를 클릭하면 음식의 자리가 변경되도록 코딩해 보세요.

 '케이크1'~ '과일9'
① 음식을 클릭하면 '위치' 변숫값으로 처음 선택한 음식인지 확인해요.
② 처음 음식을 선택하면 x, y좌표 위치 변숫값을 x, y좌표 리스트의 선택한 음식의 항목 값으로 변경해요
③ 다음으로 선택한 음식은 처음 선택한 음식의 좌표 위치로 이동해요.

09 행운의 선물 상자 랜덤 뽑기

학습목표
- 선물을 클릭하면 선물 이름을 크리스마스 선물 리스트에 추가해요.
- 체크박스를 클릭하면 선물 뽑기 장면이 시작돼요.
- 선물 상자를 클릭하면 좌우로 회전하다가 선물 뽑기 신호를 보내요.
- 크리스마스 선물 리스트에 추가된 선물 중 랜덤의 선물이 나타나요.

오늘의 작품은?

즐거운 크리스마스가 다가오고 있어요. 온 가족이 모여 크리스마스에 받고 싶은 선물을 적어 선물 상자에 담았어요. 이제 한 명씩 돌아가며 선물 상자를 클릭하면 선물들 중 하나가 선택되어 화면에 나타날 거예요. 과연 미솔이는 원하는 선물을 뽑을 수 있을까요?

· 예제 파일 : 09강 선물 랜덤 뽑기(예제).ent   · 완성 파일 : 09강 선물 랜덤 뽑기(완성).ent

주요 블록

팽이▼ 의 모양 이름▼   10 항목을 크리스마스 선물▼ 에 추가하기 ?

선물 뽑기▼ 시작하기   크리스마스 선물▼ 항목 수

1 리스트에 크리스마스 선물 추가하기

리스트를 생성하고 크리스마스 선물 리스트에 선물들을 추가해 보세요.

❶ '09강 선물 랜덤 뽑기(예제).ent' 파일을 불러와 [속성] 탭에서 '크리스마스 선물' 리스트를 생성하고 리스트를 화면에서 숨깁니다.

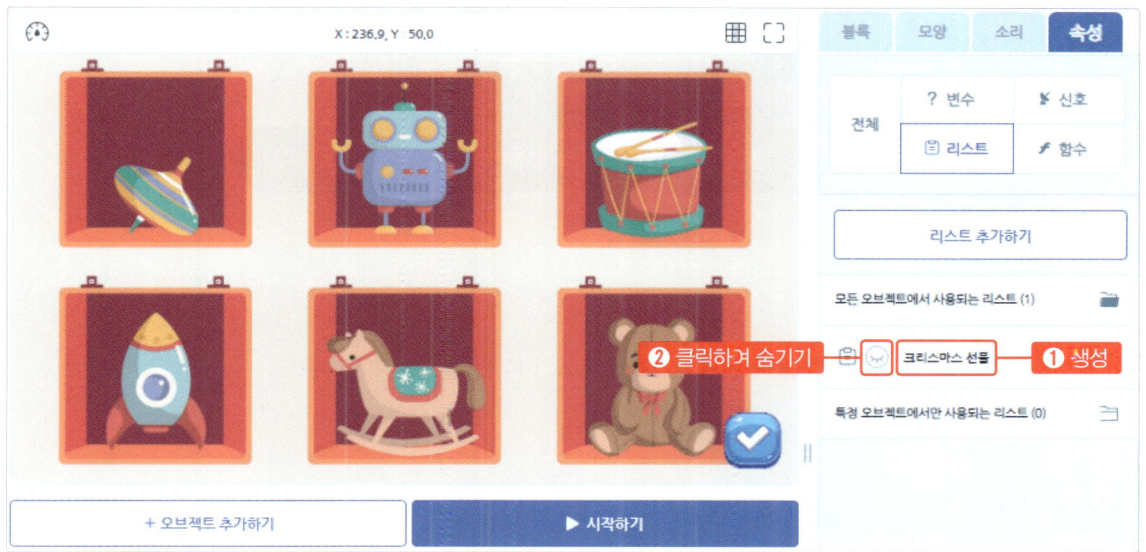

팽이 : '팽이'를 클릭하면 '팽이'가 '크리스마스 선물'에 담기고 전시장에서 사라져요.

❷ 프로그램이 시작되고 '팽이'를 클릭하면 '팽이'의 모양 이름('팽이')을 '크리스마스 선물' 리스트에 추가하고 화면에서 모양을 숨기도록 그림과 같이 코드를 완성합니다.

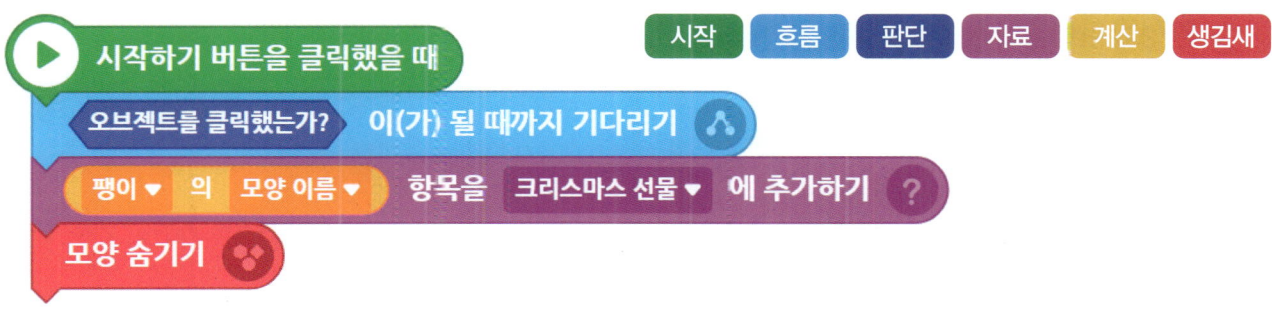

 쏙쏙! 코드 이해하기

오브젝트의 모양 이름은 [모양] 탭에 설정되어 있는 오브젝트의 이름을 의미해요.

 **장난감** : '장난감'을 클릭하면 '장난감'이 '크리스마스 선물'에 담기고 전시장에서 사라져요.

❸ 프로그램이 시작되고 '장난감'을 클릭하면 '장난감'의 모양 이름('장난감')을 '크리스마스 선물' 리스트에 추가하고 화면에서 모양을 숨기도록 그림과 같이 코드를 완성합니다.

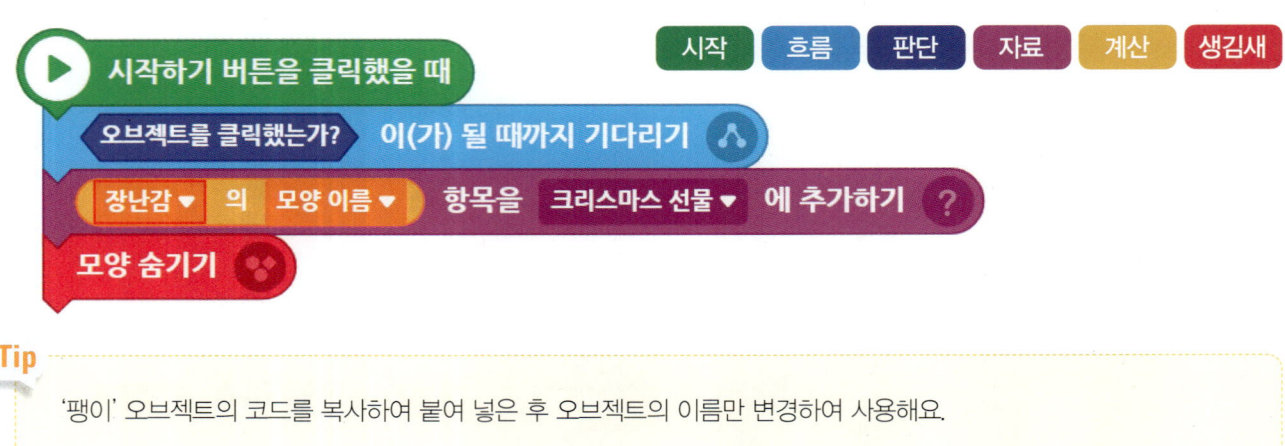

Tip
'팽이' 오브젝트의 코드를 복사하여 붙여 넣은 후 오브젝트의 이름만 변경하여 사용해요.

❹ ❸과 같은 방법으로 '북'~'곰인형' 오브젝트를 각각 선택하고 선물을 클릭하면 선물의 모양 이름을 '크리스마스 선물' 리스트에 추가하고 화면에서 모양을 숨기도록 코드를 완성해 봅니다.

 체크박스 : '체크박스'를 클릭하면 [선물 뽑기] 장면이 시작돼요.

❺ 프로그램이 시작되고 '체크박스'를 클릭하면 [선물 뽑기] 장면이 시작되도록 그림과 같이 코드를 완성합니다.

Tip
선물을 모두 '크리스마스 선물' 리스트에 추가한 후 '체크박스'를 클릭하면 [선물 뽑기] 장면이 시작돼요.

2 랜덤으로 크리스마스 선물 뽑기

선물 상자를 클릭하면 랜덤의 선물이 나타나도록 해보세요.

 선물 상자 : '선물 상자'를 클릭하면 좌우로 흔들리다가 '선물 뽑기' 신호를 보내요.

❶ [선물 뽑기] 장면을 선택하고 '선물 뽑기' 신호를 생성한 후 '선물 상자'를 클릭하면 좌우로 흔들리는 모습을 표현하다가 '선물 뽑기' 신호를 보내도록 그림과 같이 코드를 완성합니다.

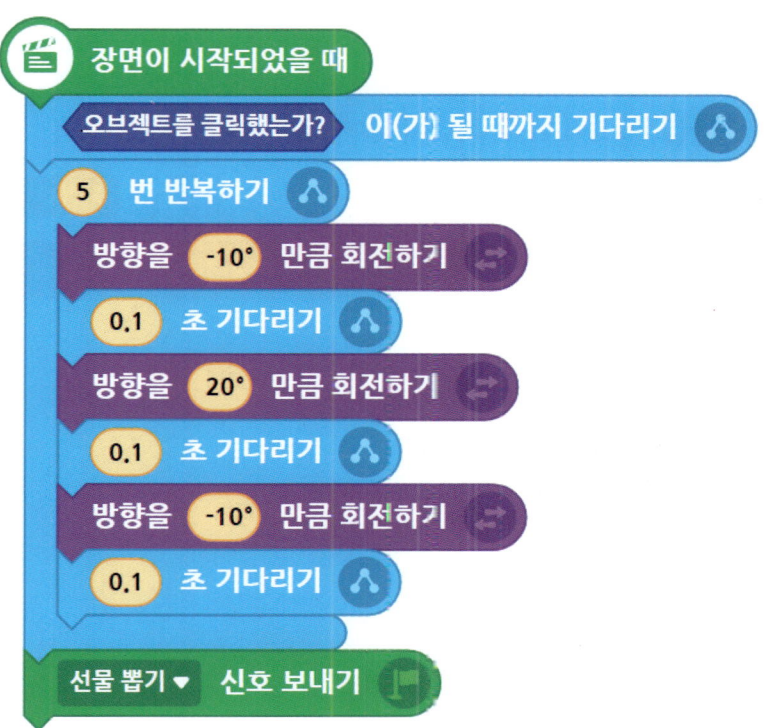

 선물 : '선물 뽑기' 신호를 받으면 랜덤으로 선물이 선택되어 나타나요.

❷ 장면이 시작되면 '선물'의 모양을 화면에서 숨기도록 그림과 같이 코드를 완성합니다.

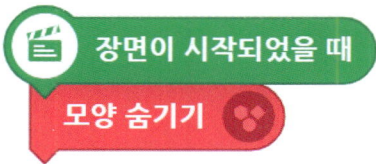

❸ '선물 뽑기' 신호를 받으면 '크리스마스 선물' 리스트에서 랜덤의 항목으로 모양을 변경한 후 변경된 모양이 화면에 나타나도록 그림과 같이 코드를 완성합니다.

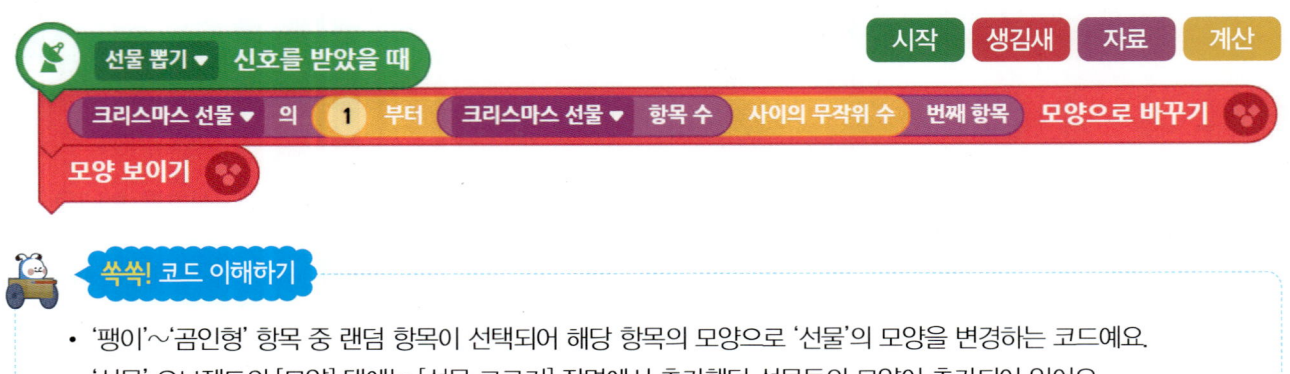

쏙쏙! 코드 이해하기
- '팽이'~'곰인형' 항목 중 랜덤 항목이 선택되어 해당 항목의 모양으로 '선물'의 모양을 변경하는 코드예요.
- '선물' 오브젝트의 [모양] 탭에는 [선물 고르기] 장면에서 추가했던 선물들의 모양이 추가되어 있어요.

❹ '선물'이 '선물 상자'에서 나오는 모습을 표현하도록 그림과 같이 코드를 완성합니다.

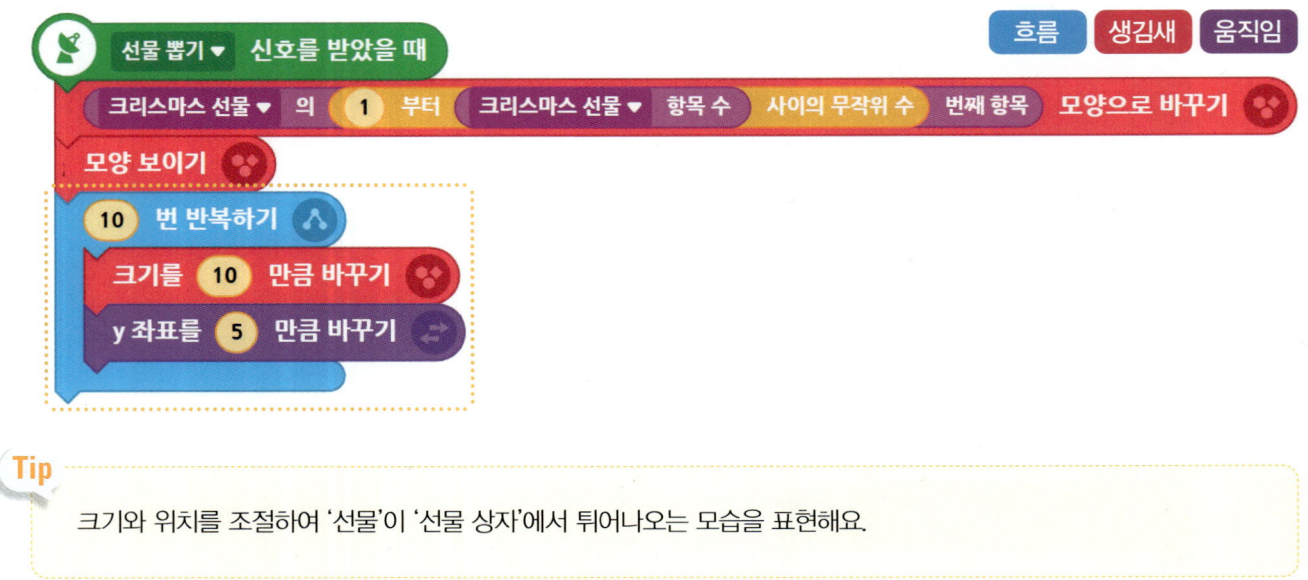

Tip
크기와 위치를 조절하여 '선물'이 '선물 상자'에서 튀어나오는 모습을 표현해요.

❺ 프로그램이 완성되면 실행하여 랜덤으로 크리스마스 선물을 뽑아 봅니다.

• 예제 파일 : 09강 벌칙 뽑기(예제).ent   • 완성 파일 : 09강 벌칙 뽑기(완성).ent

미션 1 예제 파일을 불러와 벌칙을 클릭하면 벌칙이 리스트에 추가되도록 코딩해 보세요.

'노래 부르기'~ '춤추기'

① '벌칙 내용' 리스트를 생성하고 리스트를 화면에서 숨겨요.
② 각 벌칙을 클릭하면 벌칙의 모양 이름을 '벌칙 내용' 리스트에 추가해요.
③ '다음 버튼'을 클릭하면 [벌칙 뽑기] 장면을 시작해요.

| 힌트 | '벌칙 내용' 리스트에 벌칙이 추가되면 해당 벌칙은 화면에서 숨겨요.

미션 2 '뽑기 버튼'을 클릭하면 랜덤의 벌칙 종류가 선택되어 화면에 나타나도록 코딩해 보세요.

뽑기 버튼, 벌칙 종류

① 장면이 시작되고 '뽑기 버튼'을 클릭하면 '벌칙 뽑기' 신호를 보내요.
② '벌칙 종류'는 '벌칙 뽑기' 신호를 받으면 '벌칙 내용' 리스트의 랜덤 항목 값으로 모양을 변경해요.

10 발표 순서 뽑기 대작전!

학습목표
- 입력 버튼을 클릭하면 입력한 이름을 발표자 명단 리스트에 추가해요.
- 확인 버튼을 클릭하면 랜덤 뽑기 변숫값을 랜덤으로 지정해요.
- 발표자 명단 리스트의 랜덤 뽑기 변숫값 번째 항목을 발표자 순서 리스트에 추가해요.
- 랜덤 뽑기 변숫값 번째 항목을 발표자 명단 리스트에서 삭제해요.

오늘의 작품은?

오늘은 학급 발표회가 열리기 전날이에요. 발표를 준비하던 친구들은 갑자기 고민이 생겼어요. "발표 순서를 어떻게 정하지? 가위바위보로 정할까?"
좋은 방법이 없을까 고민하던 친구들은 코딩 마법을 부려 리스트에 발표자 명단을 추가하고 발표자들의 발표 순서를 랜덤으로 지정하는 방법을 생각해 냈어요.

- 예제 파일 : 10강 발표 순서 뽑기(예제).ent
- 완성 파일 : 10강 발표 순서 뽑기(완성).ent

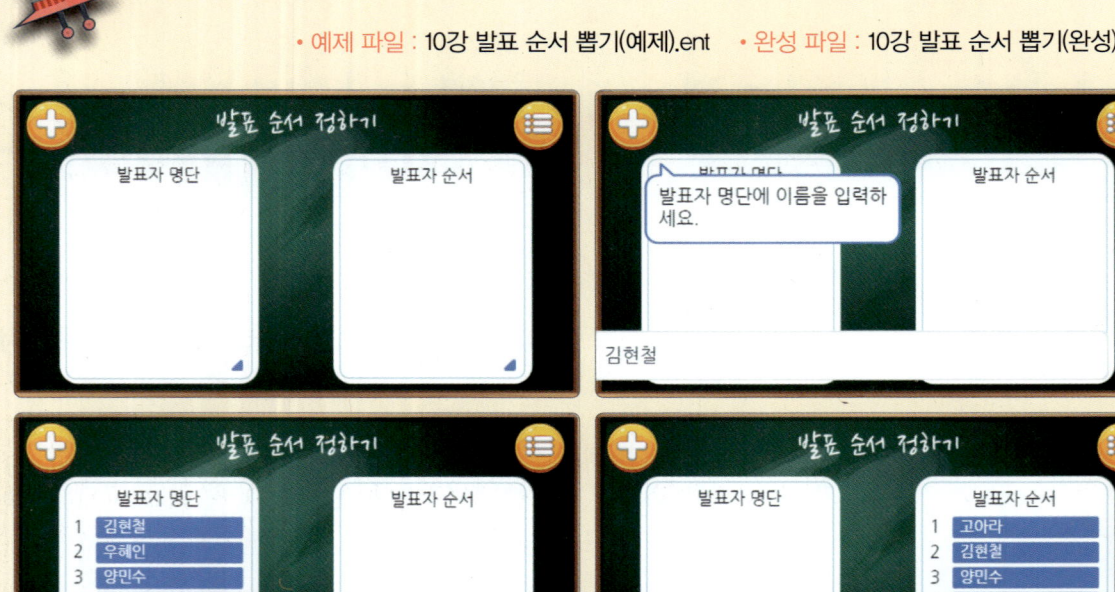

주요 블록

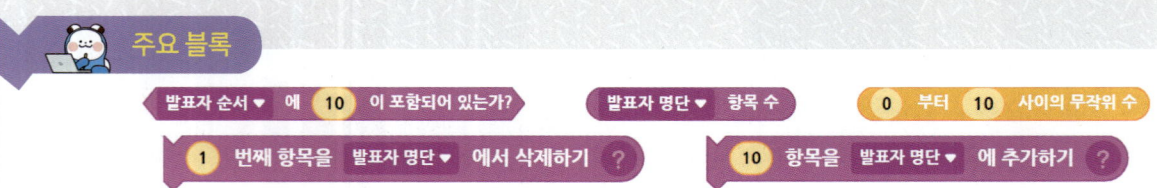

1 발표자 명단 만들기

리스트를 생성하고 발표자 명단 리스트에 발표자를 추가해 보세요.

❶ '10강 발표 순서 뽑기(예제).ent' 파일을 불러와 [속성] 탭에서 '발표자 명단', '발표자 순서' 리스트와 '랜덤 뽑기' 변수를 생성하고 리스트의 크기와 위치를 조절한 후 변수를 화면에서 숨깁니다.

 입력 버튼 : '입력 버튼'을 클릭하면 발표자를 '발표자 명단'에 추가할 수 있어요.

❷ 프로그램이 시작되고 '입력 버튼'을 클릭하면 "발표자 명단에 이름을 입력하세요."를 묻고 기다리도록 그림과 같이 코드를 완성합니다.

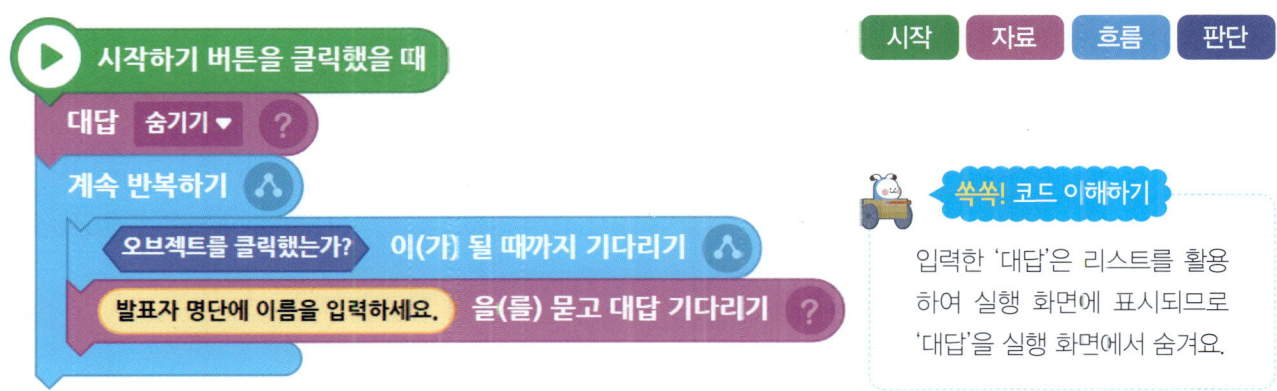

> **쏙쏙! 코드 이해하기**
>
> 입력한 '대답'은 리스트를 활용하여 실행 화면에 표시되므로 '대답'을 실행 화면에서 숨겨요.

❸ 입력한 '대답'이 '발표자 명단' 리스트에 포함되어 있으면 다시 질문을 묻고 대답을 기다리도록 그림과 같이 코드를 완성합니다.

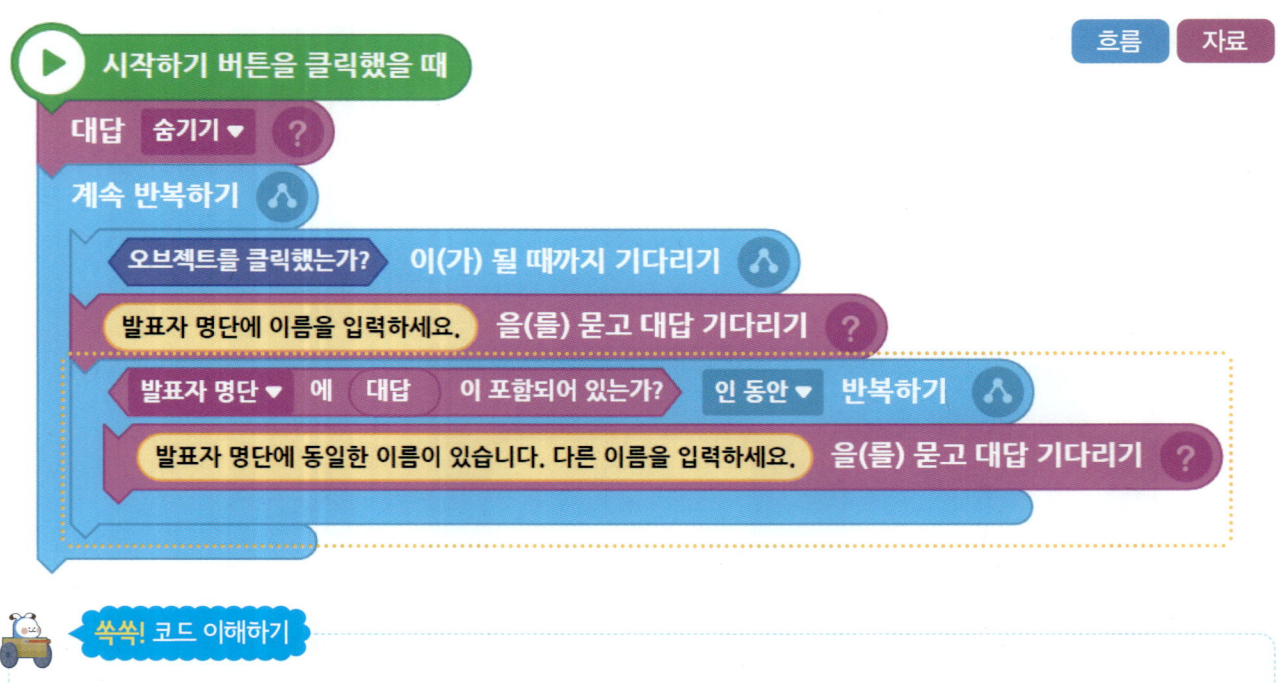

쏙쏙! 코드 이해하기

- 중복된 자료를 리스트에 추가하지 않기 위한 코드예요.
- '발표자 명단' 리스트에 입력한 '대답'과 같은 이름이 있다면 다른 이름을 입력하라는 질문이 표시돼요.

❹ 입력한 '대답'이 '발표자 명단' 리스트에 포함되어 있지 않다면 '대답'을 '발표자 명단' 리스트에 추가하도록 그림과 같이 코드를 완성합니다.

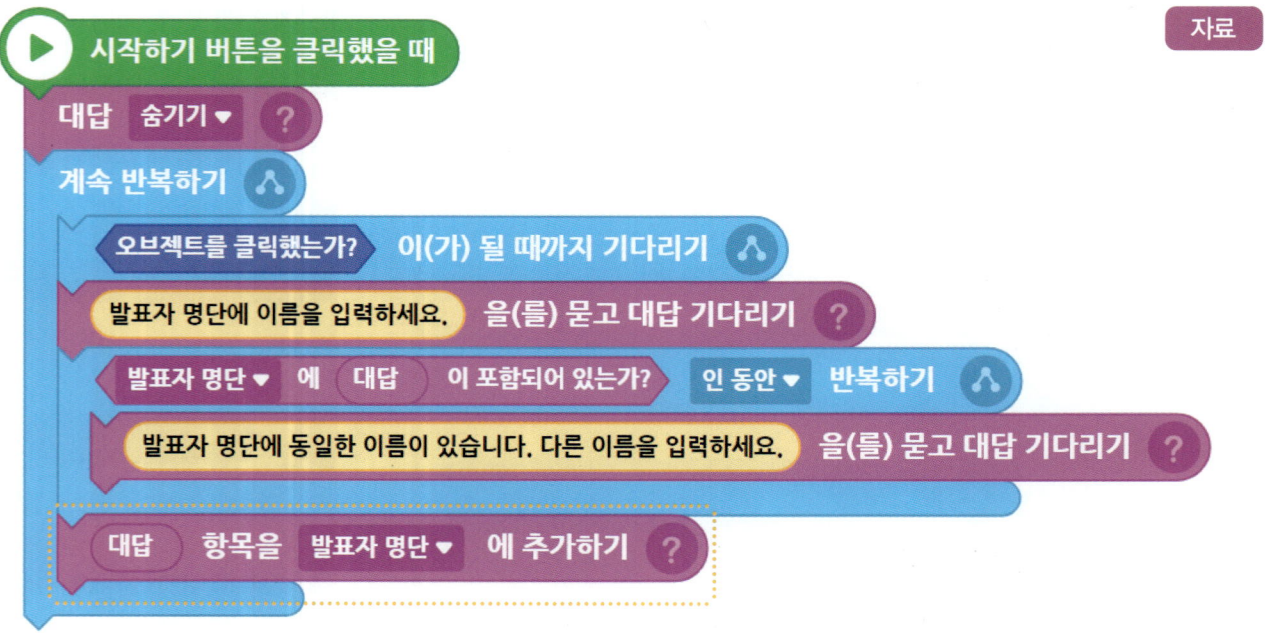

2 랜덤으로 발표 순서 정하기

확인 버튼을 클릭하면 랜덤의 순서로 발표자가 선택되도록 해보세요.

 확인 버튼 : '확인 버튼'을 클릭하면 '발표자 명단'에 추가된 발표자가 랜덤으로 선택되어 '발표자 순서' 리스트에 추가돼요.

① '확인 버튼'을 클릭하면 '발표자 명단' 리스트의 항목 수만큼 반복하여 '랜덤 뽑기' 변숫값을 랜덤으로 지정하도록 그림과 같이 코드를 완성합니다.

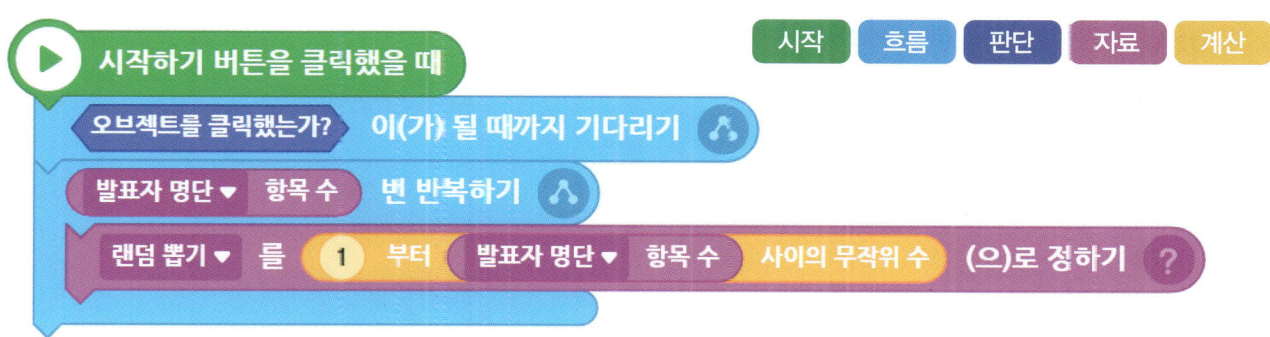

② 랜덤으로 '랜덤 뽑기' 변숫값이 지정되면 '발표자 명단' 리스트의 '랜덤 뽑기' 변숫값 번째 항목을 '발표자 순서' 리스트에 추가하도록 그림과 같이 코드를 완성합니다.

쏙쏙! 코드 이해하기

- '발표자 명단' 리스트에 포함된 모든 발표자의 순서를 정하기 위해 '발표자 명단' 리스트의 항목 수만큼 반복해요.
- '발표자 명단'의 '랜덤 뽑기' 변숫값 번째 항목에 있는 발표자를 다시 '발표자 순서' 리스트에 저장해요

❸ '발표자 순서' 리스트에 추가된 발표자는 '발표자 명단' 리스트에서 삭제하도록 그림과 같이 코드를 완성합니다.

쏙쏙! 코드 이해하기

순서가 정해진 발표자는 '발표자 명단' 리스트에서 삭제하여 같은 발표자가 다시 선택되지 않도록 하기 위한 코드예요.

❹ 프로그램이 완성되면 실행하여 발표 순서를 정해 봅니다.

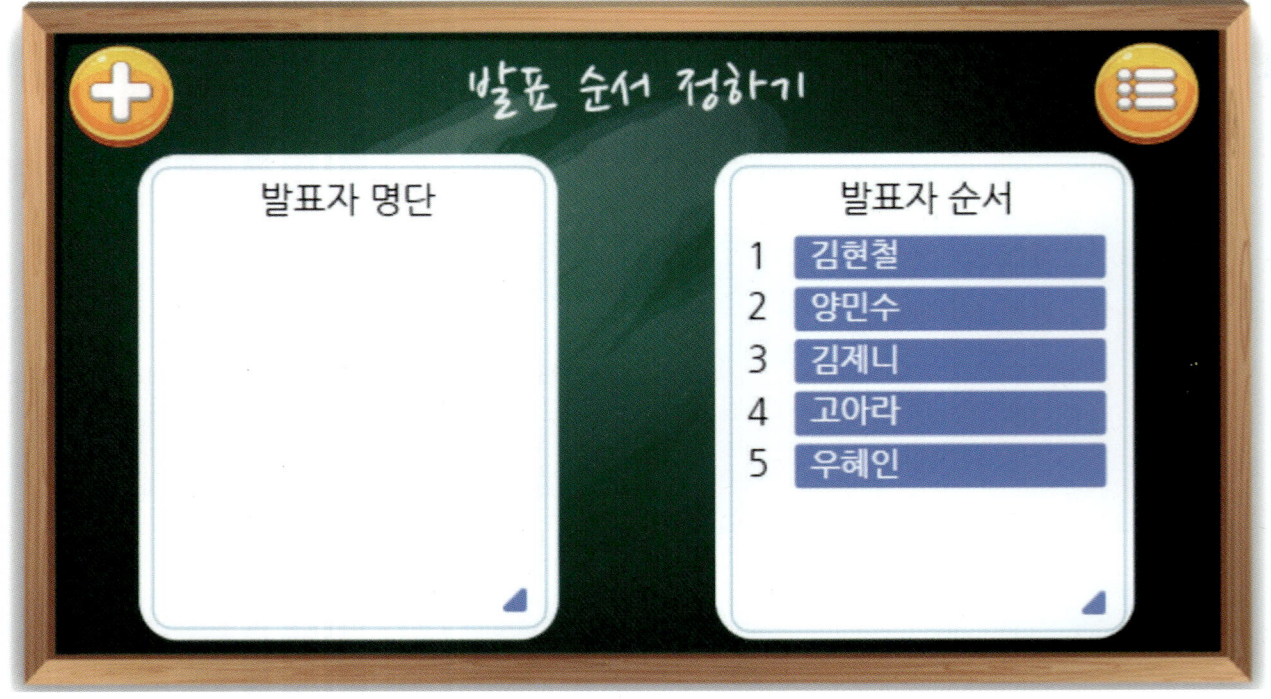

• 예제 파일 : 10강 체험 순서 뽑기(예제).ent • 완성 파일 : 10강 체험 순서 뽑기(완성).ent

 **1** 예제 파일을 불러와 '입력 버튼'을 클릭하면 리스트에 체험자를 추가하도록 코딩해 보세요.

입력 버튼

① '체험자 명단', '체험자 순서' 리스트와 '랜덤 뽑기' 변수를 생성해요.
② '랜덤 뽑기' 변수를 화면에서 숨겨요.
③ '입력 버튼'을 클릭하면 입력한 '대답'을 '체험자 명단' 리스트에 추가해요.
④ 입력한 '대답'이 '체험자 명단' 리스트에 있으면 '대답'을 다시 입력해요.

 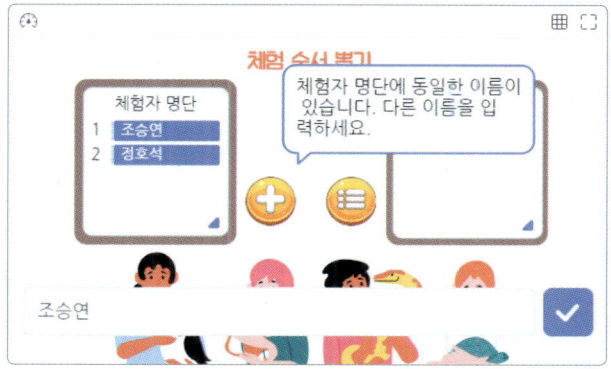

 **2** '확인 버튼'을 클릭하면 체험자 순서가 랜덤으로 지정되도록 코딩해 보세요.

확인 버튼

① '확인 버튼'을 클릭하면 '랜덤 뽑기' 변숫값을 랜덤으로 지정해요.
② '체험자 명단' 리스트의 '랜덤 뽑기' 변숫값 번째 항목을 '체험자 순서' 리스트에 추가해요.
③ '랜덤 뽑기' 변숫값 번째 항목을 '체험자 명단' 리스트에서 삭제해요.

11 도전! 수학 왕!

학습목표
- 출제 버튼을 클릭하면 숫자와 연산 종류를 변숫값으로 지정하여 리스트에 추가해요.
- 문제 리스트의 모든 항목이 소진될 때까지 수학 문제가 나타나요.
- 입력한 대답이 정답이면 리스트에서 해당 항목을 삭제해요.
- 입력한 대답이 오답이면 해당 항목의 순서를 변경하여 다시 리스트에 추가해요.

오늘의 작품은?

수학 공부가 하고 싶었던 진아는 어떻게 하면 쉽게 수학 공부를 할 수 있을지 생각했어요. '숫자와 연산 종류를 랜덤으로 정하고 각 값을 문제, 정답 리스트에 추가하면…?' 아이디어가 떠오른 진아는 리스트를 활용해 자신만의 코딩 수학 프로그램을 만들었어요.

- 예제 파일 : 11강 수학 게임 도전(예제).ent
- 완성 파일 : 11강 수학 게임 도전(완성).ent

주요 블록

- 0 부터 10 사이의 무작위 수
- 10 + 10
- 엔트리 라고 글쓰기
- 연산▼ 를 10 (으)로 정하기
- 10 을(를) 문제▼ 의 1 번째에 넣기
- 1 번째 항목을 문제▼ 에서 삭제하기

1 수학 문제 출제하기

리스트를 생성하고 출제 버튼을 클릭하면 수학 문제가 출제되도록 해보세요.

❶ '11강 수학 게임 도전(예제).ent' 파일을 불러와 [속성] 탭에서 '문제', '정답' 리스트와 '숫자1', '숫자2', '연산' 변수, '출제' 신호를 생성하고 리스트와 변수를 화면에서 숨깁니다.

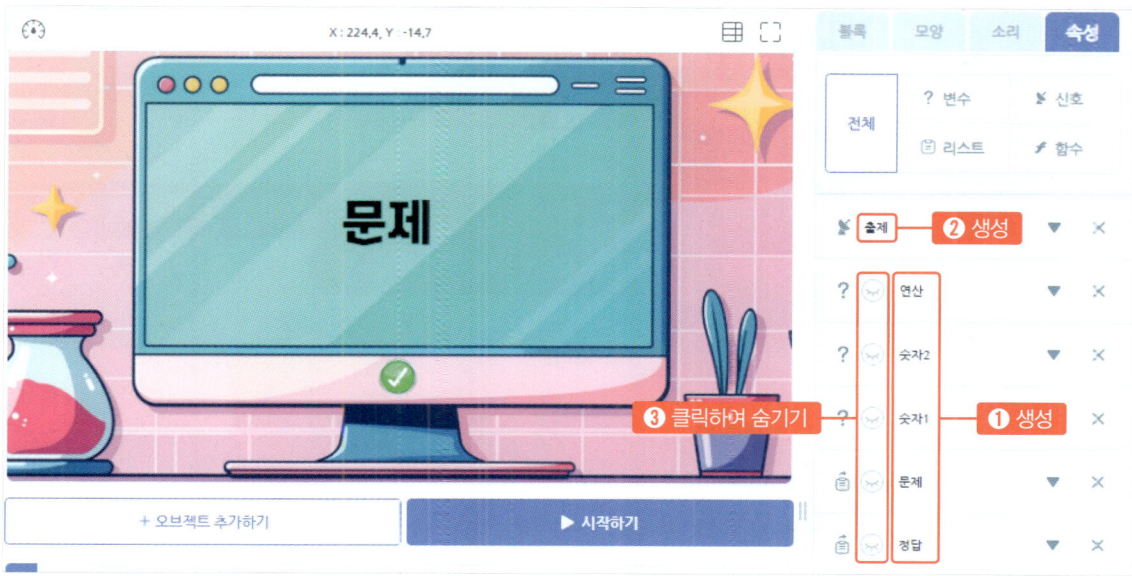

 **출제 버튼** : '출제 버튼'을 클릭하면 랜덤의 수학 문제를 만들어요.

❷ 프로그램이 시작되고 '출제 버튼'을 클릭하면 '10'번 반복하여 수학 문제에 사용될 2개의 숫자와 연산 종류가 랜덤으로 선택되도록 그림과 같이 코드를 완성합니다.

Tip 연산 종류는 '덧셈', '뺄셈', '곱셈'을 사용할 예정이기 때문에 '1'~'3'의 값으로 지정해요.

❸ 랜덤으로 선택된 '연산' 변숫값이 '1'이면 덧셈 문제를 생성하여 '문제' 리스트에 추가하고 문제에 대한 정답을 '정답' 리스트에 추가하도록 그림과 같이 코드를 완성합니다.

쏙쏙! 코드 이해하기

- '문제' 리스트에는 (안녕! 과(와) 엔트리 를 합치기) 블록을 이용하여 생성한 문제를 추가해요.
- '정답' 리스트에는 생성된 문제의 덧셈 결과를 추가해요.

❹ '연산' 변숫값이 '2'면 뺄셈, '3'이면 곱셈 문제를 생성하여 '문제' 리스트에 추가하고 문제에 대한 정답을 '정답' 리스트에 추가하도록 ❸과 같은 방법으로 코드를 완성합니다.

❺ '10'개의 수학 문제가 생성되면 '출제' 신호를 보내도록 그림과 같이 코드를 완성합니다.

A	문제 : 프로그램이 시작되면 '대답'과 '문제'를 화면에서 숨겨요.

❻ 프로그램이 시작되면 '대답'과 '문제' 오브젝트를 화면에서 숨기도록 그림과 같이 코드를 완성합니다.

문제 : '출제' 신호를 받으면 화면에 수학 문제가 나타나고 정답을 입력할 수 있어요.

❼ '출제' 신호를 받으면 화면에 문제가 나타난 후 '문제' 리스트의 항목 수가 '0'이 될 때까지 '문제' 리스트 1번째 항목에 기록된 문제가 출제되도록 그림과 같이 코드를 완성합니다.

쏙쏙! 코드 이해하기

수학 문제의 정답을 맞히면 '문제' 리스트에서 해당 항목을 삭제할 예정이므로 사용자는 항상 '문제' 리스트의 1번째 항목의 문제를 풀게 돼요.

❽ 수학 문제가 출제되면 "정답 입력"을 묻고 기다리도록 그림과 같이 코드를 완성합니다.

2 수학 문제 풀기

정답을 맞히면 항목이 삭제되고 틀리면 다시 문제를 풀 수 있도록 해보세요.

| A | 문제 : 입력한 '대답'이 정답이면 '문제', '정답' 리스트에서 해당 항목이 삭제되고 오답이면 해당 항목을 다시 리스트에 추가해요. |

 입력한 '대답'이 정답이면 '문제', '정답' 리스트의 1번째 항목을 삭제하도록 그림과 같이 코드를 완성합니다.

 입력한 '대답'이 오답이면 해당 문제와 정답을 '문제', '정답' 리스트의 마지막 항목에 다시 추가하도록 그림과 같이 코드를 완성합니다.

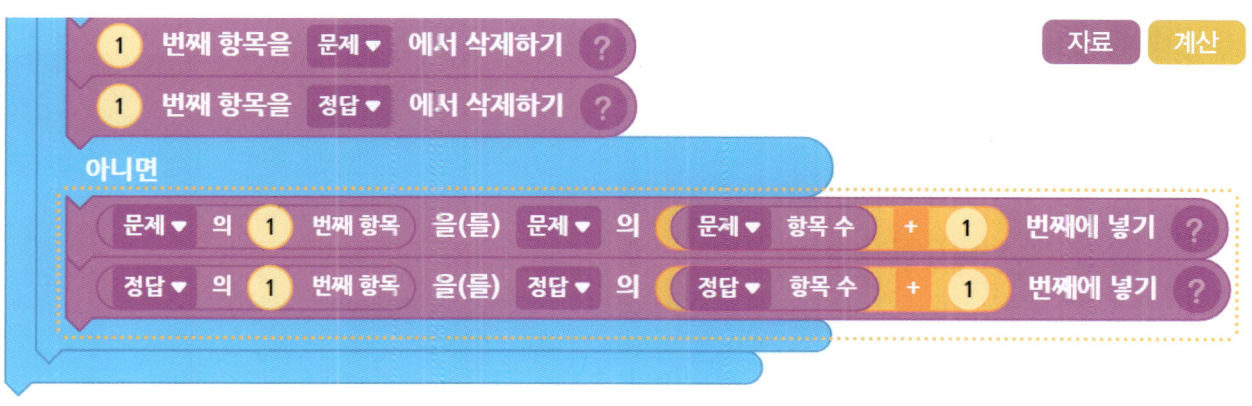

 쏙쏙! 코드 이해하기

수학 문제를 풀지 못하면 해당 문제를 다시 '문제', '정답' 리스트에 추가하여 다시 풀어볼 수 있도록 하는 코드예요.

❸ 해당 문제를 '문제', '정답' 리스트에 다시 추가한 후 '문제', '정답' 리스트의 1번째 항목에서 삭제하도록 그림과 같이 코드를 완성합니다.

❹ '10'개의 수학 문제의 정답을 모두 맞히면 화면에 "공부 종료!"가 나타나도록 그림과 같이 코드를 완성합니다.

❺ 프로그램이 완성되면 실행하여 '10'개의 수학 문제를 풀어 봅니다.

11 스스로 코딩

• 예제 파일 : 11강 넌센스 퀴즈 풀기(예제).ent • 완성 파일 : 11강 넌센스 퀴즈 풀기(완성).ent

 **1** 예제 파일을 불러와 넌센스 퀴즈와 정답을 생성하도록 코딩해 보세요.

출제 버튼
① '넌센스 퀴즈', '정답' 리스트, '출제' 신호를 생성해요.
② 리스트를 화면에서 숨겨요.
③ '출제 버튼'을 클릭하면 넌센스 퀴즈와 퀴즈 정답을 묻고 기다려요.
④ 입력한 '대답'을 각각 '넌센스 퀴즈', '정답' 리스트에 추가해요.

 2 퀴즈의 정답 여부에 따라 퀴즈가 삭제되거나 다시 추가되도록 코딩해 보세요.

넌센스 퀴즈
① '넌센스 퀴즈' 리스트가 모두 소진될 때까지 '넌센스 퀴즈'가 나타나요
② 입력한 '대답'이 정답이면 리스트의 1번째 항목을 삭제해요.
③ 입력한 '대답'이 오답이면 해당 넌센스 퀴즈를 다시 리스트에 추가해요.

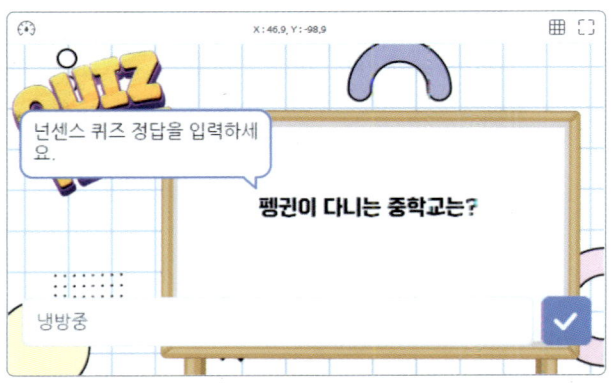 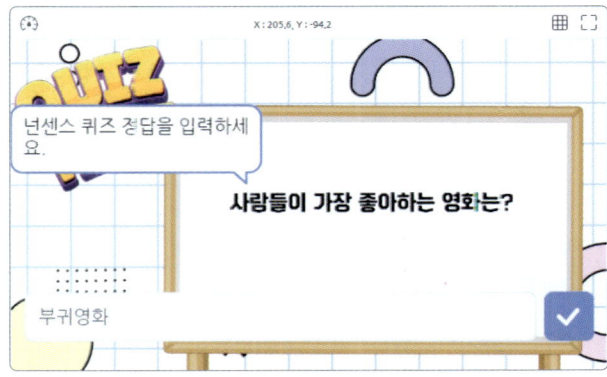

| 힌트 | '10'개의 넌센스 퀴즈를 모두 맞히면 화면에 '넌센스 퀴즈 종료!'가 나타나도록 해보세요.

CHAPTER 11 도전! 수학 왕! _ 077

12 잃어버린 물건 찾기

학습목표
- 힌트 리스트를 이용하여 찾아야 할 물건의 이름이 화면에 나타나도록 해요.
- 찾을 물건을 클릭하면 해당 물건의 이름을 정답 리스트에 추가해요.
- 정답체크, 오답체크 신호를 받으면 해당 모양을 도장 찍어요.
- 5개의 물건을 모두 찾으면 잃어버린 물건 찾기에 성공해요.

오늘의 작품은?
신나는 소풍날 동물 구경에 여념이 없던 친구들은 점심을 먹기 위해 가방을 열었어요. 어? 그런데 가방 안에 있던 물건들이 모두 사라져버렸어요. 알고 보니 가방에 큰 구멍이 뚫려 있었어요. 지금부터 리스트와 함수를 이용하여 친구들의 물건을 찾아주세요!

• 예제 파일 : 12강 물건 찾기(예제).ent   • 완성 파일 : 12강 물건 찾기(완성).ent

주요 블록

| `10 != 10` | `정답▼ 의 1 번째 항목` | `10 항목을 정답▼ 에 추가하기` | `도장 찍기` |

1 실행 화면 설정하기

리스트를 생성하고 제한 시간 및 실행 화면을 설정해 보세요.

① '12강 물건 찾기(예제).ent' 파일을 불러와 [속성] 탭에서 '힌트', '정답' 리스트와 '순서', '시간' 변수, '시작', '성공', '오답체크', '정답체크', '실패' 신호를 생성하고 리스트와 '순서' 변수를 화면에서 숨깁니다.

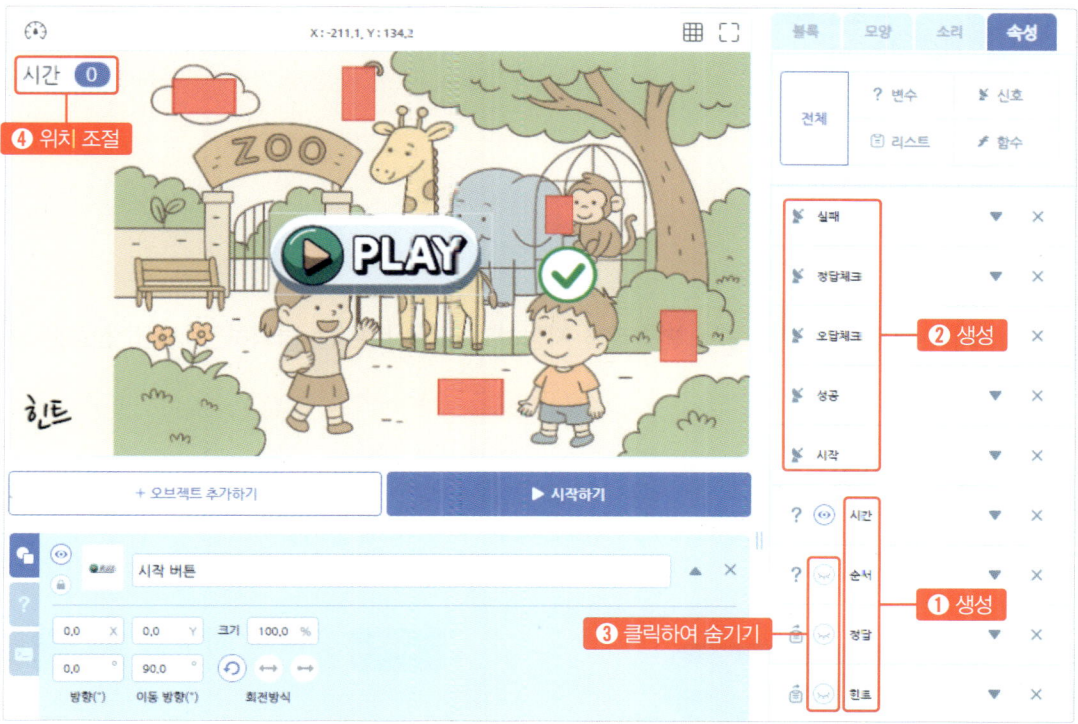

② [속성] 탭에서 '힌트' 리스트를 선택하고 [리스트 불러오기]를 클릭하여 '12강 찾을 물건.txt' 메모장의 내용을 붙여 넣은 후 [저장하기]를 클릭합니다.

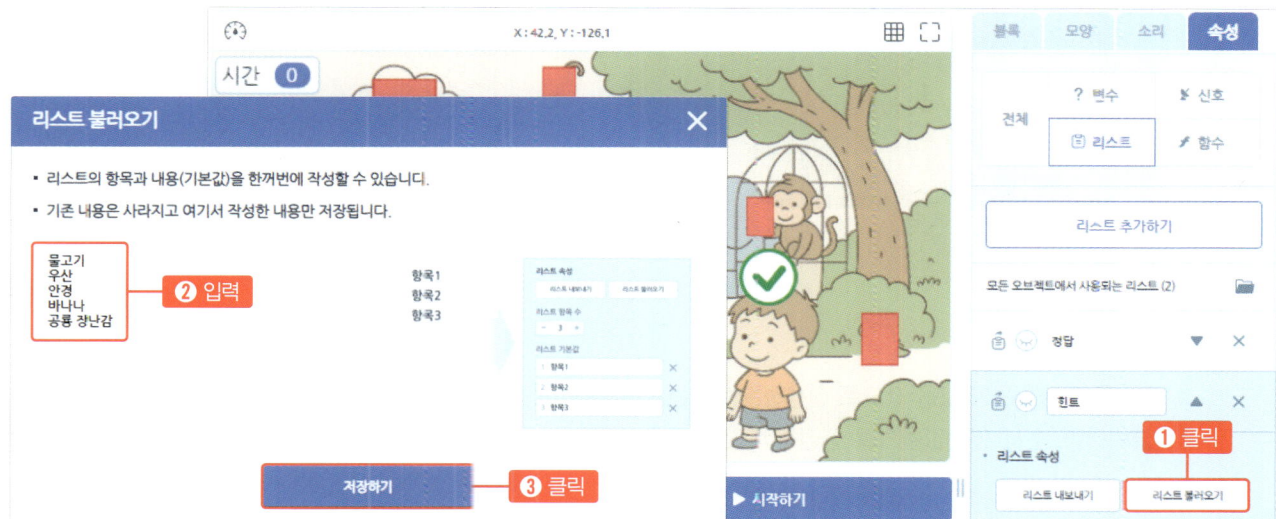

CHAPTER 12 잃어버린 물건 찾기 _ **079**

 '물고기'~'공룡 장난감' : 프로그램이 시작되면 화면에서 모양을 숨겨요.

❸ 프로그램이 시작되면 '찾을 물건' 위치에 있는 박스들이 사라지도록 그림과 같이 코드를 완성합니다.

 시작 버튼 : '시간', '순서' 변숫값을 지정하고 '시작 버튼'을 클릭하면 '시작' 신호를 보내요.

❹ 프로그램이 시작되면 '시간', '순서' 변수의 초기 값을 지정하고 '시작 버튼'을 클릭하면 '순서' 변숫값을 '1'만큼 증가한 후 '시작' 신호를 보내고 화면에서 모양을 숨기도록 그림과 같이 코드를 완성합니다.

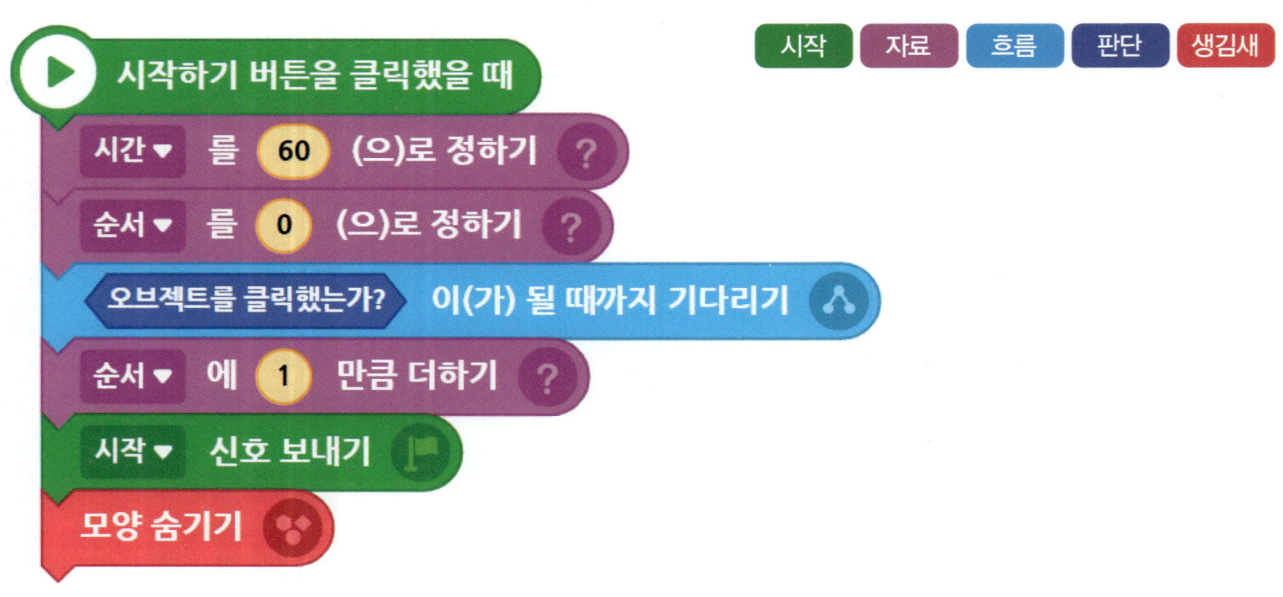

Tip

'순서' 변수의 초기 값을 '0'으로 설정하는 이유는 찾을 물건이 선택되지 않았음을 표시하기 위해서예요. '시작 버튼'을 클릭하면 '순서' 변숫값을 '1'로 설정하여 1번째로 찾을 물건의 순서를 결정해요.

❺ '60'초가 지나면 '실패' 신호를 보내도록 그림과 같이 코드를 완성합니다.

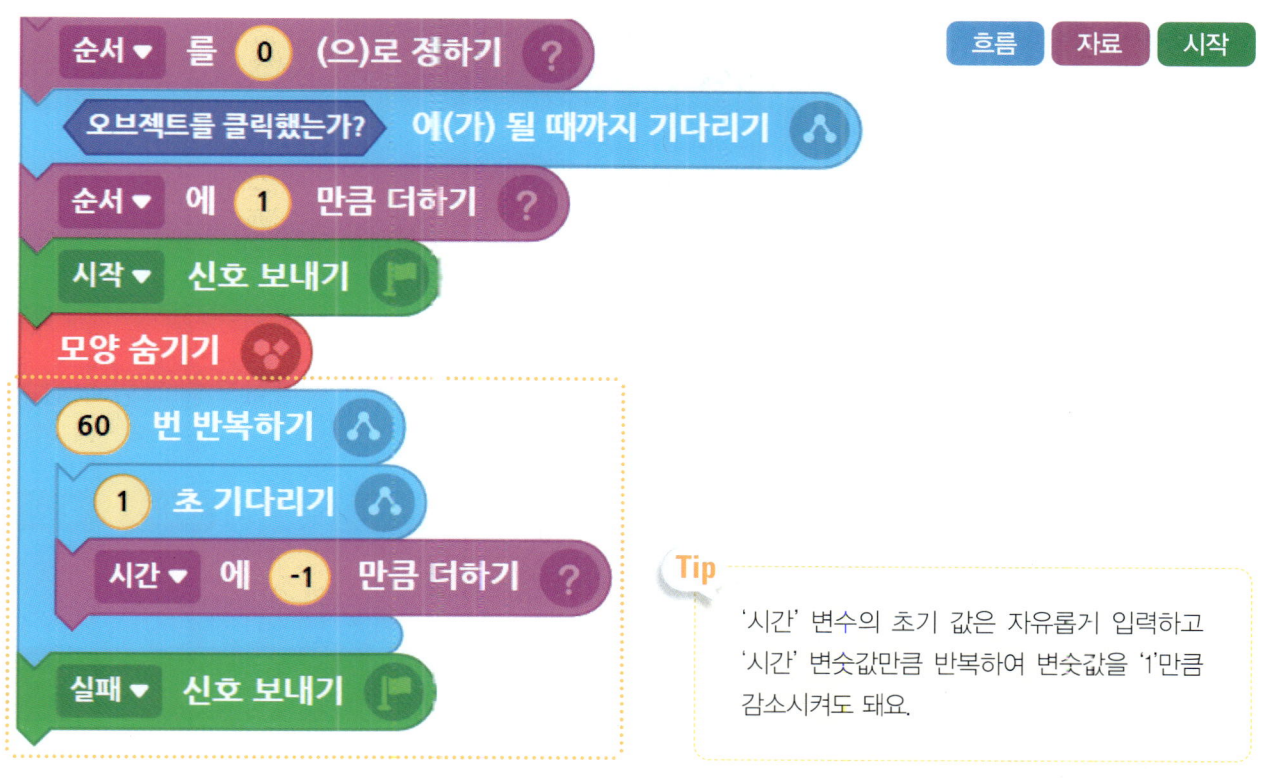

Tip
'시간' 변수의 초기 값은 자유롭게 입력하고 '시간' 변숫값만큼 반복하여 변숫값을 '1'만큼 감소시켜도 돼요.

 시작 버튼 : '성공', '실패' 신호를 받으면 화면에 해당 이미지가 나타나요.

❻ '성공', '실패' 신호를 받으면 '게임 성공', '게임 실패' 이미지가 나타나고 모든 코드를 멈추도록 그림과 같이 코드를 완성합니다.

2 잃어버린 물건 찾기

힌트를 보고 잃어버린 물건을 찾을 수 있도록 해보세요.

| | 힌트 : '시작' 신호를 받으면 화면에 찾아야 할 물건이 나타나요. |

❶ '시작' 신호를 받으면 '힌트' 글상자에 이번에 찾아야 할 물건이 나타나도록 그림과 같이 코드를 완성합니다.

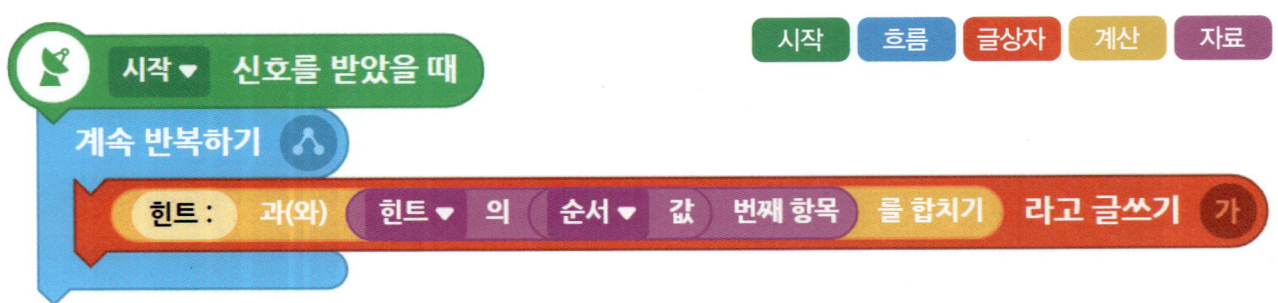

| | 물고기 : '시작' 신호를 받았을 때 '순서' 변숫값이 '1'이면 투명도를 조절한 후 화면에 나타나요. |

❷ '시작' 신호를 받았을 때 '순서' 변숫값이 '1'이면 '투명도' 효과를 '99'로 지정하고 화면에 나타나도록 그림과 같이 코드를 완성합니다.

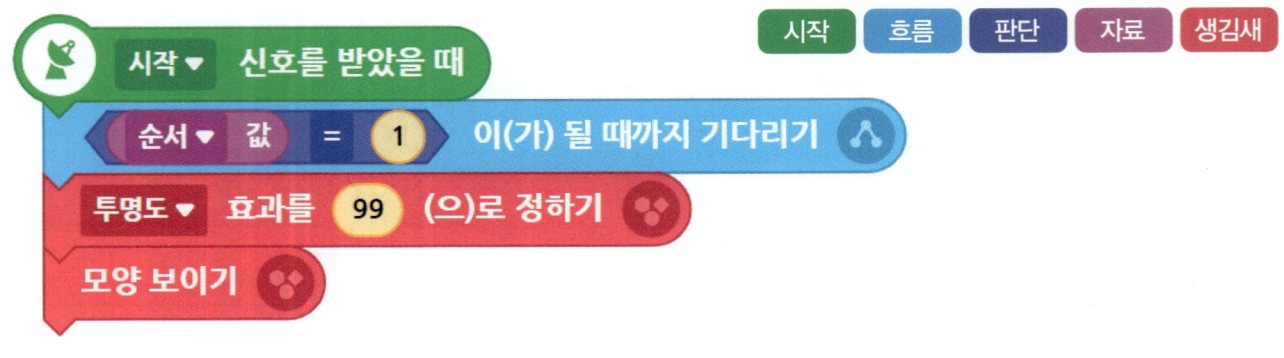

 쏙쏙! 코드 이해하기

- '순서' 변숫값이 '1'이면 화면에 "힌트 : 물고기" 글자가 나타나요.
- '투명도' 효과를 '99'로 지정하여 오브젝트를 클릭할 수 있도록 해요.

❸ '물고기'를 클릭하면 '물고기' 항목을 '정답' 리스트에 추가하고 '정답체크' 신호를 보낸 후 '순서' 변숫값을 '1'만큼 증가하도록 그림과 같이 코드를 완성합니다.

 쏙쏙! 코드 이해하기

'힌트' 리스트의 '1'번째 항목이 '물고기'이기 대문에 '순서' 변숫값이 '1'일 때 찾을 물건은 '물고기'예요. '물그기'를 클릭하면 '물고기'를 '정답' 리스트에 추가해요.

❹ 이어서 화면에서 모양을 숨기도록 그림과 같이 코드를 완성합니다.

쏙쏙! 코드 이해하기

정답을 맞히면 '물고기'를 더 이상 클릭할 수 없도록 화면에서 숨겨요.

'우산', '안경', '바나나', '공룡 장난감' 오브젝트를 각각 클릭하고 ❷~❹와 같은 방법으로 코딩한 후 '순서' 비교 값과 '정답' 리스트에 추가할 항목을 수정합니다.

오브젝트	'순서' 비교 값	'정답' 리스트 추가 항목
우산	2	우산
안경	3	안경
바나나	4	바나나
공룡 장난감	5	공룡 장난감

 **쏙쏙! 코드 이해하기**

'힌트' 리스트의 '1'~'5'번째 항목이 각각 '물고기', '우산', '안경', '바나나', '공룡 장난감'으로 지정되어 있기 때문에 화면에 찾을 물건이 '물고기', '우산', '안경', '바나나', '공룡 장난감' 순서로 나타나요. 찾을 물건에 해당하는 물건을 클릭하면 '정답' 리스트에 물건의 이름을 추가하는 코드예요.

✓ **확인** : 찾아야 할 물건을 찾으면 V를 표시하고 잘못 찾으면 X를 표시해요.

❻ '정답체크', '오답체크' 신호를 받으면 '마우스 포인터' 위치로 이동하여 '정답', '오답' 모양으로 변경된 후 해당 모양으로 도장을 찍도록 그림과 같이 코드를 완성합니다.

 배경 : 찾아야 할 물건을 잘못 클릭하면 화면에 X를 표시해요.

❼ '시작' 신호를 받았을 때 '배경'을 클릭하면 '오답'을 '정답' 리스트에 추가하고 '오답체크' 신호를 보내고 기다리도록 그림과 같이 코드를 완성합니다.

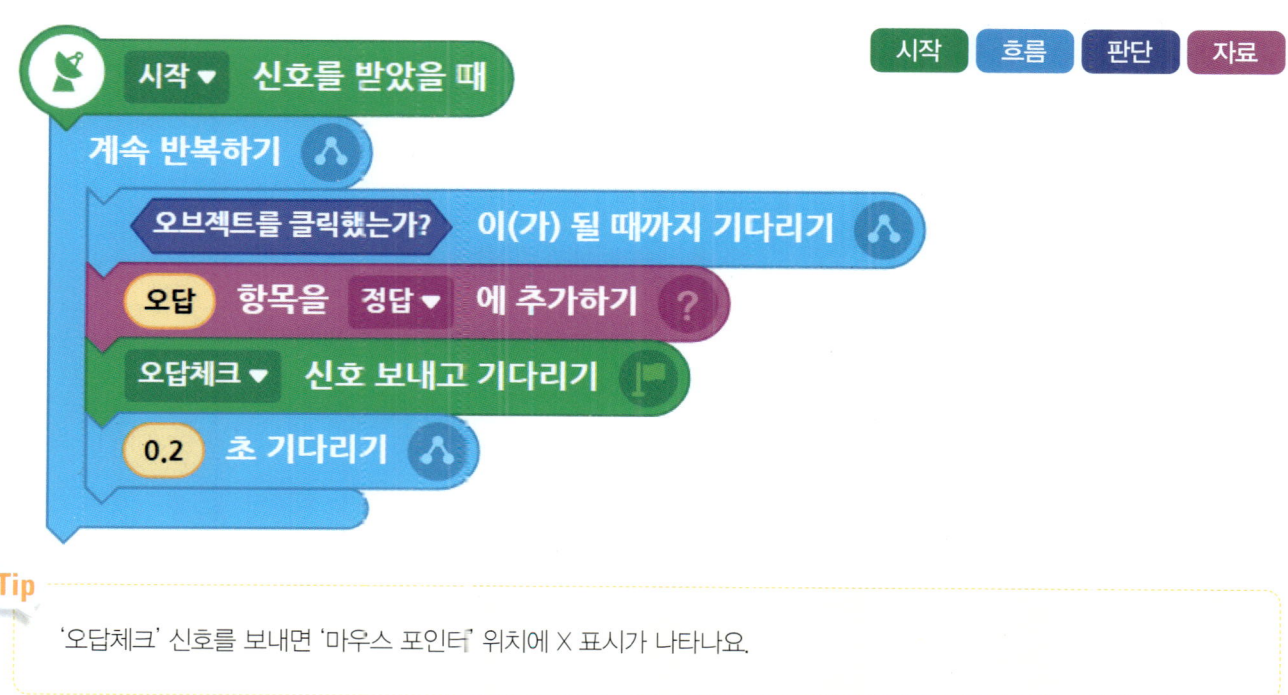

Tip
'오답체크' 신호를 보내면 '마우스 포인터' 위치에 X 표시가 나타나요.

 확인 : '정답' 리스트의 항목 수가 '5'면 물건 찾기에 성공했는지 실패했는지 확인해요.

❽ 프로그램이 시작되면 화면에서 모양을 숨기도록 그림과 같이 코드를 완성합니다.

⑨ '정답' 리스트의 항목 수가 '5'가 되면 다른 오브젝트의 코드를 멈추고 '순서' 변숫값을 초기화 하도록 그림과 같이 코드를 완성합니다.

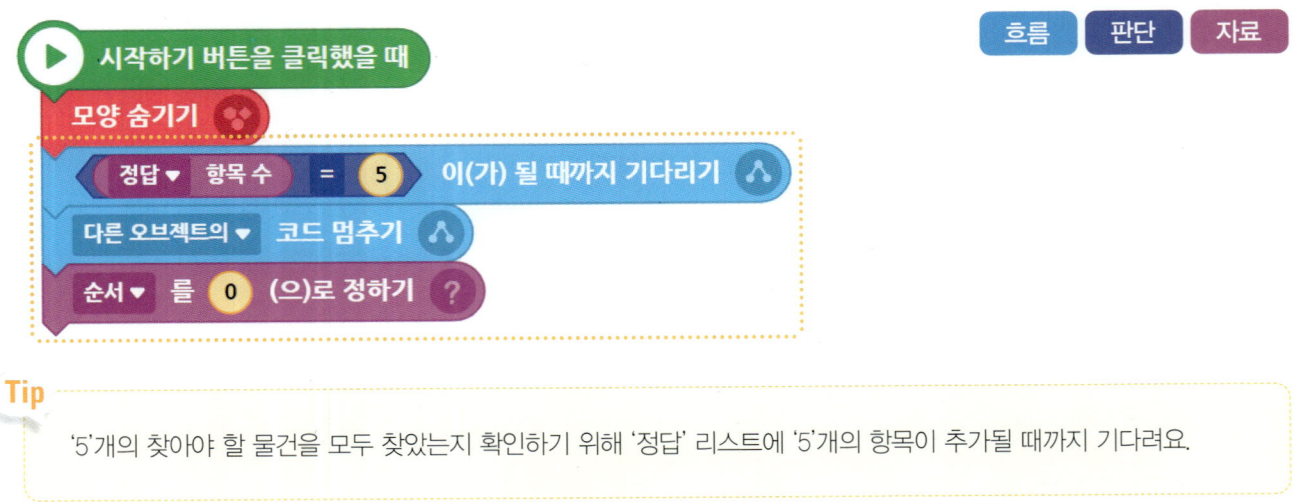

Tip '5'개의 찾아야 할 물건을 모두 찾았는지 확인하기 위해 '정답' 리스트에 '5'개의 항목이 추가될 때까지 기다려요.

⑩ '5'번 반복하여 '정답' 리스트와 '힌트' 리스트의 '순서' 변숫값 번째 항목을 비교하여 '실패' 또는 '성공' 신호를 보내도록 그림과 같이 코드를 완성합니다.

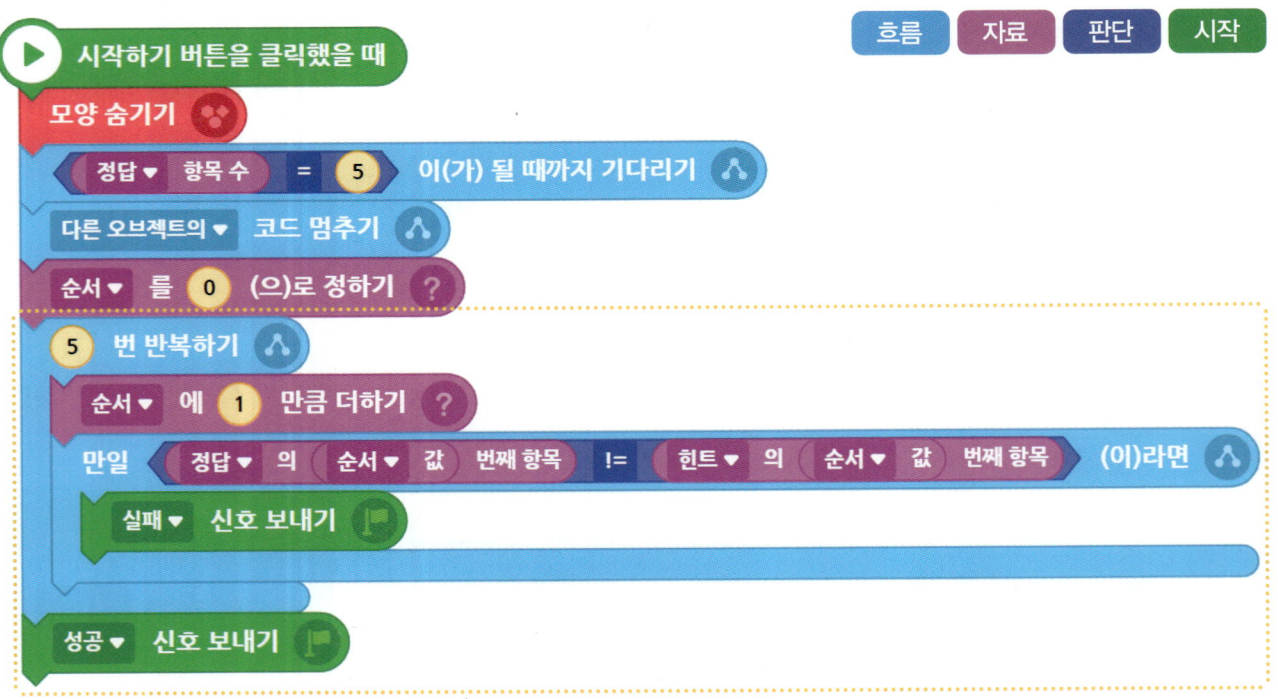

쏙쏙! 코드 이해하기

'5'번 반복하여 '정답' 리스트와 '힌트' 리스트의 '순서' 변숫값 번째 항목을 비교하여 '5'개의 항목이 모두 같으면 '성공' 신호를 보내고 다른 경우에는 '실패' 신호를 보내는 코드예요.

3 함수로 코드 정리하기

반복되는 코드를 함수로 정리해 보세요.

시작 버튼 : '성공', '실패' 신호를 받으면 함수를 호출해요.

❶  블록에 연결된 나머지 블록을 복사합니다.

마우스 오른쪽 버튼 클릭 후 복사

❷ [함수] 탭에서 [함수 만들기]를 클릭하여 '화면 띄우기' 함수를 생성하고 이름('모양 이름')과 매개 변수('문자/숫자값 1')를 추가합니다.

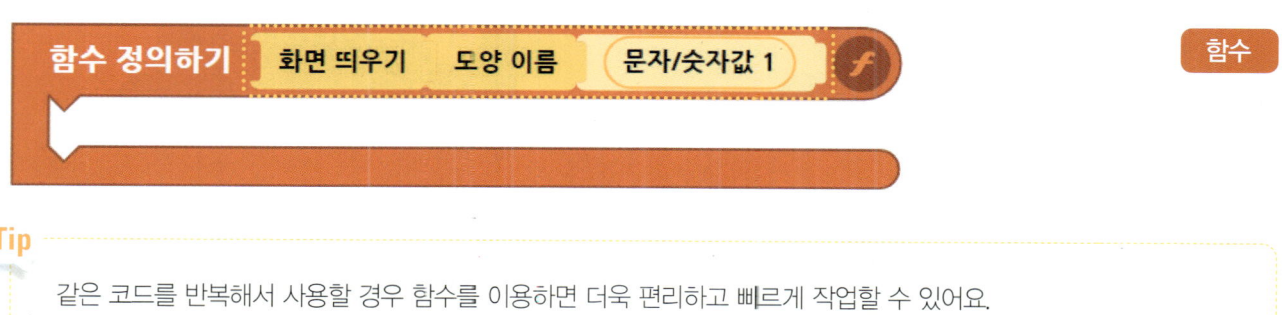

Tip
같은 코드를 반복해서 사용할 경우 함수를 이용하면 더욱 편리하고 빠르게 작업할 수 있어요.

❸ 복사한 코드를 그림과 같이 붙여 넣은 후 매개 변수('문자/숫자값 1')를 드래그하여 모양을 '문자/숫자값 1'로 변경하고 [저장]을 클릭합니다.

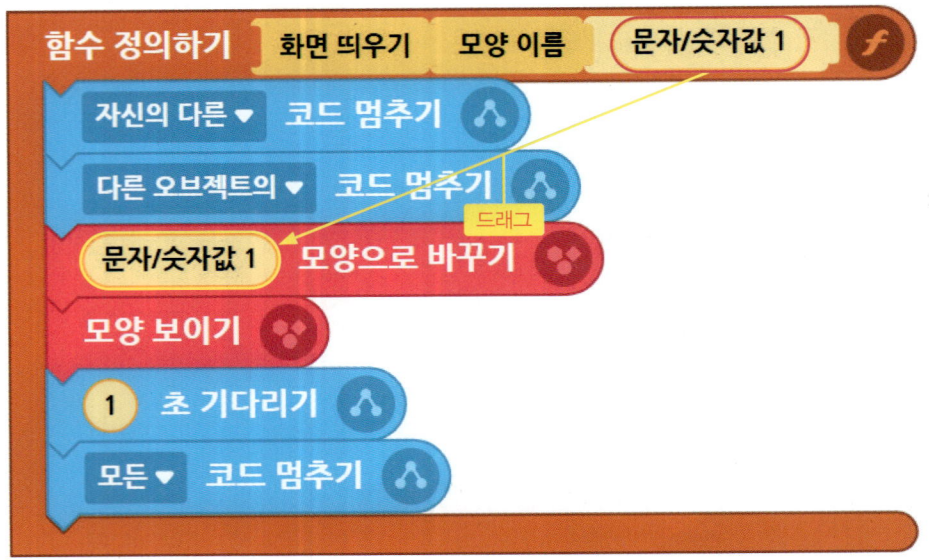

❹ '성공', '실패' 신호를 받았을 때의 코드를 그림과 같이 수정합니다.

❺ 프로그램이 완성되면 실행하여 찾아야 할 물건을 클릭해 봅니다.

12 스스로 코딩

• 예제 파일 : 12강 재료 준비하기(예제).ent   • 완성 파일 : 12강 재료 준비하기(완성).ent

미션 1 예제 파일을 불러와 제한 시간과 시작 화면을 설정하도록 코딩해 보세요.

   시작 버튼

① '힌트', '정답' 리스트를 생성하고 '힌트' 리스트에 음식을 추가해요.
② 리스트와 '순서' 변수는 화면에서 숨겨요.
③ '시작 버튼'을 클릭하고 '60'초가 지나면 '실패' 신호를 보내요.
④ '성공', '실패' 신호를 받으면 해당 모양이 화면에 나타나요.

| 힌트 | '힌트' 리스트는 공유 리스트, '정답' 리스트는 일반 리스트로 지정해 보세요.

미션 2 힌트를 보고 필요한 재료를 찾도록 코딩해 보세요.

    힌트, 확인

① '시작' 신호를 받으면 화면에 찾아야 할 재료가 나타나요.
② 화면에 나타난 재료를 클릭하면 V 표시가 나타나요.
③ 잘못된 재료를 클릭하면 X 표시가 나타나요.
④ '5'개의 재료를 모두 찾으면 '성공' 신호를 보내요.

CHAPTER 12 잃어버린 물건 찾기 _ 089

13 자동 드럼 연주

학습목표
- 추가 버튼을 클릭해 준비된 소리를 북, 드럼 리스트에 추가해요.
- 재생 버튼을 클릭하면 드럼 리스트에 추가된 소리가 순서대로 재생돼요.
- 악기 연주 시작 신호를 받으면 북 리스트에 추가된 소리가 순서대로 재생돼요.
- 악기 연주 시작 신호를 받으면 배경음악이 재생돼요.

오늘의 작품은?

음악 감상이 취미인 민수는 어느 날, 즐겨 듣던 음악이 밋밋하게 느껴졌어요.
'아... 여기에 드럼 연주가 들어가면 좋을 것 같은데, 어떤 드럼 연주가 들어가면 좋을까?'
'무작위로 박자를 설정해서 음악을 만드는 것도 재미있을 것 같은데..'
민수는 학교에서 배운 코딩을 이용해 자동 연주 프로그램을 만들어 작곡하기 시작했어요.

• 예제 파일 : 13강 드럼 연주(예제).ent   • 완성 파일 : 13강 드럼 연주(완성).ent

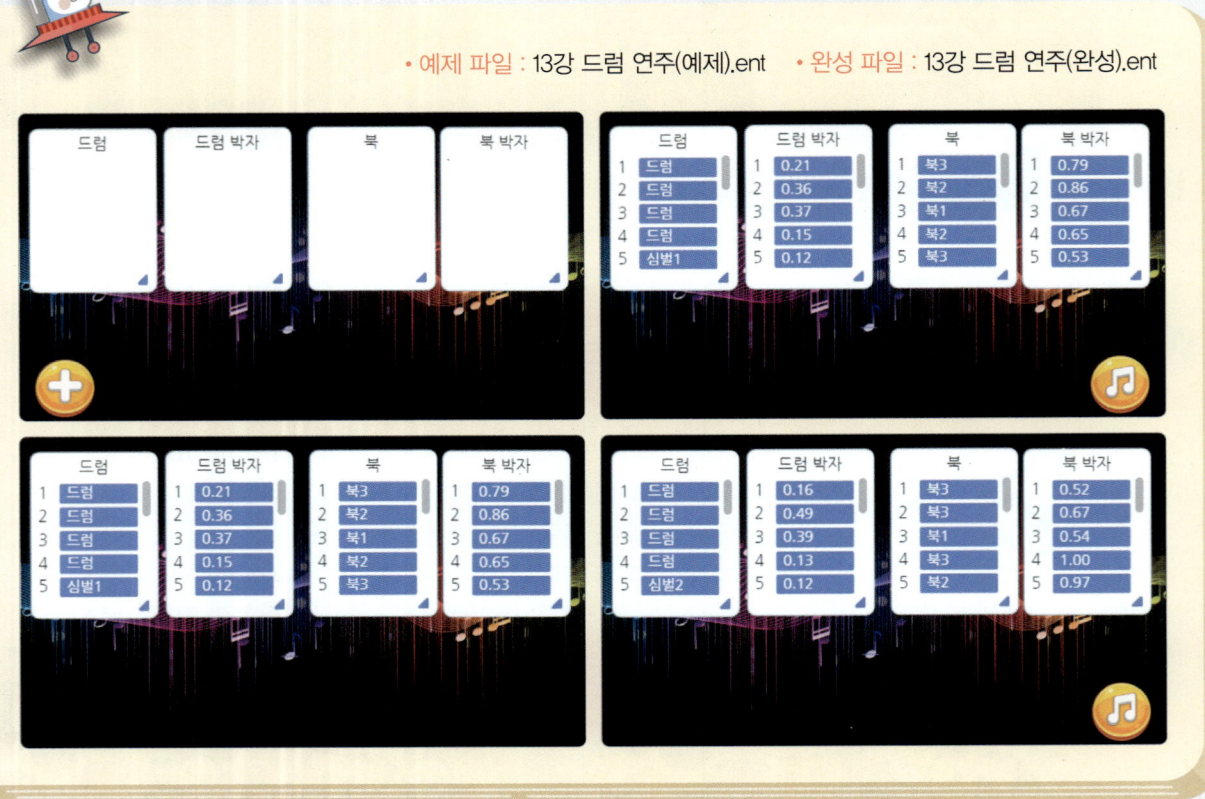

주요 블록

드럼 박자▼ 의 1 번째 항목   드럼▼ 항목 수   소리 배경음악▼ 재생하고 기다리기

10 항목을 드럼▼ 에 추가하기   0 부터 10 사이의 무작위 수

1 실행 화면 설정하기

음악을 연주하기 위한 리스트를 생성하고 실행 화면을 설정해 보세요.

❶ '13강 드럼 연주(예제).ent' 파일을 불러와 [속성] 탭에서 '북 박자', '북', '드럼', '드럼 박자' 리스트와 '북 순서', '드럼 순서' 변수, '악기 연주 시작', '재생' 신호를 생성하고 변수를 화면에서 숨깁니다.

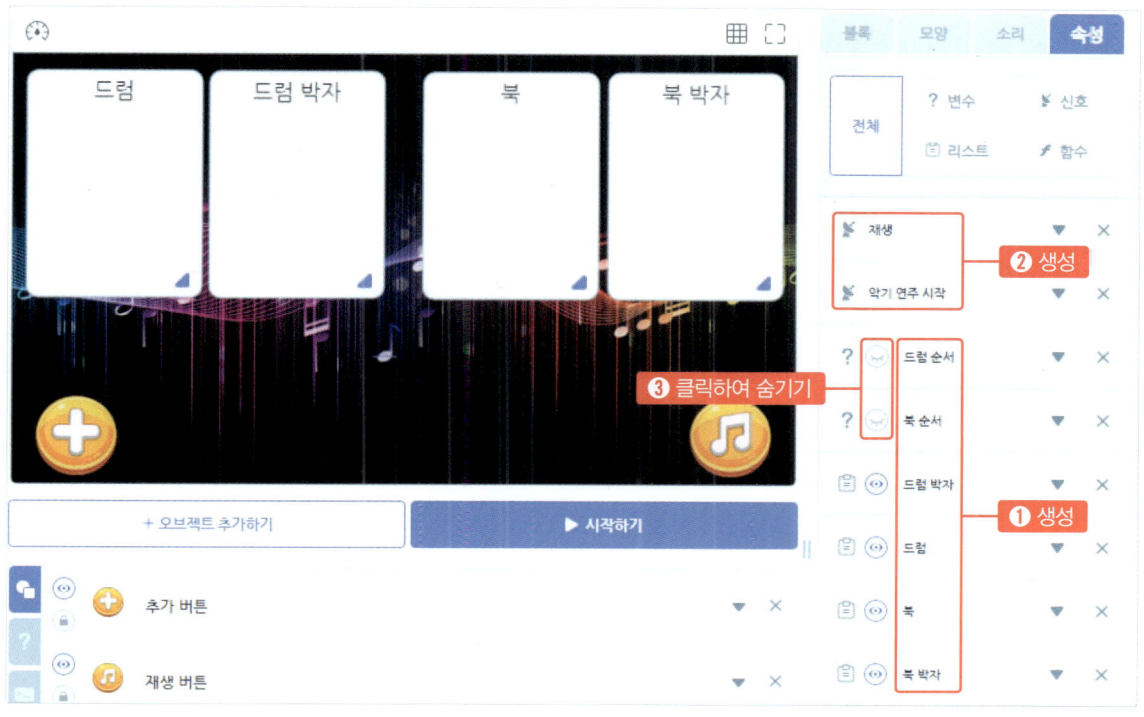

Tip
'준비된 소리' 리스트는 예제 파일에 생성되어 있어요.

재생 버튼 : 프로그램이 시작됐을 때는 '재생 버튼'이 보이지 않아요.

❷ 프로그램이 시작되면 화면에서 모양을 숨기도록 그림과 같이 코드를 완성합니다.

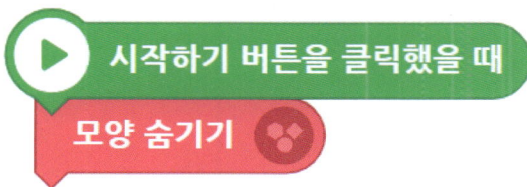

2 악기 추가하기

준비된 소리 리스트를 활용하여 리스트에 악기와 박자를 추가해 보세요.

 추가 버튼 : '추가 버튼'을 클릭하면 리스트에 악기와 박자가 추가돼요.

① '추가 버튼'을 클릭하면 '준비된 소리' 리스트에서 랜덤으로 소리를 선택하고 랜덤으로 선택된 북 소리와 박자를 각각 '북', '북 박자' 리스트에 '60'번 추가하도록 그림과 같이 코딩합니다.

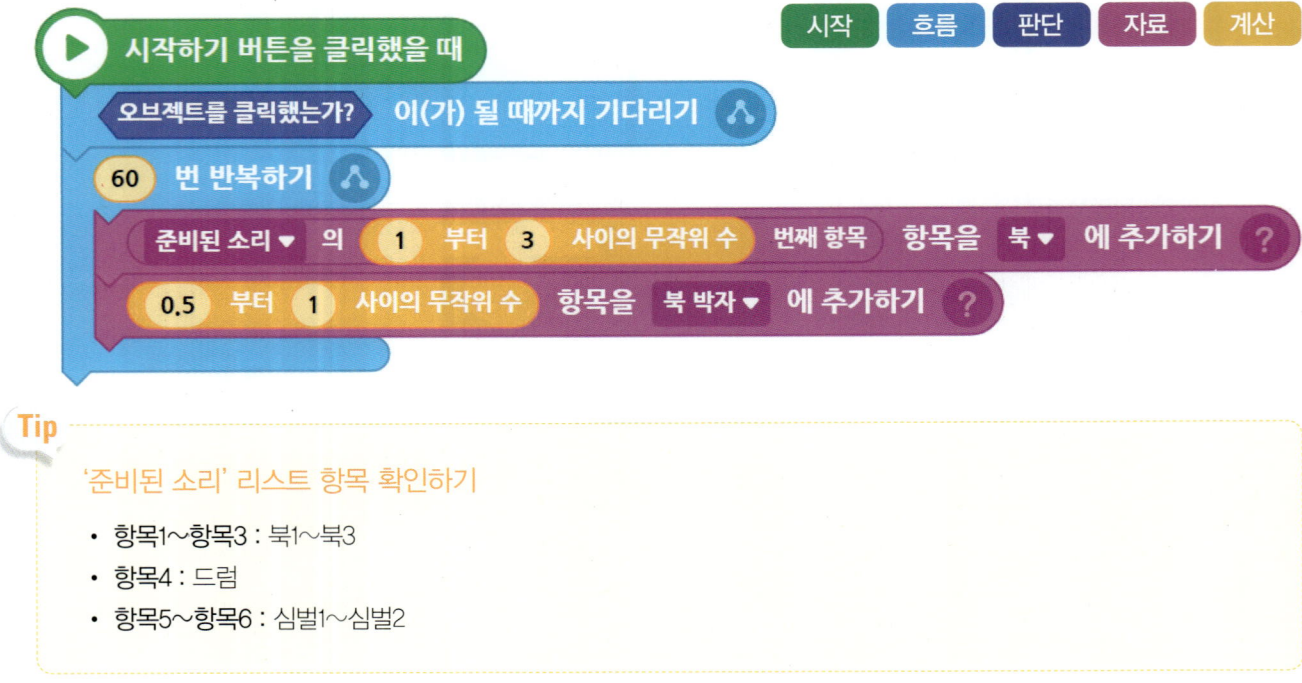

Tip

'준비된 소리' 리스트 항목 확인하기
- 항목1~항목3 : 북1~북3
- 항목4 : 드럼
- 항목5~항목6 : 심벌1~심벌2

② '20'번 반복하여 '4번'씩 '준비된 소리' 리스트에서 '드럼' 소리를 '드럼' 리스트에 추가하고 박자를 '드럼 박자' 리스트에 추가하도록 그림과 같이 코드를 완성합니다.

❸ '드럼' 소리 중간에 '심벌' 소리가 추가되도록 그림과 같이 코드를 완성합니다.

Tip
'드럼'이 '4'번 반복하여 연주된 후 '심벌'이 '1'번 연주될 수 있도록 위와 같이 코드를 작성해요.

❹ 리스트에 악기와 박자가 추가되면 '추가 버튼'을 화면에서 숨기고 '재생' 신호를 보내도록 그림과 같이 코드를 완성합니다.

쏙쏙! 코드 이해하기
'재생' 신호를 보내면 '재생 버튼'이 화면에 나타나도록 할 예정이에요.

3 악기 연주하기

재생 버튼을 클릭하면 준비된 음악이 연주되도록 해보세요.

 재생 버튼 : '재생 버튼'을 클릭하면 음악이 연주돼요.

❶ '재생' 신호를 받으면 화면에 나타나고 '재생 버튼'을 클릭하면 '악기 연주 시작' 신호를 보내도록 그림과 같이 코드를 완성합니다.

Tip '악기 연주 시작' 신호는 '북'과 배경음악을 연주하는 데 사용되는 신호예요.

❷ '드럼' 리스트에 기록된 소리를 순서대로 연주하기 위해 '드럼 순서' 변숫값을 '0'으로 지정하고 '드럼' 리스트의 항목 수만큼 반복하여 '드럼'을 연주하도록 그림과 같이 코드를 완성합니다.

 쑥쑥! 코드 이해하기

'드럼' 리스트의 '드럼 순서' 변숫값 번째 항목에 기록된 소리를 재생하고 '드럼 박자' 리스트의 '드럼 순서' 변숫값 번째 항목에 기록된 박자 동안 기다려요.

❸ '드럼'을 연주한 후 모든 소리를 멈추고 '재생 버튼'이 화면에 나타나도록 그림과 같이 코드를 완성합니다.

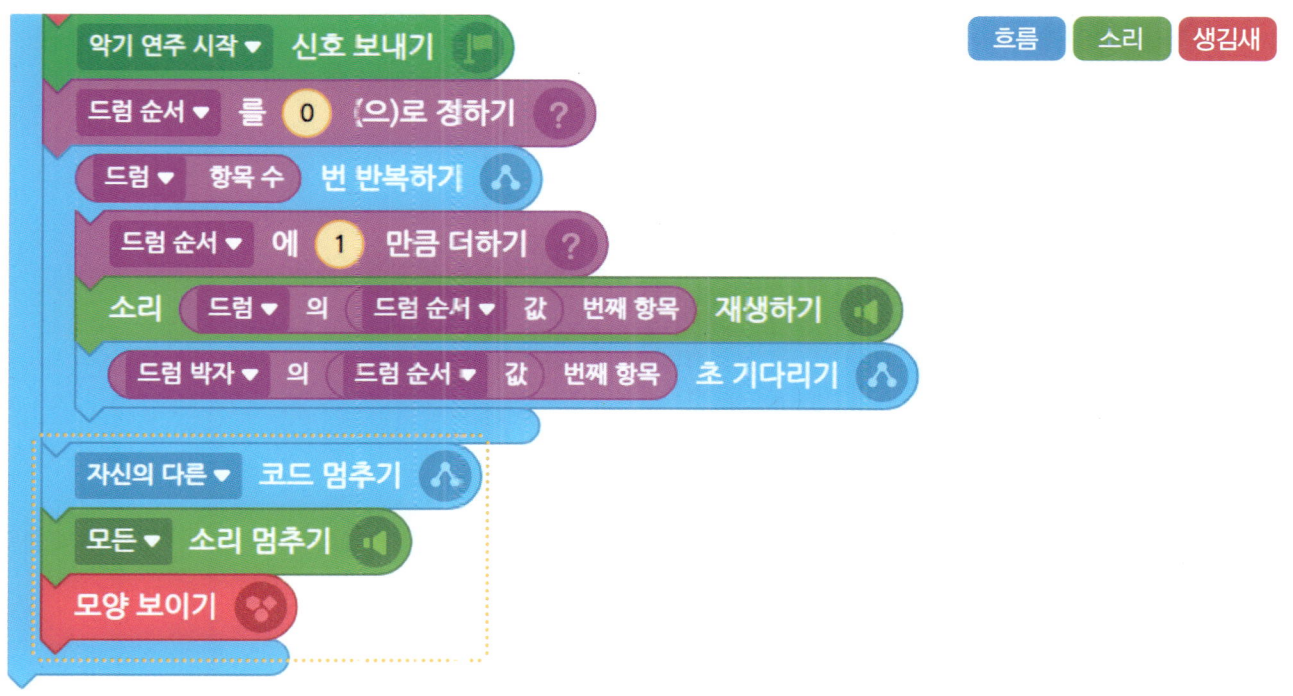

 쏙쏙! 코드 이해하기

'드럼' 리스트의 항목은 '100'개, '북' 리스트의 항목은 '60'개예요. '드럼' 연주가 끝나면 '북' 연주도 끝나도록 하기 위해 '자신의 다른' 코드를 멈추고 모든 소리를 멈춰요.

Tip

소리 블록 알아보기

- 소리 [배경음악▼] 재생하기 : 소리를 재생하고 바로 다음 명령을 실행해요.
- 소리 [배경음악▼] 재생하고 기다리기 : 소리가 모두 재생될 때까지 기다렸다가 다음 명령을 실행해요.
- 소리 [배경음악▼] 1 초 재생하기 : 소리를 '1'초 동안 재생해요.
- 모든▼ 소리 멈추기 : 재생되고 있는 모든 소리를 멈춰요.

❹ '악기 연주 시작' 신호를 받으면 '북'도 연주되도록 그림과 같이 코드를 완성합니다.

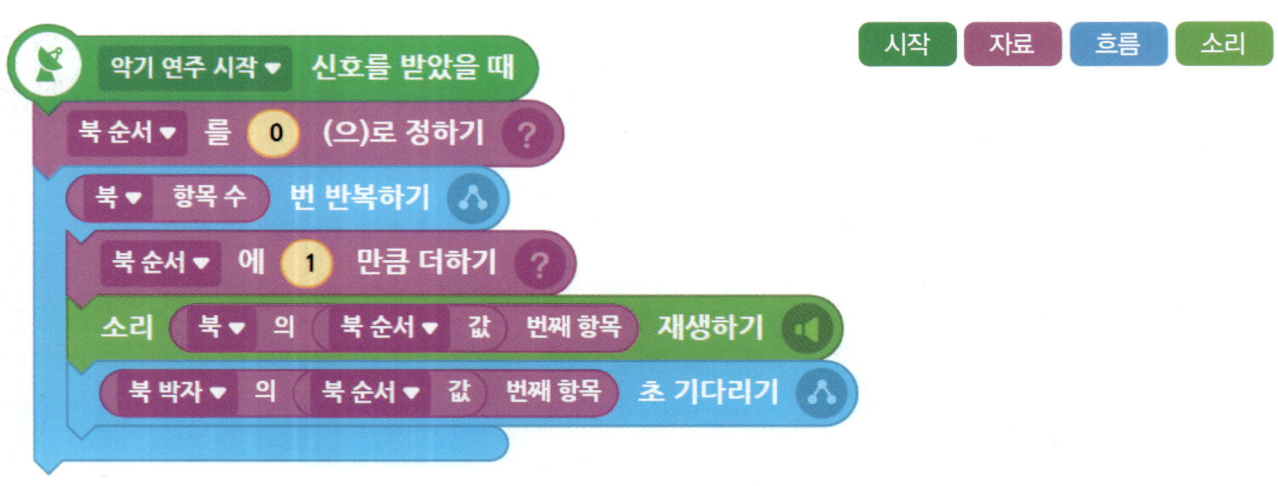

 쏙쏙! 코드 이해하기

'북' 리스트의 '북 순서' 변숫값 번째 항목에 기록된 소리를 재생하고 '북 박자' 리스트의 '북 순서' 변숫값 번째 항목에 기록된 박자 동안 기다려요.

 배경 : '악기 연주 시작' 신호를 받으면 배경음악이 재생돼요.

❺ '악기 연주 시작' 신호를 받으면 배경음악을 재생하고 기다리도록 그림과 같이 코드를 완성합니다.

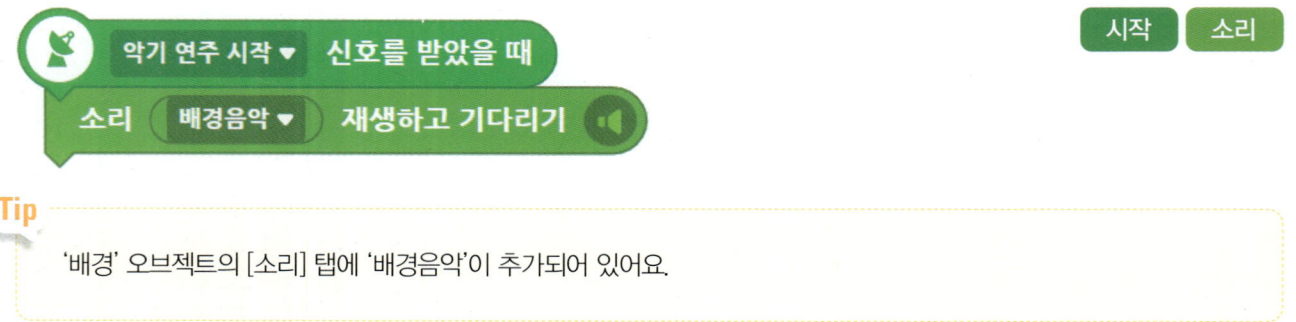

Tip
'배경' 오브젝트의 [소리] 탭에 '배경음악'이 추가되어 있어요.

❻ 프로그램이 완성되면 실행하여 음악 연주를 감상해 봅니다.

13 스스로 코딩

• 예제 파일 : 13강 작곡하기(예제).ent   • 완성 파일 : 13강 작곡하기(완성).ent

 **1** 예제 파일을 불러와 '작곡 버튼'을 클릭해 작곡을 하도록 코딩해 보세요.

 작곡 버튼

① '작곡', '박자' 리스트와 '순서' 변수, '재생하기' 신호를 생성해요.
② '순서' 변수를 화면에서 숨겨요.
③ '작곡 버튼'을 클릭해 리스트에 랜덤의 계이름과 박자를 추가해요.
④ 계이름과 박자가 추가되면 화면에서 사라지고 '재생하기' 신호를 보내요.

| 힌트 | '60'개의 계이름과 박자가 리스트에 추가되도록 해보세요.

 **2** '재생 버튼'을 클릭하면 음악이 연주되도록 코딩해 보세요.

 재생 버튼

① 프로그램이 시작되면 모양을 숨겼다가 '재생하기' 신호를 받으면 나타나요.
② '재생 버튼'을 클릭하면 다시 화면에서 모양을 숨겨요.
③ '작곡' 리스트의 항목 수만큼 반복하여 음악이 연주돼요.
④ 음악 연주가 끝나면 다시 화면에 나타나요.

| 힌트 | '순서' 변수를 활용하여 '작곡', '박자' 리스트의 항목 순서대로 음악이 연주되도록 해보세요.

14 오늘은 청소왕!

학습목표
- 먼지괴물이 x좌표, y좌표의 랜덤 항목 위치로 이동하며 구정물을 묻혀요.
- 구정물이 물방울에 닿았을 때 클릭하면 점수가 증가해요.
- 마우스를 클릭하면 물총에서 물방울이 발사되어 구정물을 청소해요.
- 오염 변숫값이 일정 값보다 크면 청소에 실패해요.

오늘의 작품은?

도시에 나타난 먼지괴물! 먼지괴물은 좌표 리스트를 이용하여 건물 이곳 저곳을 돌아다니며 창문에 구정물을 묻히고 있어요. 60초 안에 구정물을 청소하지 못하면 먼지괴물이 우리 도시를 망가뜨려 놓을 거예요. 어서 구정물을 청소해 먼지괴물을 물리쳐 주세요!

• 예제 파일 : 14강 청소왕 되기(예제).ent   • 완성 파일 : 14강 청소왕 되기(완성).ent

주요 블록

1 실행 화면 설정하기

먼지괴물을 물리치기 위해 리스트를 생성하고 실행 화면을 설정해 보세요.

❶ '14강 청소왕 되기(예제).ent' 파일을 불러와 [속성] 탭에서 'x좌표', 'y좌표' 리스트와 '점수', '시간', '오염' 변수, '청소 시작' 신호를 생성하고 리스트와 '오염' 변수를 화면에서 숨깁니다.

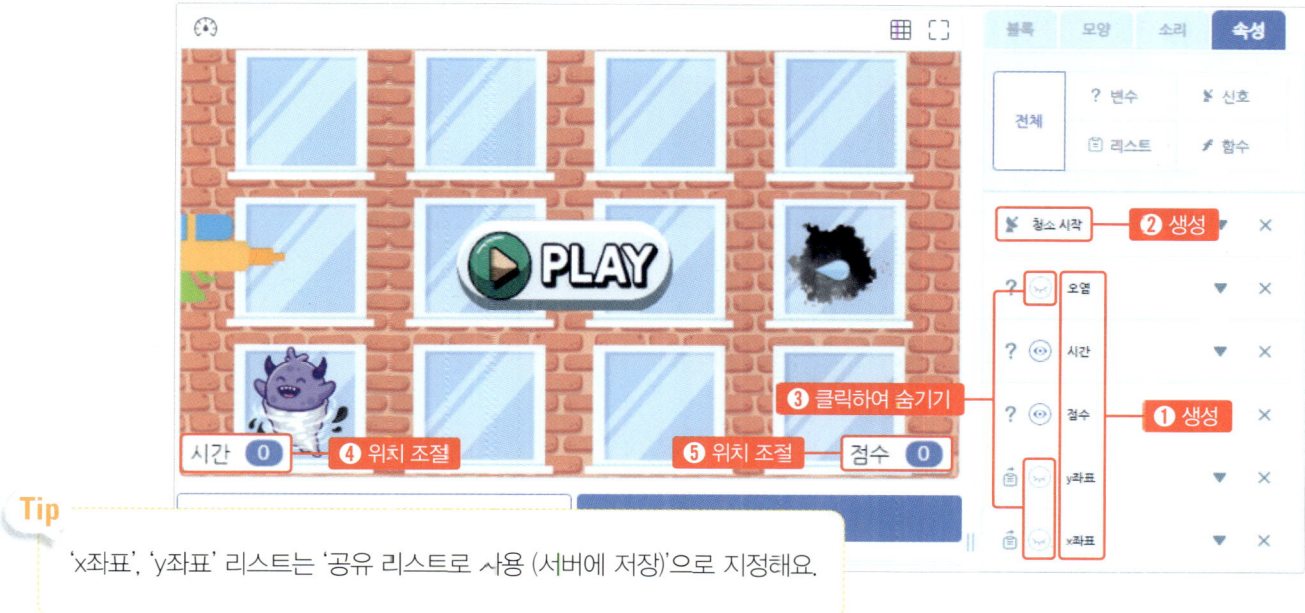

Tip
'x좌표', 'y좌표' 리스트는 '공유 리스트로 사용 (서버에 저장)'으로 지정해요.

❷ 'x좌표', 'y좌표' 리스트를 각각 선택하고 [리스트 불러오기]를 클릭하여 '14강 x좌표.txt', '14강 y좌표.txt' 메모장의 내용을 붙여 넣은 후 [저장하기]를 클릭합니다.

CHAPTER 14 오늘은 청소왕! _ **099**

 **시작 버튼** : '시작 버튼'을 클릭하면 화면에서 사라지고 '청소 시작' 신호를 보내요.

❸ 프로그램이 시작되면 '시간' 변숫값을 '60'으로 지정하고 '시작 버튼'을 클릭하면 화면에서 모양을 숨긴 후 '청소 시작' 신호를 보내도록 그림과 같이 코드를 완성합니다.

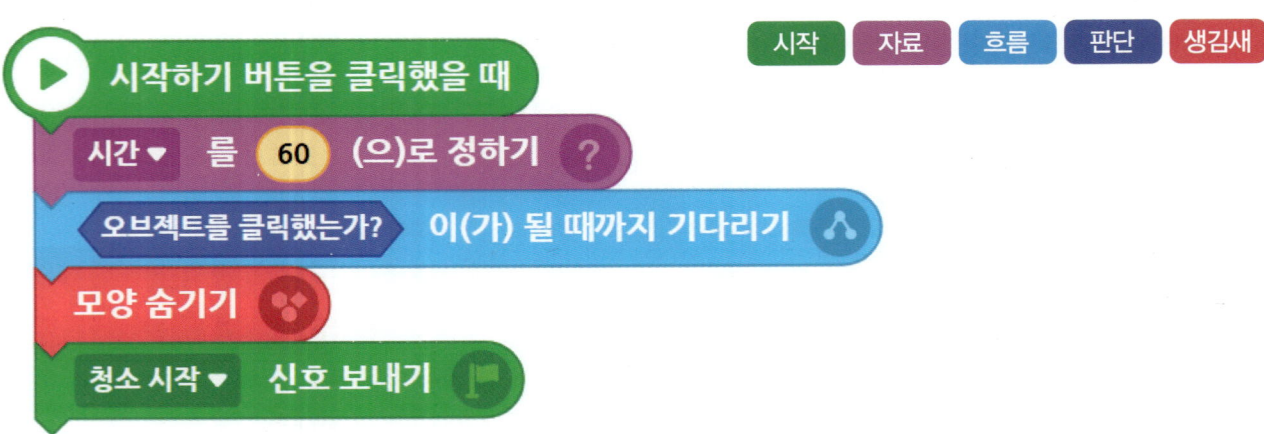

❹ 청소가 시작되면 '60'번 반복하여 '1'초 간격으로 '시간' 변숫값이 '1'씩 감소하도록 그림과 같이 코드를 완성합니다.

❺ '60'초가 지났을 때 '오염' 변숫값이 '3'보다 크면 '실패' 모양으로, 아니면 '승리' 모양으로 변경되도록 그림과 같이 코드를 완성합니다.

❻ 이어서 화면에 나타난 후 청소가 종료되도록 그림과 같이 코드를 완성합니다.

2 먼지괴물 창문 더럽히기

좌표 리스트를 활용하여 먼지괴물이 랜덤 위치로 이동하도록 해보세요.

먼지괴물 : '청소 시작' 신호를 받으면 '먼지괴물'이 랜덤 위치로 이동해요.

① 프로그램이 시작되면 화면에서 모양을 숨기도록 그림과 같이 코드를 완성합니다.

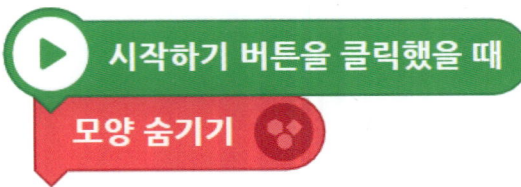

② '청소 시작' 신호를 받으면 '먼지괴물'이 화면에 나타나도록 그림과 같이 코드를 완성합니다.

③ '먼지괴물'이 계속해서 '1'초 간격으로 'x좌표', 'y좌표' 리스트 항목 중 랜덤 번째 항목에 기록된 좌표 위치로 이동하도록 그림과 같이 코드를 완성합니다.

Tip
- 앞서 'x좌표', 'y좌표' 리스트에 추가한 리스트 항목이 '12'개이므로 랜덤 값을 '1'~'12'로 입력해요.
- 'x좌표', 'y좌표' 리스트에는 각 창문의 위치 좌푯값이 항목으로 추가되어 있어요.

❹ '청소 시작' 신호를 받으면 계속해서 좌우로 모양을 뒤집어 창문을 더럽히는 모습을 표현하도록 그림과 같이 코드를 완성합니다.

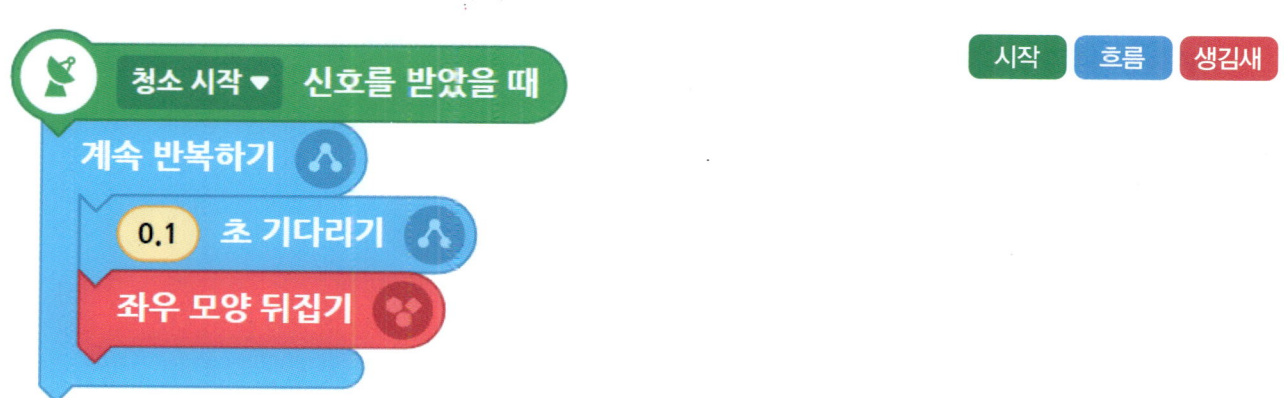

 구정물 : '먼지괴물'이 창문을 더럽히면 창문에 '구정물'이 묻어요.

❺ 프로그램이 시작되면 화면에서 모양을 숨기도록 그림과 같이 코드를 완성합니다.

❻ '청소 시작' 신호를 받으면 '1'초 간격으로 창문에 '구정물'을 묻히고 '오염' 변숫값이 '1'씩 증가하도록 그림과 같이 코드를 완성합니다.

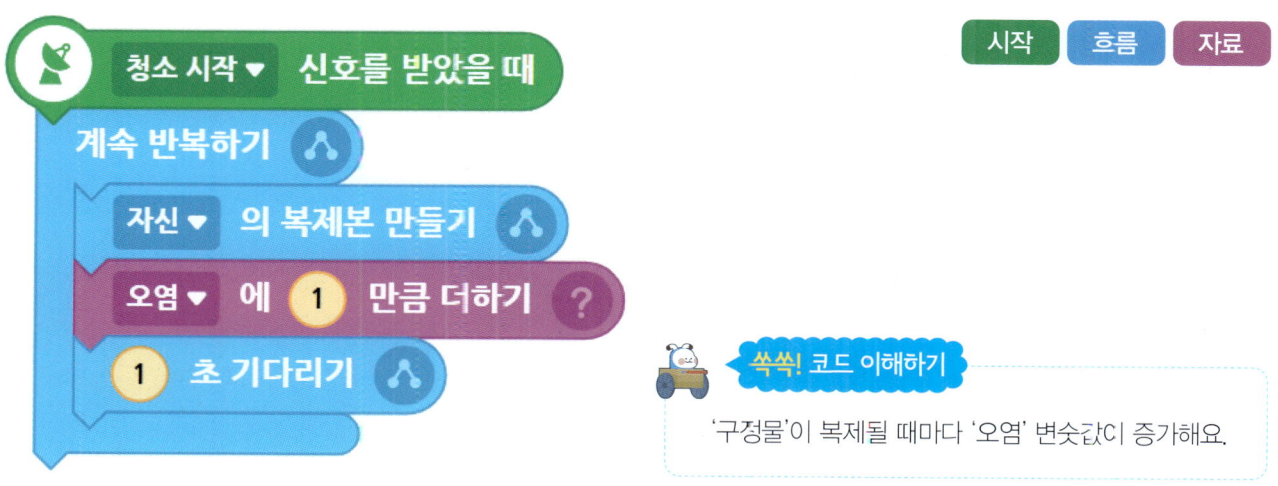

쏙쏙! 코드 이해하기
'구정물'이 복제될 때마다 '오염' 변숫값이 증가해요.

❼ 복제된 '구정물'이 '먼지괴물' 위치에서 랜덤 모양으로 나타나도록 그림과 같이 코드를 완성합니다.

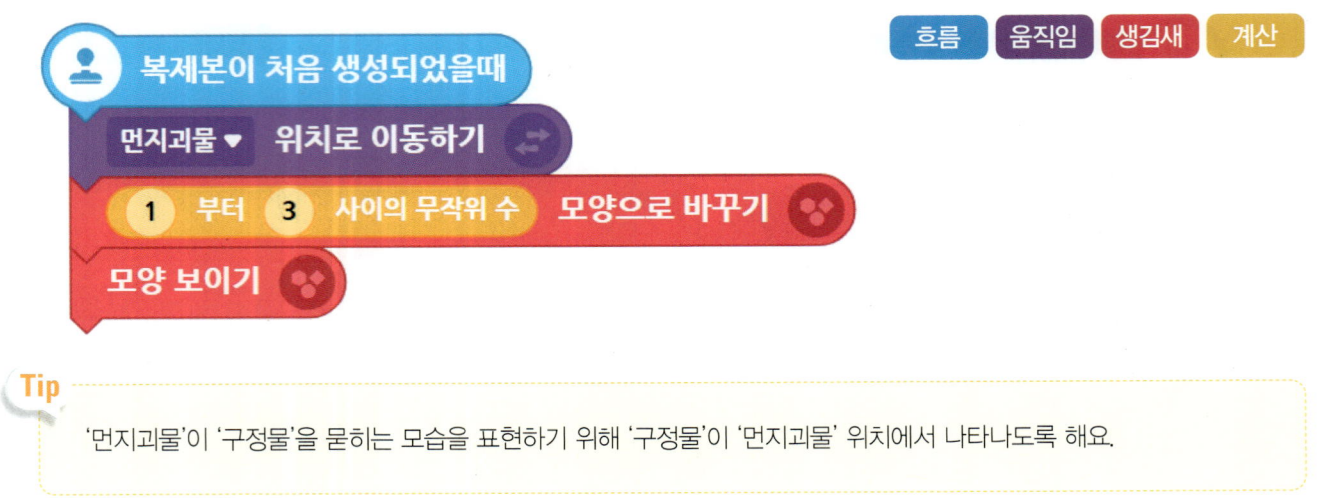

Tip '먼지괴물'이 '구정물'을 묻히는 모습을 표현하기 위해 '구정물'이 '먼지괴물' 위치에서 나타나도록 해요.

❽ 복제된 '구정물'이 '물방울'에 닿았을 때 '구정물'을 클릭하면 '점수' 변숫값을 '1'만큼 증가하고 '오염' 변숫값이 '1'만큼 감소한 후 복제본이 삭제되도록 그림과 같이 코드를 완성합니다.

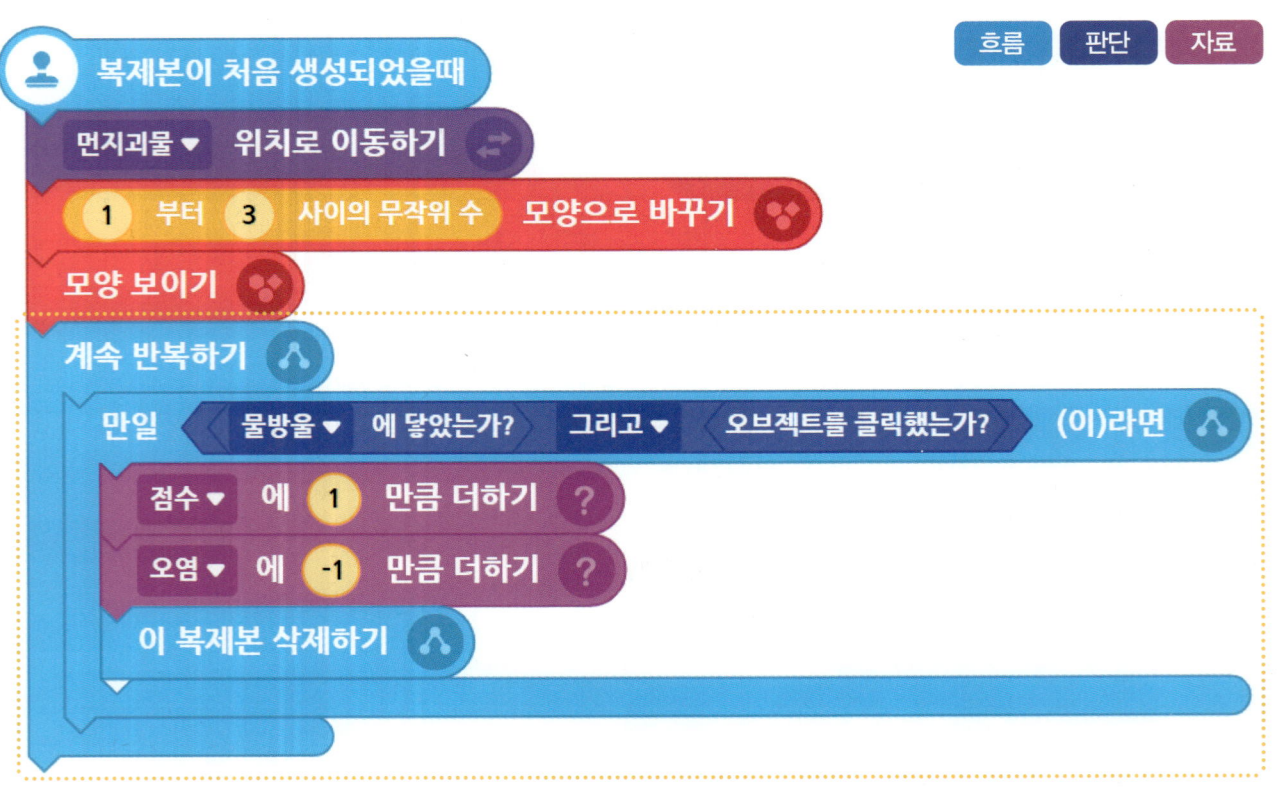

Tip '물방울'이 '구정물'에 닿았을 때 '구정물'을 클릭하면 '구정물'이 사라지는 모습을 표현하도록 복제본을 삭제해요.

3 물총 발사하기

물총으로 물방울을 발사하여 구정물을 청소하도록 해보세요.

 물총 : '청소 시작' 신호를 받으면 계속해서 '마우스 포인터' 쪽을 바라봐요.

❶ '청소 시작' 신호를 받으면 계속해서 '마우스 포인터' 쪽을 바라보도록 그림과 같이 코드를 완성합니다.

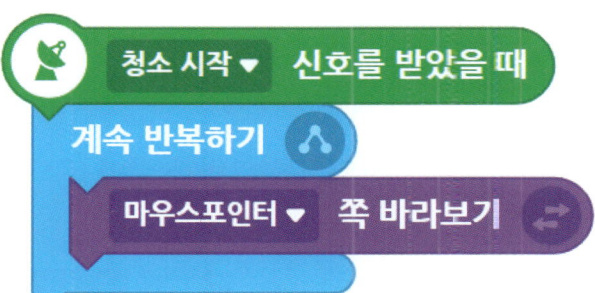

시작 흐름 움직임

 물방울 : 마우스를 클릭하면 '마우스 포인터' 쪽을 바라보며 '물방울'이 발사돼요.

❷ 프로그램이 시작되면 화면에서 모양을 숨기도록 그림과 같이 코드를 완성합니다.

시작 생김새

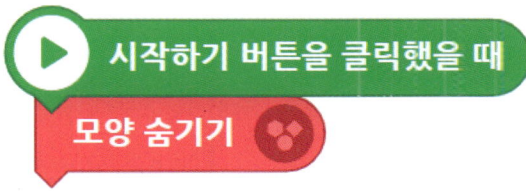

❸ '청소 시작' 신호를 받으면 마우스를 클릭할 때마다 '물방울'의 복제본을 생성하도록 그림과 같이 코드를 완성합니다.

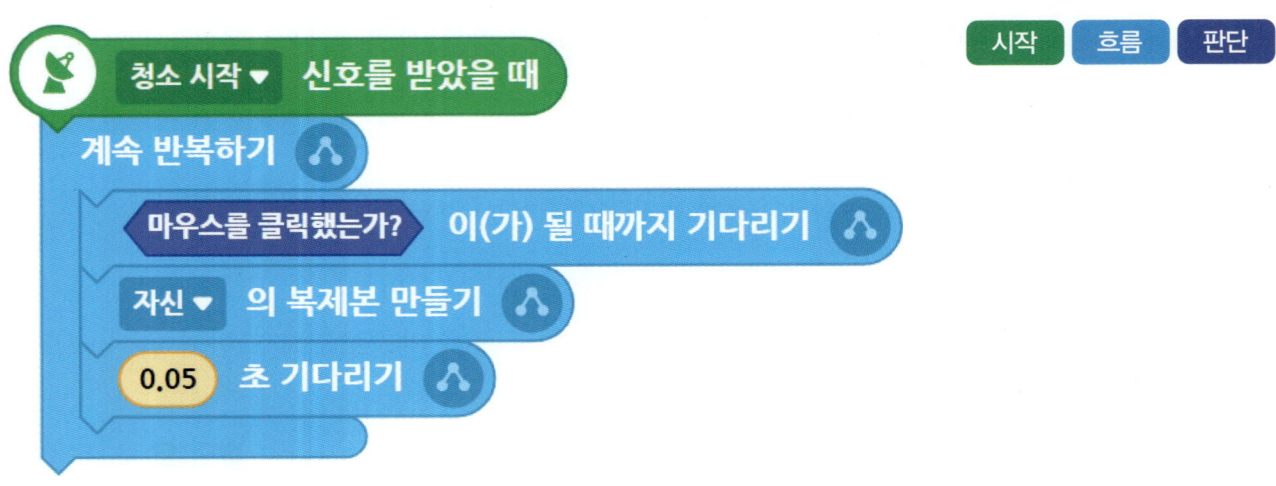

❹ 복제된 '물방울'이 '물총' 위치에서 '마우스 포인터' 쪽으로 발사되도록 그림과 같이 코드를 완성합니다.

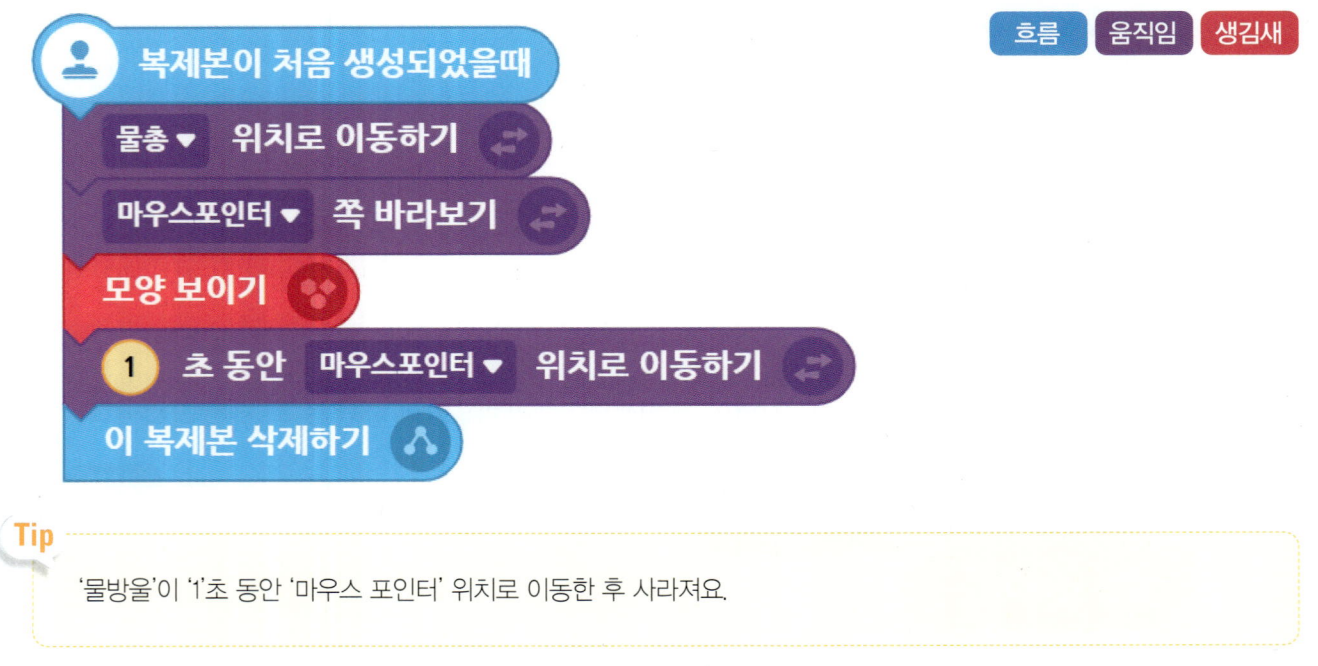

> **Tip**
> '물방울'이 '1'초 동안 '마우스 포인터' 위치로 이동한 후 사라져요.

❺ 프로그램이 완성되면 실행하여 '구정물'을 청소해 '먼지괴물'을 물리쳐 봅니다.

• 예제 파일 : 14강 모기 잡기(예제).ent   • 완성 파일 : 14강 모기 잡기(완성).ent

 **1** 예제 파일을 불러와 '시작 버튼'을 클릭하면 '시간'이 줄어들도록 코딩해 보세요.

시작 버튼

① 'x위치', 'y위치' 리스트와 '잡은 모기 수', '시간' 변수, '모기 잡기' 신호를 생성해요.
② 'x위치', 'y위치' 리스트에 항목을 추가하고 리스트를 화면에서 숨겨요.
③ '시작 버튼'을 클릭하면 '60'번 반복하여 '시간' 변숫값이 '1'씩 감소해요.

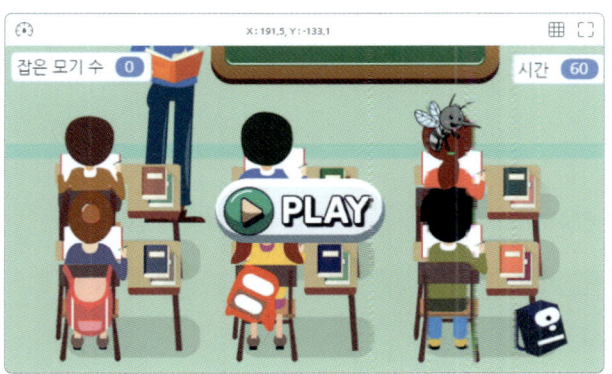 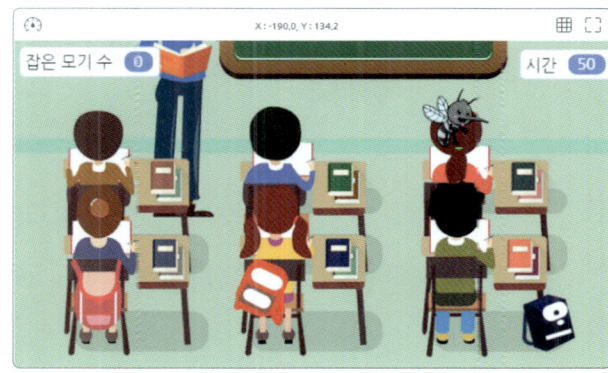

| 힌트 | • 'x위치.txt', 'y위치.txt' 파일의 내용을 복사하여 리스트 항목에 추가해 보세요.
• '시간' 변수의 초기 값을 '60'으로 지정해 보세요.

 **2** 랜덤 위치로 날아다니는 '모기'를 클릭하여 잡도록 코딩해 보세요.

모기

① '모기 잡기' 신호를 받으면 랜덤 시간 간격으로 복제본을 생성해요.
② 계속해서 'x위치', 'y위치' 리스트의 랜덤 번째 항목에 기록된 위치로 이동해요.
③ '모기'를 클릭하면 '잡은 모기 수' 변숫값이 '1'만큼 증가해요.
④ '모기'를 잡으면 화면에서 '모기'가 사라져요.

15 동물 리듬 게임

학습목표
- 시작 버튼을 클릭하면 레벨 변숫값에 따라 게임의 난이도를 조절해요.
- 게임 리스트 항목 수만큼 반복하여 리듬의 모양이 변경되어 복제돼요.
- 리듬이 체크 위치에 닿았을 때 해당 리듬에 맞는 키를 누르면 소리를 재생해요.

신나는 동물 리듬 게임이 열렸어요! 동물들의 얼굴과 이름, 눌러야 할 키를 잘 기억하고 동물들이 체크 위치에 닿았을 때 해당하는 키를 눌러 리듬 게임을 진행해 보세요. 동물들의 얼굴이 랜덤으로 변경되고 박자도 변경되니 주의해서 동물 리듬 게임을 진행해 주세요!

• 예제 파일 : 15강 동물 리듬 게임(예제).ent   • 완성 파일 : 15강 동물 리듬 게임(완성).ent

1 게임 시작하기

리스트를 생성하고 시작 버튼을 클릭하면 게임이 시작되도록 해보세요.

❶ '15강 동물 리듬 게임(예제).ent' 파일을 불러와 [속성] 탭에서 '게임', '박자' 리스트와 '레벨', '점수' 변수, '리듬 게임 시작' 신호를 생성하고 리스트를 화면에서 숨깁니다.

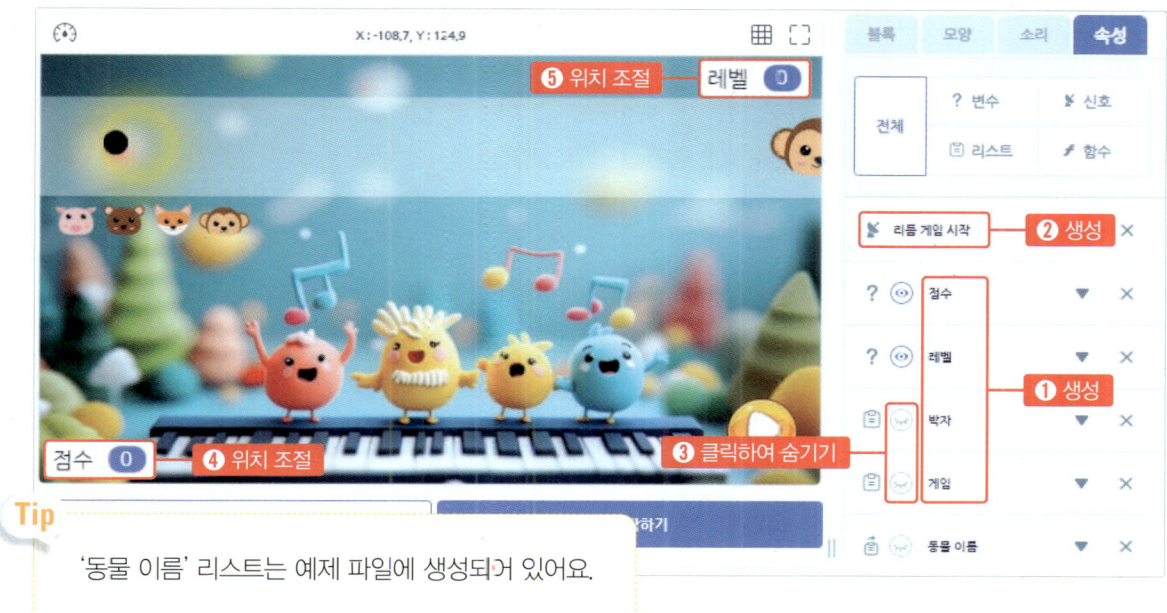

> **Tip** '동물 이름' 리스트는 예제 파일에 생성되어 있어요.

 불빛 : '리듬'이 ㅈ 나갈 때 키를 눌러야 할 위치가 반짝이며 표시돼요.

❷ 프로그램이 시작되면 계속해서 크기가 커졌다 작아졌다 하며 반짝이는 모습을 표현하도록 그림과 같이 코드를 완성합니다.

시작 흐름 생김새

CHAPTER 15 동물 리듬 게임 _ 109

시작 버튼 : '시작 버튼'을 클릭하면 레벨에 따라 '동물 이름'과 박자를 리스트를 추가해요.

❸ '시작 버튼'을 클릭하면 '레벨' 변숫값×'30'만큼 반복하여 '동물 이름'의 랜덤 항목을 '게임' 리스트에 추가하고 랜덤의 값을 '박자' 리스트에 추가하도록 그림과 같이 코드를 완성합니다.

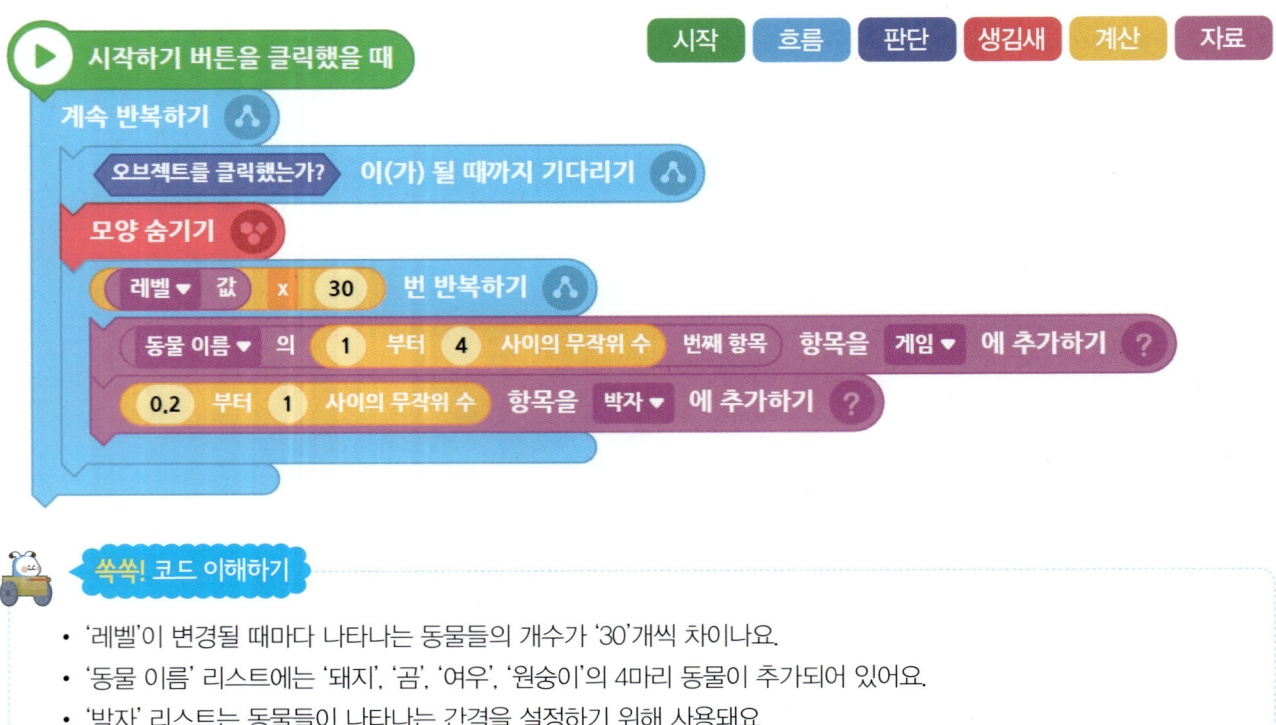

쏙쏙! 코드 이해하기
- '레벨'이 변경될 때마다 나타나는 동물들의 개수가 '30'개씩 차이나요.
- '동물 이름' 리스트에는 '돼지', '곰', '여우', '원숭이'의 4마리 동물이 추가되어 있어요.
- '박자' 리스트는 동물들이 나타나는 간격을 설정하기 위해 사용돼요.

❹ 배경음악을 재생하고 '리듬 게임 시작' 신호를 보낸 후 '레벨' 변숫값을 '1'만큼 증가하도록 그림과 같이 코드를 완성합니다.

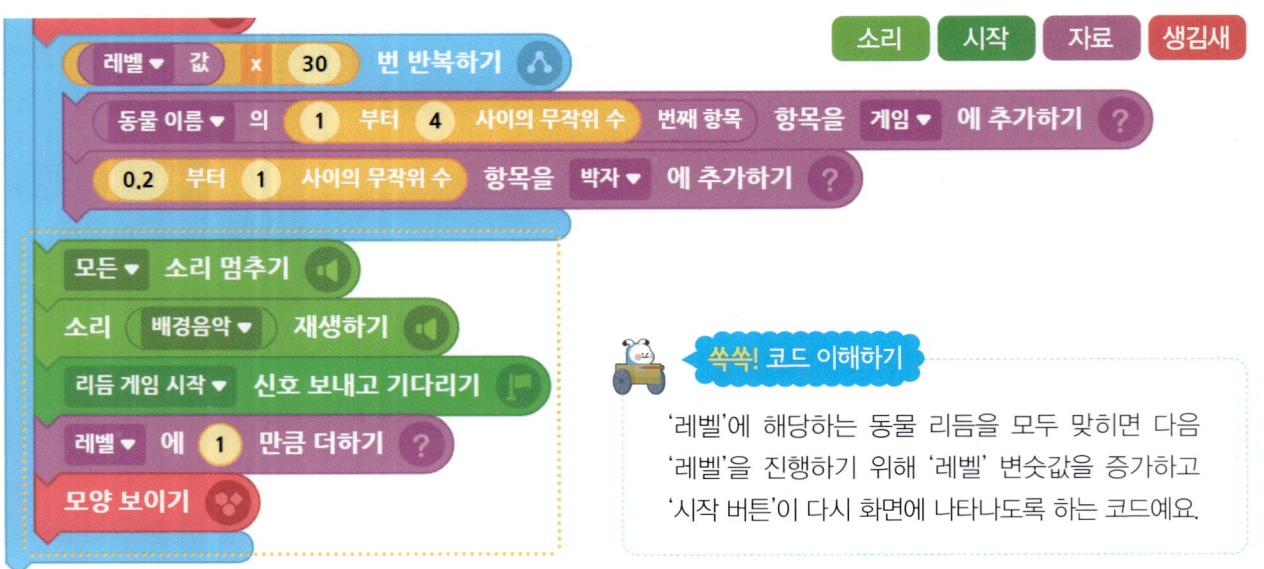

쏙쏙! 코드 이해하기

'레벨'에 해당하는 동물 리듬을 모두 맞히면 다음 '레벨'을 진행하기 위해 '레벨' 변숫값을 증가하고 '시작 버튼'이 다시 화면에 나타나도록 하는 코드예요.

2 게임 진행하기

체크 위치에서 각 동물에 해당하는 키를 눌러 동물 리듬 게임을 진행해 보세요.

리듬 : 왼쪽으로 이동하는 동물 얼굴이 '체크 위치'에 닿았을 때 해당 키를 눌러 동물 리듬 게임을 진행해요.

❶ 프로그램이 시작되면 '레벨', '점수' 변수의 초기 값을 지정하고 화면에서 모양을 숨기도록 그림과 같이 코드를 완성합니다.

❷ '리듬 게임 시작' 신호를 받으면 '게임' 리스트의 항목 수만큼 반복하여 '박자', '게임' 리스트의 1번째 항목에 기록된 값을 가져와 복제본을 생성하도록 그림과 같이 코드를 완성합니다.

 쏙쏙! 코드 이해하기

- '게임' 리스트의 항목 수는 '레벨' 변숫값×'30'개예요.
- 랜덤으로 지정된 '박자' 리스트의 1번째 항목 값만큼 기다리고 '게임' 리스트의 1번째 항목 값 모양으로 변경한 후 복제본을 생성하는 코드예요.

CHAPTER 15 동물 리듬 게임 _ **111**

❸ '리듬'이 복제될 때 사용한 '박자', '게임' 리스트의 1번째 항목은 삭제하도록 그림과 같이 코드를 완성합니다.

Tip 리스트의 1번째 항목을 삭제하면 복제본이 생성될 때마다 서로 다른 간격, 다른 모양의 '리듬'이 나타나도록 할 수 있어요.

❹ 복제된 '리듬'이 왼쪽으로 이동하다가 '왼쪽 벽'에 닿으면 동물 리듬 게임이 다시 시작되도록 그림과 같이 코드를 완성합니다.

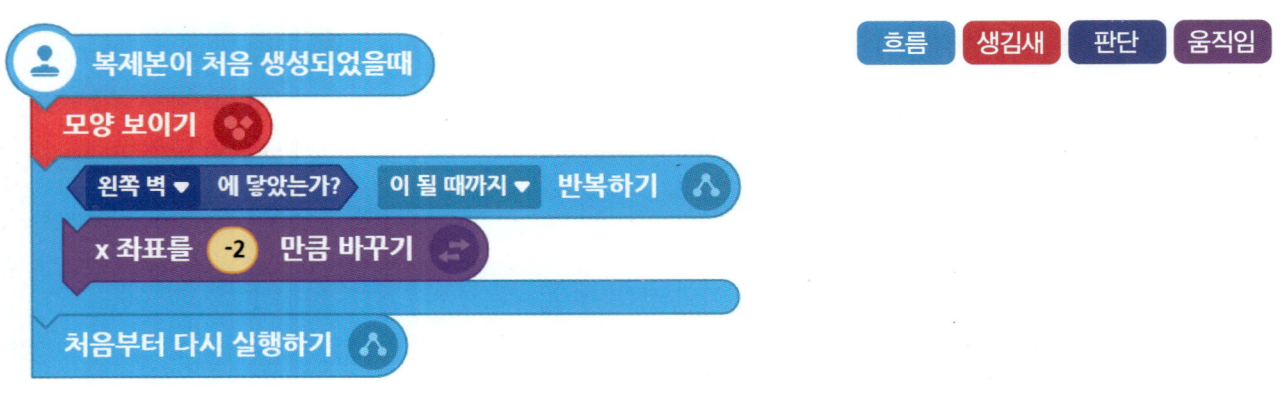

쏙쏙! 코드 이해하기
'리듬'이 '체크 위치'에 닿았을 때 각 동물에 해당하는 키를 누르지 못하고 '왼쪽 벽'에 닿으면 동물 리듬 게임을 처음부터 다시 시작하도록 하는 코드예요.

❺ '리듬'이 '체크 위치'에 닿았을 때 해당 키를 누르고 모양 이름이 해당 이름이면 '점수' 변숫값을 증가한 후 복제본이 삭제되도록 그림과 같이 코드를 완성합니다.

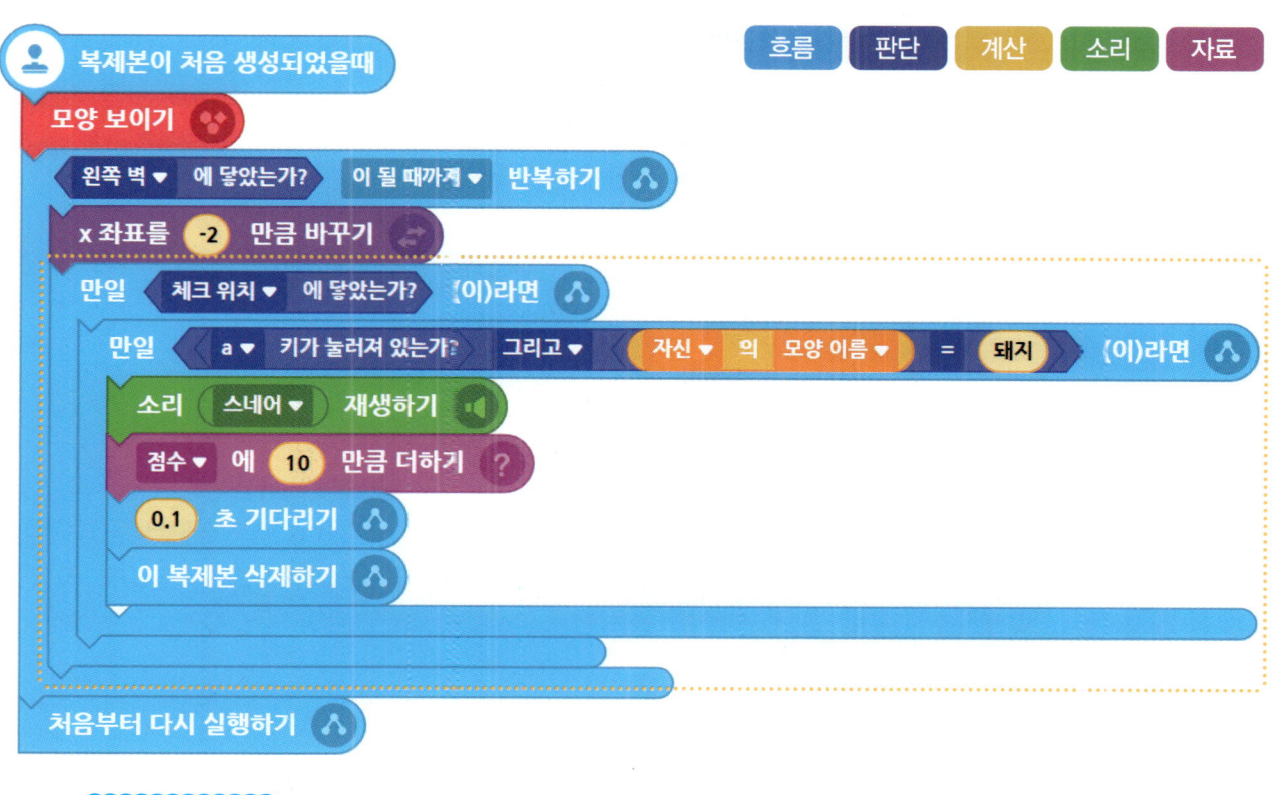

🐾 **쏙쏙! 코드 이해하기**

복제된 '리듬'이 '체크 위치'에 닿았을 때 모양 이름이 '돼지'이고 'a' 키를 누르면 '점수' 변숫값을 증가하고 복제본을 삭제하는 코드예요.

❻ '리듬'이 '체크 위치'에 닿았을 때 눌러야 할 키와 모양 이름을 확인하여 코드를 완성해 봅니다.

눌러야 할 키	모양 이름
s	곰
d	여우
f	원숭이

Tip

프로그램이 시작되면 '체크 위치' 오브젝트는 투명도를 이용하여 화면에서 보이지 않도록 설정되어 있어요.

7 완성된 코드를 확인합니다.

8 프로그램이 완성되면 실행하여 정확한 타이밍에 해당하는 키를 누르며 동물 리듬 게임을 진행해 봅니다.

15 스스로 코딩

• 예제 파일 : 15강 못 박기(예제).ent   • 완성 파일 : 15강 못 박기(완성).ent

미션 1 예제 파일을 불러와 '스페이스' 키로 망치질을 하도록 코딩해 보세요.

 망치
① '요소', '박자' 리스트를 생성하고 리스트를 화면에서 숨겨요.
② '점수' 변수를 생성하고 실행 화면에서 위치를 조절해요.
③ '스페이스' 키를 누르면 '망치'가 회전하며 '못'을 박는 모습을 표현해요.

미션 2 망치질을 하면 '못'이 '나무'에 박히도록 코딩해 보세요.

 못
① '요소', '박자' 리스트에 '30'개의 랜덤 값을 추가해요.
② '요소', '박자' 리스트의 1번째 항목을 이용해 간격과 모양을 지정해요.
③ '못'이 '망치'에 닿으면 '나무'에 박힌 후 사라져요.
④ '병아리'가 '망치'에 닿거나 '못'이 왼쪽 벽에 닿으면 못 박기가 종료돼요.

| 힌트 | '요소', '박자' 리스트의 1번째 항목을 이용하여 복제본을 생성하고 해당 항목은 삭제해 보세요.

16 블록 쌓기 챌린지!

학습목표
- 키보드의 방향키를 누르면 해당 색상을 색칠하기 리스트에 추가해요.
- 블록 선택 리스트의 항목에 따라 쌓을 블록의 색상이 랜덤으로 나타나요.
- 쌓을 블록과 같은 색상의 블록을 쌓으면 다음으로 쌓을 블록이 나타나요.
- 쌓을 블록과 다른 색상의 블록을 쌓으면 블록 쌓기가 종료돼요.

오늘의 작품은?

블록 마을에 누가 누가 블록을 잘 쌓는지 겨루는 대회가 열렸어요. 왼쪽에 나타난 블록들을 보고 오른쪽에 똑같은 블록을 쌓으면 돼요. 키보드의 방향키를 눌러 블록의 색상을 선택할 수 있어요. 단, 한 번이라도 다른 색상의 블록을 쌓으면 블록 쌓기가 종료되니 주의하세요! 그럼 누가 누가 블록을 잘 쌓는지 대결해 볼까요?

• 예제 파일: 16강 블록 쌓기(예제).ent   • 완성 파일: 16강 블록 쌓기(완성).ent

주요 블록

파란블록찾기▼ 신호 보내기   10 항목을 색칠하기▼ 에 추가하기 ?

1 번째 항목을 색칠하기▼ 에서 삭제하기 ?   빨간블록▼ 모양으로 바꾸기

1 블록 쌓기 문제 설정하기

블록 색깔을 랜덤으로 지정하고 방향키로 블록을 선택하도록 해보세요.

 **실행 버튼** : '실행 버튼'을 클릭하면 왼쪽 박스에 쌓아야 할 블록이 나타나요.

❶ '16강 블록 쌓기(예제).ent' 파일을 불러와 프로그램이 시작되고 '실행 버튼'을 클릭하면 '블록 색깔' 리스트의 랜덤 번째 항목을 '블록 선택' 리스트에 '3'번 추가하도록 그림과 같이 코드를 완성합니다.

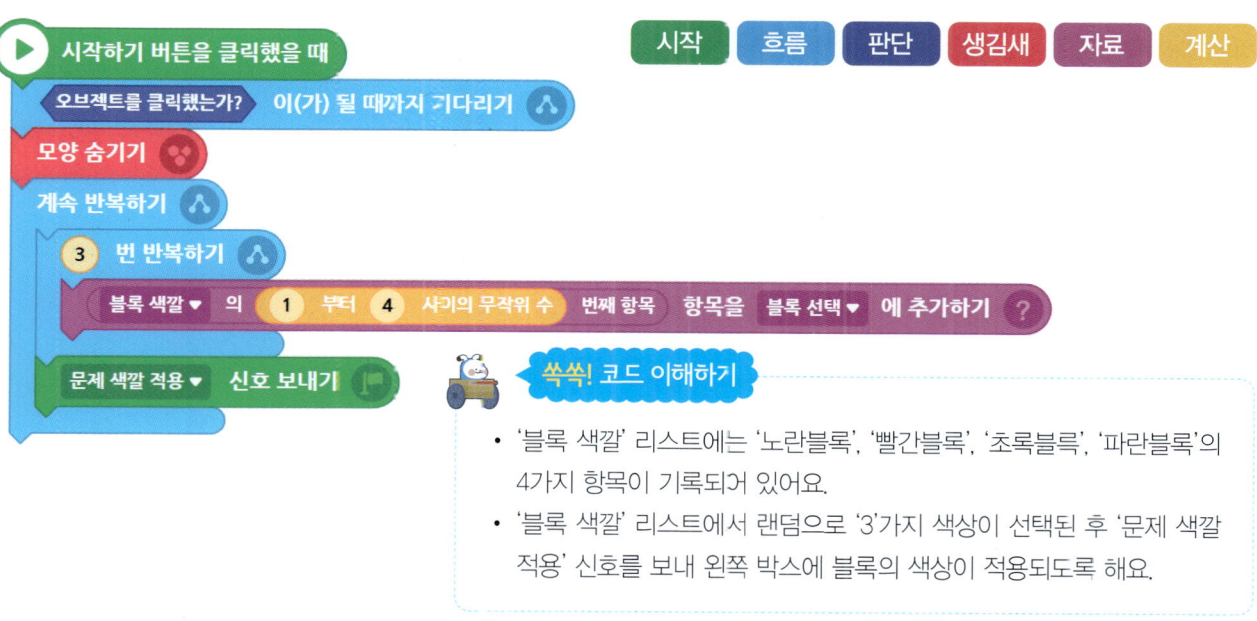

쏙쏙! 코드 이해하기

- '블록 색깔' 리스트에는 '노란블록', '빨간블록', '초록블록', '파란블록'의 4가지 항목이 기록되어 있어요.
- '블록 색깔' 리스트에서 랜덤으로 '3'가지 색상이 선택된 후 '문제 색깔 적용' 신호를 보내 왼쪽 박스에 블록의 색상이 적용되도록 해요.

❷ '순서' 변숫값을 '1'로 지정하고 '순서' 변숫값이 '3'보다 커질 때까지 '위쪽 화살표' 키를 누르면 '빨간블록찾기' 신호를 보내고 '빨간블록' 항목을 '색칠하기' 리스트에 추가하도록 그림과 같이 코드를 완성합니다.

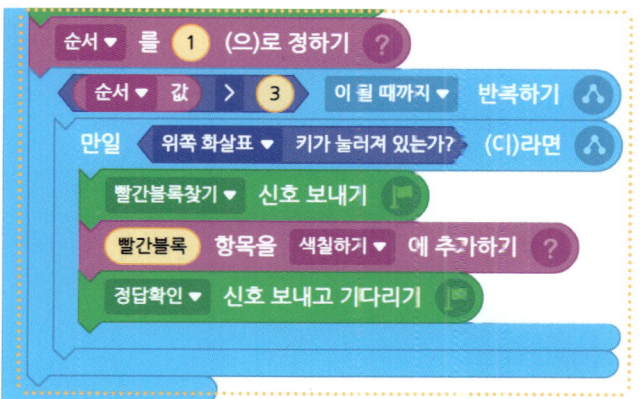

쏙쏙! 코드 이해하기

- '위쪽 화살표' 키를 누르면 블록을 빨간색 블록으로 지정하도록 '빨간블록찾기' 신호를 보내요.
- 빨간색 블록을 적용한 후 정답을 확인하도록 '색칠하기' 리스트에 '빨간블록' 항목을 추가해요.

❸ '아래쪽 화살표', '왼쪽 화살표', '오른쪽 화살표' 키를 누르면 블록을 '노란색 블록', '초록색 블록', '파란색 블록'으로 지정하고 정답을 확인하도록 ❷와 같은 방법으로 코드를 완성합니다.

❹ 3가지 블록을 모두 맞히면 다음 블록이 나타나도록 하기 위해 '색칠하기', '블록 선택' 리스트에 기록된 항목을 모두 삭제하고 '재설정' 신호를 보내도록 그림과 같이 코드를 완성합니다.

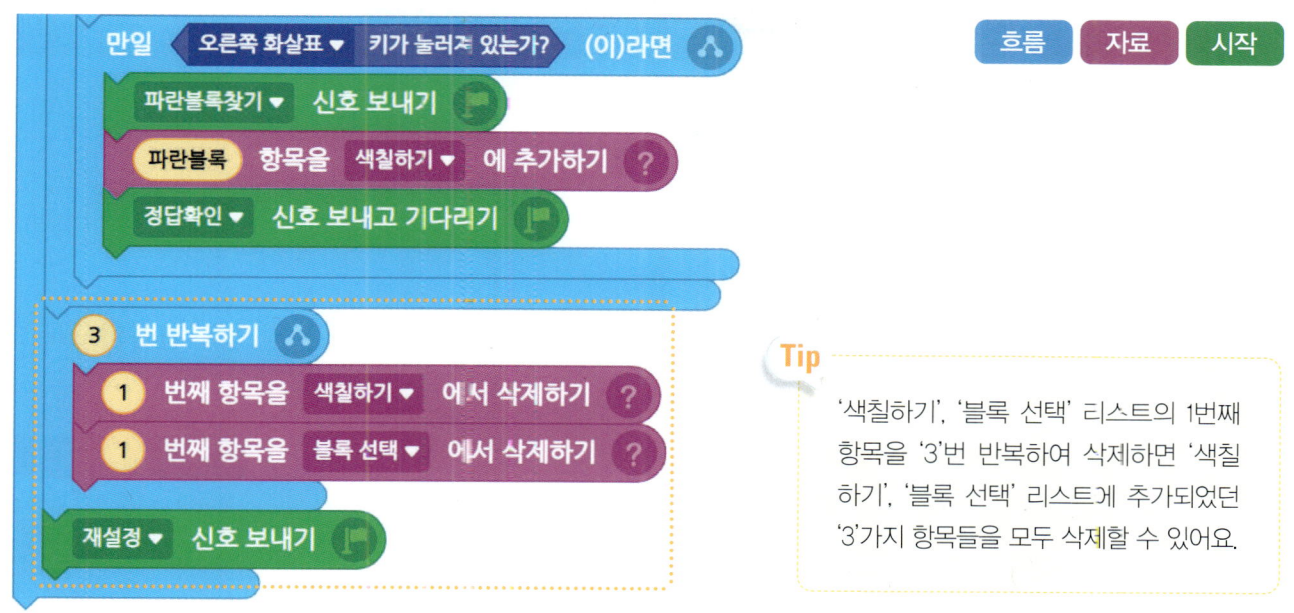

Tip
'색칠하기', '블록 선택' 리스트의 1번째 항목을 '3'번 반복하여 삭제하면 '색칠하기', '블록 선택' 리스트에 추가되었던 '3'가지 항목들을 모두 삭제할 수 있어요.

 실행 버튼 : 쌓아야 할 블록과 쌓은 블록의 색이 같으면 다음 블록을 확인하고 아니면 게임이 종료돼요.

❺ '정답확인' 신호를 받았을 때 '색칠하기', '블록 선택' 리스트의 '순서' 변숫값 번째 항목이 서로 같으면 '점수', '순서' 변숫값이 증가하고 아니면 블록 쌓기가 종료되도록 그림과 같이 코드를 완성합니다.

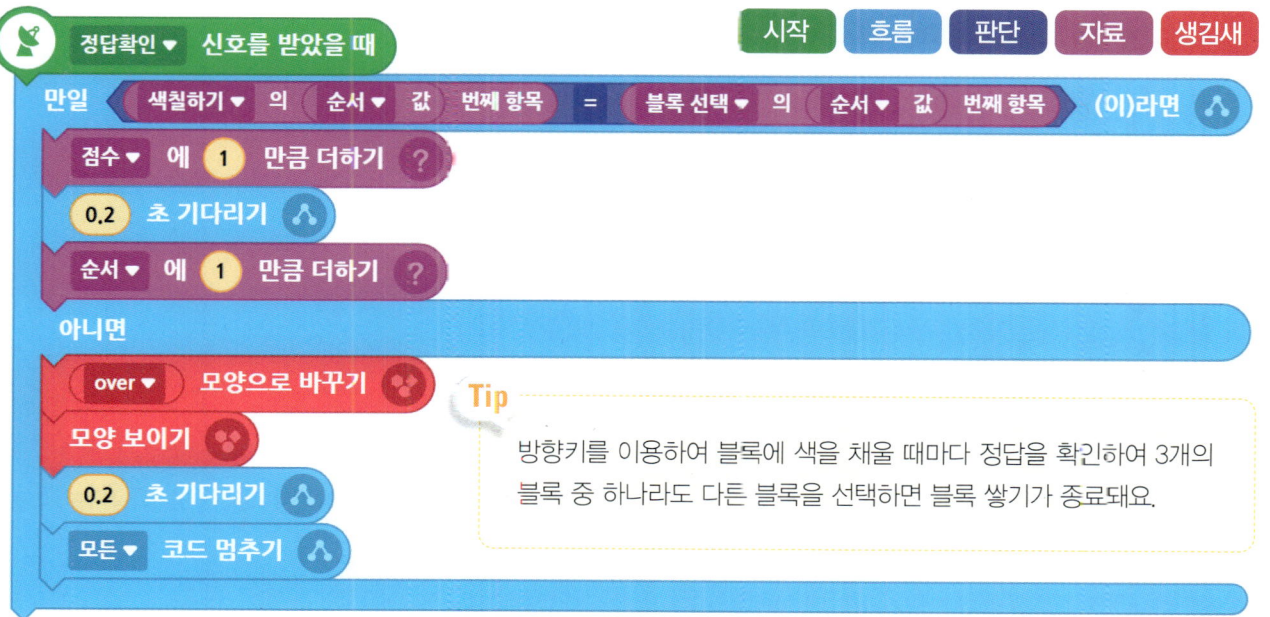

Tip
방향키를 이용하여 블록에 색을 채울 때마다 정답을 확인하여 3개의 블록 중 하나라도 다른 블록을 선택하면 블록 쌓기가 종료돼요.

CHAPTER 16 블록 쌓기 챌린지! _ 119

2 블록에 색칠하기

쌓아야 할 블록과 쌓은 블록에 색을 칠할 수 있도록 해보세요.

문제1단계 : '문제 색깔 적용' 신호를 받으면 쌓아야 할 블록에 색상이 적용돼요.

❶ '문제 색깔 적용' 신호를 받으면 '블록 선택' 리스트의 1번째 항목의 모양으로 변경되도록 그림과 같이 코드를 완성합니다.

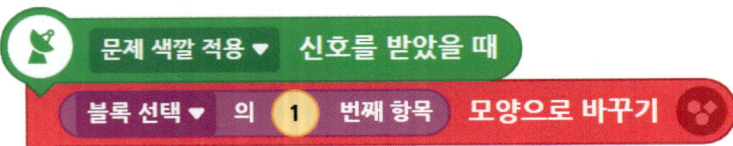

시작 생김새 자료

Tip
앞서 '3'번 반복하여 '블록 색깔' 리스트의 항목 중 랜덤의 항목을 선택하여 '블록 선택' 리스트에 추가했어요.

❷ '문제2단계', '문제3단계' 오브젝트를 각각 선택한 후 ❶과 같은 방법으로 '문제 색깔 적용' 신호를 받으면 모양을 변경하도록 그림과 같이 코드를 완성합니다.

▲ '문제2단계' 오브젝트

▲ '문제3단계' 오브젝트

쏙쏙! 코드 이해하기

'문제1단계'~'문제3단계' 오브젝트는 왼쪽 박스의 1번째~3번째 블록이에요. '문제 색깔 적용' 신호를 받으면 각 블록이 '블록 선택' 리스트의 '1'~'3'번째 항목에 추가된 색상으로 변경돼요.

풀이1단계 : 키보드의 방향키로 블록 색상을 적용하고 다음 블록이 나타나면 흰색 블록으로 돌아와요.

❸ '빨간블록찾기' 신호를 받았을 때 '순서' 변숫값이 '1'이면 '빨간블록' 모양으로 변경되도록 그림과 같이 코드를 완성합니다.

쏙쏙! 코드 이해하기

- '순서' 변숫값이 '1'이면 1번째로 쌓을 블록을 의미해요.
- '위쪽 화살표' 키를 누르면 '풀이1단계'의 모양을 '빨간블록' 모양으로 변경해요.

❹ '파란블록찾기', '노란블록찾기', '초록블록찾기' 신호를 받았을 때 '순서' 변숫값이 '1'이면 해당 색상의 모양으로 변경되도록 ❸과 같은 방법으로 코드를 완성합니다.

❺ '재설정' 신호를 받으면 '흰색블록' 모양으로 변경되도록 그림과 같이 코드를 완성합니다.

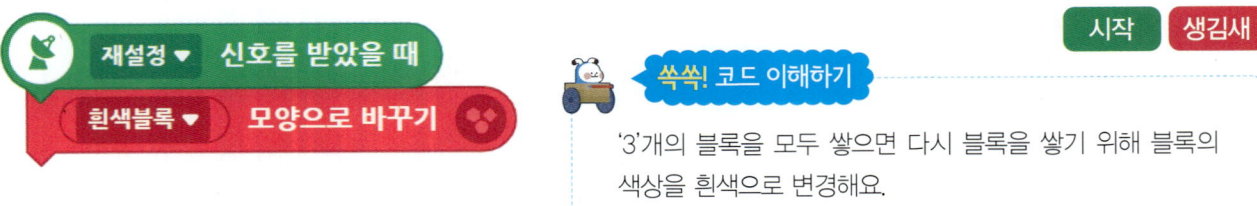

쏙쏙! 코드 이해하기

'3'개의 블록을 모두 쌓으면 다시 블록을 쌓기 위해 블록의 색상을 흰색으로 변경해요.

❻ '풀이2단계', '풀이3단계' 오브젝트를 선택하고 ❸~❺와 같은 방법으로 코드를 작성한 후 그림과 같이 '순서' 변수 비교 값과 모양 이름을 변경합니다.

	신호	'순서' 변수 비교 값	변경할 모양 이름
풀이2단계	빨간블록찾기	2	빨간블록
	파란블록찾기	2	파란블록
	노란블록찾기	2	노란블록
	초록블록찾기	2	초록블록
	재설정		흰색블록

	신호	'순서' 변수 비교 값	변경할 모양 이름
풀이3단계	빨간블록찾기	3	빨간블록
	파란블록찾기	3	파란블록
	노란블록찾기	3	노란블록
	초록블록찾기	3	초록블록
	재설정		흰색블록

❼ 프로그램이 완성되면 실행하여 색깔에 맞는 블록을 쌓아 봅니다.

16 스스로 코딩

• 예제 파일 : 16강 컵 뒤집기(예제).ent   • 완성 파일 : 16강 컵 두집기(완성).ent

미션 1 예제 파일을 불러와 '시즈 버튼'을 클릭해 '문제 컵'의 방향이 변경되도록 코딩해 보세요.

시작 버튼, 문제 컵

① '시작 버튼'을 클릭하면 '방향' 리스트의 랜덤 항목을 '문제' 리스트에 추가해요.
② '문제 컵'은 '컵 뒤집기' 신호를 받으면 '문제' 리스트의 항목을 불러와 '문제 컵'의 방향을 변경해요.

| 힌트 | '문제 컵'의 방향은 `방향을 90° (으)로 정하기` 블록을 이용해 설정해 보세요.

미션 2 '문제 컵'의 방향과 동일한 방향으로 '플레이어 컵'이 회전하도록 코딩해 보세요.

플레이어 컵

① 키보드의 방향키를 눌러 '문제 컵'과 같은 방향으로 회전해요.
② '플레이어 컵'이 회전하면 '풀이' 변수에 '플레이어 컵'의 방향을 입력해요.
③ 두 컵의 방향이 같다면 '점수' 변숫값을 증가하고 다음 문제를 출제해요.

17 용감한 기사 경험치 쌓기!

학습목표
- 소환 이름 리스트와 랜덤 선택 변수를 이용하여 요소 종류를 변경해요.
- 소환 위치 리스트와 랜덤 선택 변수를 이용하여 요소의 위치를 변경해요.
- 키보드를 이용하여 기사의 움직임과 이동 방향, 공격을 설정해요.
- 기사가 몬스터와 익룡을 물리치면 경험치를 쌓아요.

기사가 성이 위치한 숲속 마을에 도착했어요. 이곳은 소환 이름, 소환 위치 리스트에 기록된 값을 이용해 하늘 또는 땅에서 아이템 또는 몬스터가 나타나는 마을이에요. 물약을 획득하면 체력을 회복할 수 있고 몬스터나 익룡을 물리치면 경험치를 쌓을 수 있어요. 경험치를 많이 쌓아 기사가 성까지 진입할 수 있도록 도와주세요.

· 예제 파일 : 17강 경험치 쌓기(예제).ent   · 완성 파일 : 17강 경험치 쌓기(완성).ent

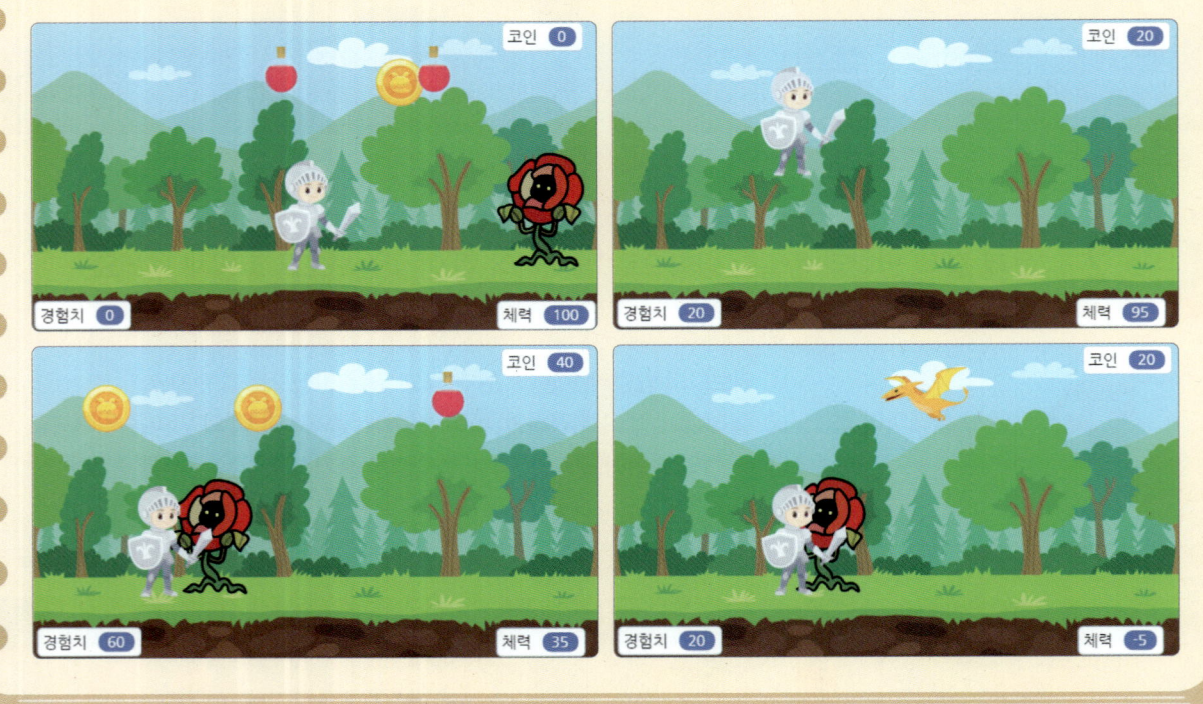

주요 블록

소환 위치 ▼ 의 1 번째 항목   자신 ▼ 의 모양 이름 ▼   랜덤 선택 ▼ 값

Ctrl ▼ 키가 눌러져 있는가?   체력 ▼ 에 10 만큼 더하기 ?

124 _ 꿀꺽코딩 엔트리 메이커

1 기사 움직임 설정하기

키보드를 이용하여 기사의 움직임과 이동 방향, 공격을 설정해 보세요.

 기사 : 키보드의 좌우 방향키를 누르면 해당 방향으로 이동해요.

❶ '17강 경험치 쌓기(예제).ent' 파일을 불러와 프로그램이 시작되고 '왼쪽 화살표' 키를 누르면 '기사'가 왼쪽으로 이동하도록 그림과 같이 코드를 완성합니다.

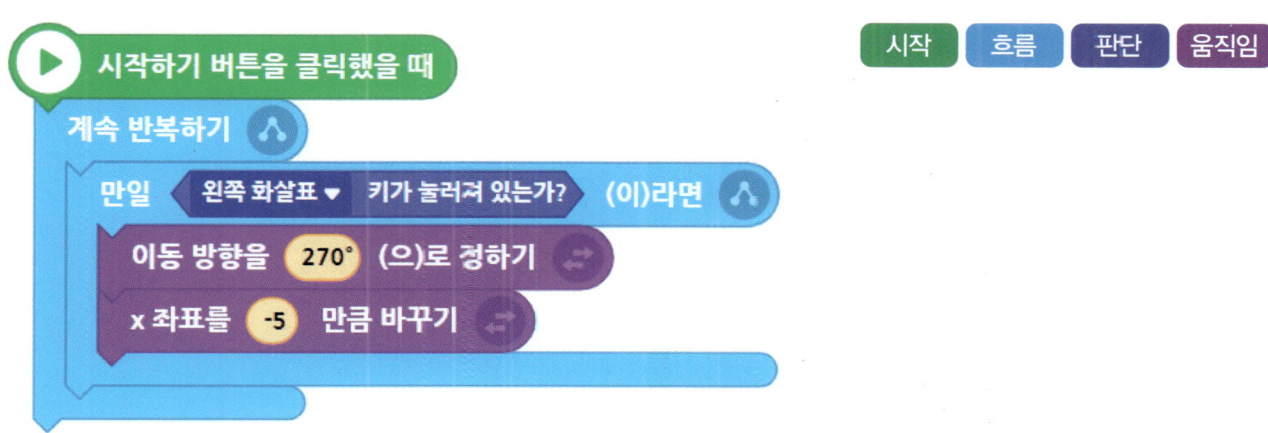

❷ '오른쪽 화살표' 키를 누르면 '기사'가 오른쪽으로 이동하도록 그림과 같이 코드를 완성합니다.

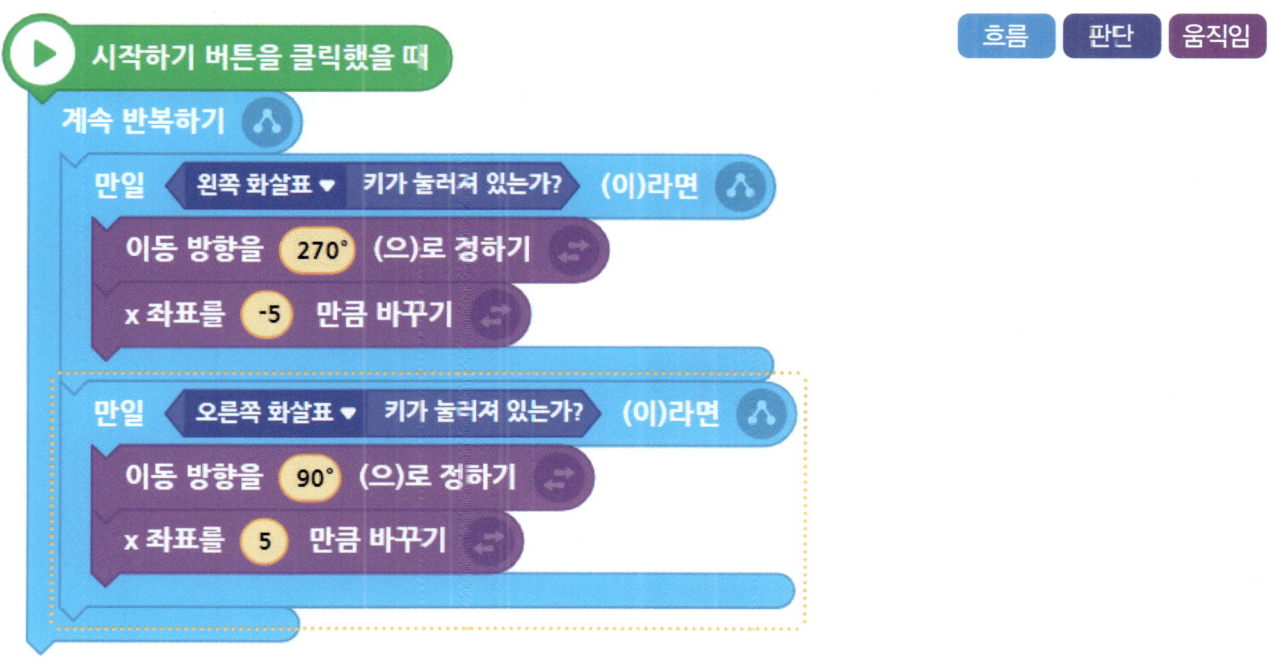

CHAPTER 17 용감한 기사 경험치 쌓기! _ **125**

 기사 : 'Ctrl' 키를 누르면 공격을 하고 '스페이스' 키를 누르면 점프해요.

❸ 프로그램이 시작되고 'Ctrl' 키를 누르면 '기사'가 공격하는 모습을 표현하도록 그림과 같이 코드를 완성합니다.

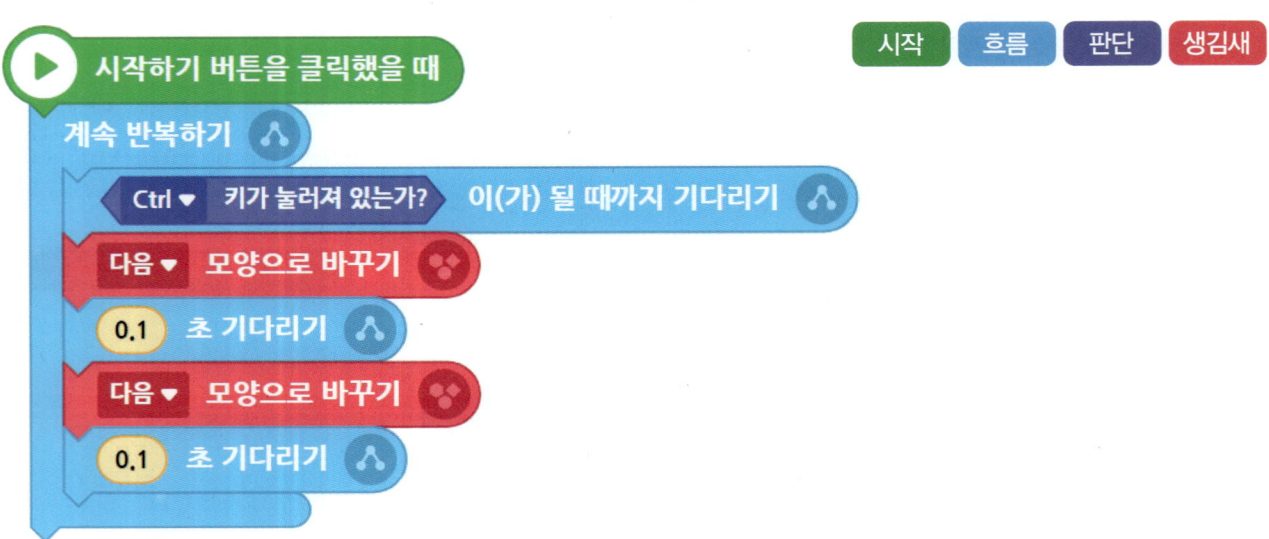

❹ '스페이스' 키를 누르면 '기사'가 점프하는 모습을 표현하도록 그림과 같이 코드를 완성합니다.

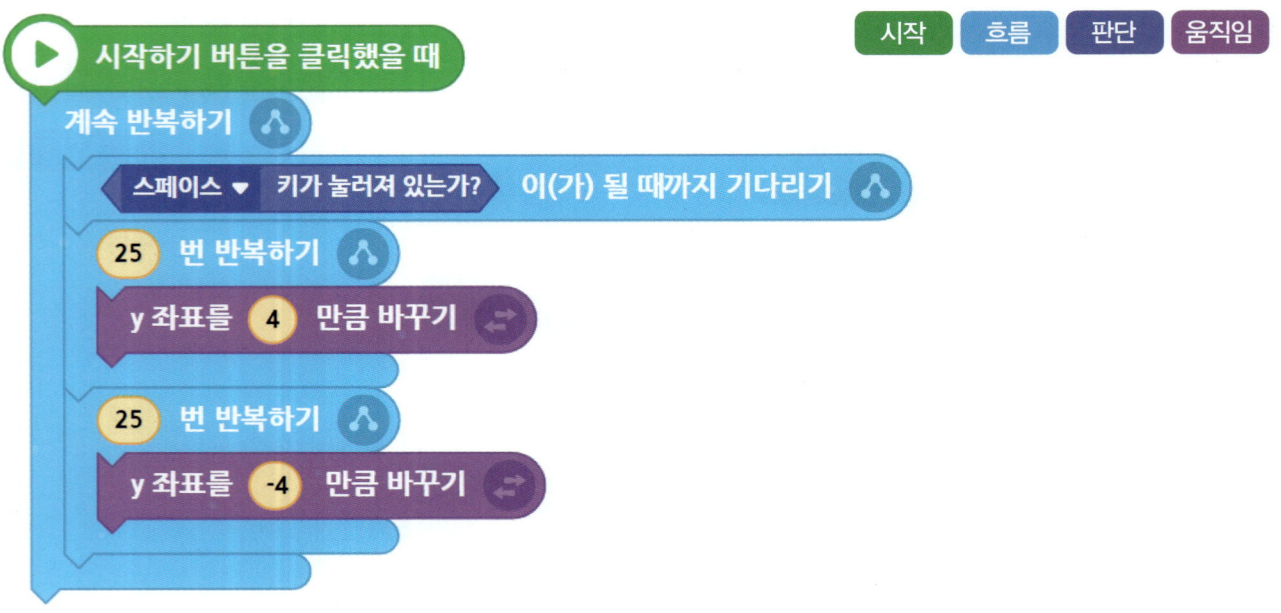

2 요소 설정하기

리스트를 활용하여 랜덤 종류의 요소가 랜덤 위치에서 나타나도록 해보세요.

 요소 : 랜덤의 '요소'가 랜덤 위치에서 나타나오.

① 프로그램이 시작되면 '체력' 변수의 초기 값을 지정하고 랜덤 간격으로 복제본을 생성하도록 그림과 같이 코드를 완성합니다.

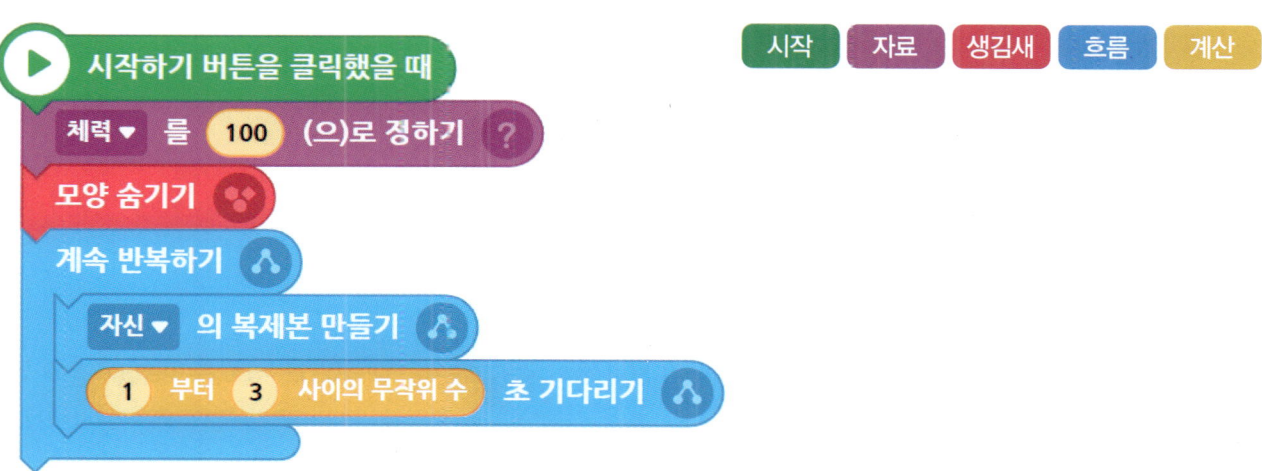

② '요소'가 복제되면 '랜덤 선택' 변숫값을 랜덤으로 지정하여 랜덤 모양으로 변경하고 화면 오른쪽 랜덤 위치에서 나타나도록 그림과 같이 코드를 완성합니다.

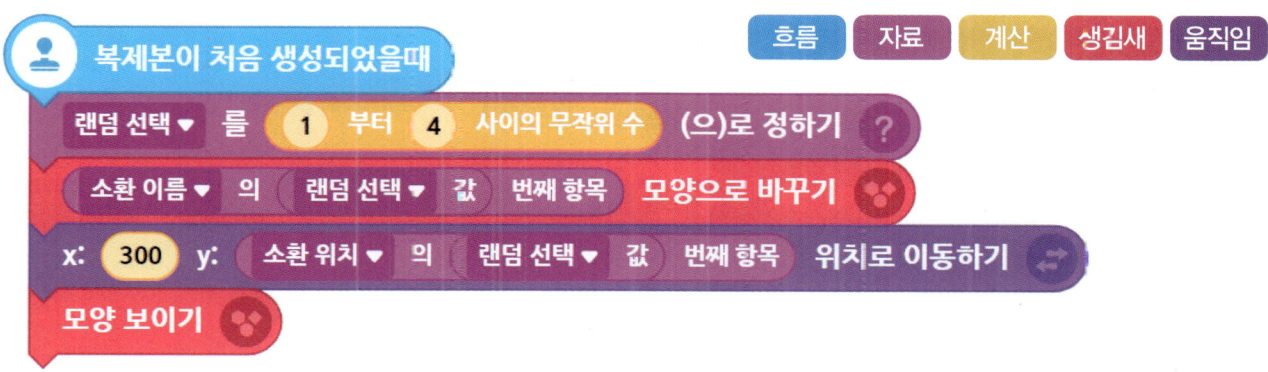

 쏙쏙! 코드 이해하기

- '소환 이름' 리스트에는 '코인', '물약', '몬스터', '익룡' 항목이 기록되어 있고, '소환 위치' 리스트에는 '-29', '90', '90', '80' 항목이 기록되어 있어요.
- 랜덤으로 선택된 '랜덤 선택' 변숫값에 따라 '요소'의 모양과 위치가 지정되어 나타나오.

 요소 : '기사'가 '요소'에 닿았을 때 모양 이름에 따라 '경험치', '체력', '코인' 변숫값이 변경돼요.

❸ 복제된 '요소'의 모양에 따라 '왼쪽 벽'에 닿을 때까지 왼쪽으로 이동하는 속도가 설정되도록 그림과 같이 코드를 완성합니다.

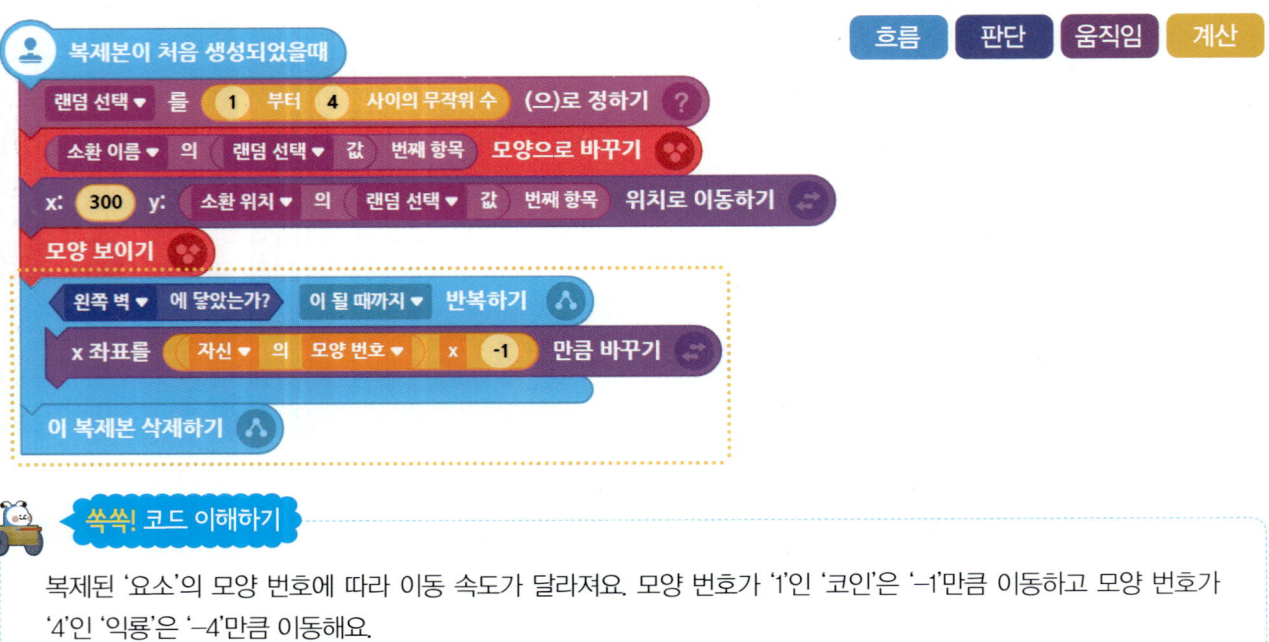

쏙쏙! 코드 이해하기

복제된 '요소'의 모양 번호에 따라 이동 속도가 달라져요. 모양 번호가 '1'인 '코인'은 '-1'만큼 이동하고 모양 번호가 '4'인 '익룡'은 '-4'만큼 이동해요.

❹ 복제된 '요소'가 '기사'에 닿았을 때 '요소'의 모양 이름이 '몬스터' 또는 '익룡'이고 'Ctrl' 키가 눌러져 있는 상태라면 '경험치' 변숫값을 '10'만큼 증가하고 복제본을 삭제하도록 그림과 같이 코드를 완성합니다.

쏙쏙! 코드 이해하기

'기사'가 'Ctrl' 키를 눌러 '몬스터'나 '익룡'을 공격하면 '경험치'가 증가하는 코드예요.

❺ '기사'가 '몬스터' 또는 '익룡'에 닿았을 때 'Ctrl' 키가 눌린 상태가 아니면 '체력' 변숫값을 감소하고 '체력' 변숫값이 '0'보다 작아지면 프로그램이 종료되도록 그림과 같이 코드를 완성합니다.

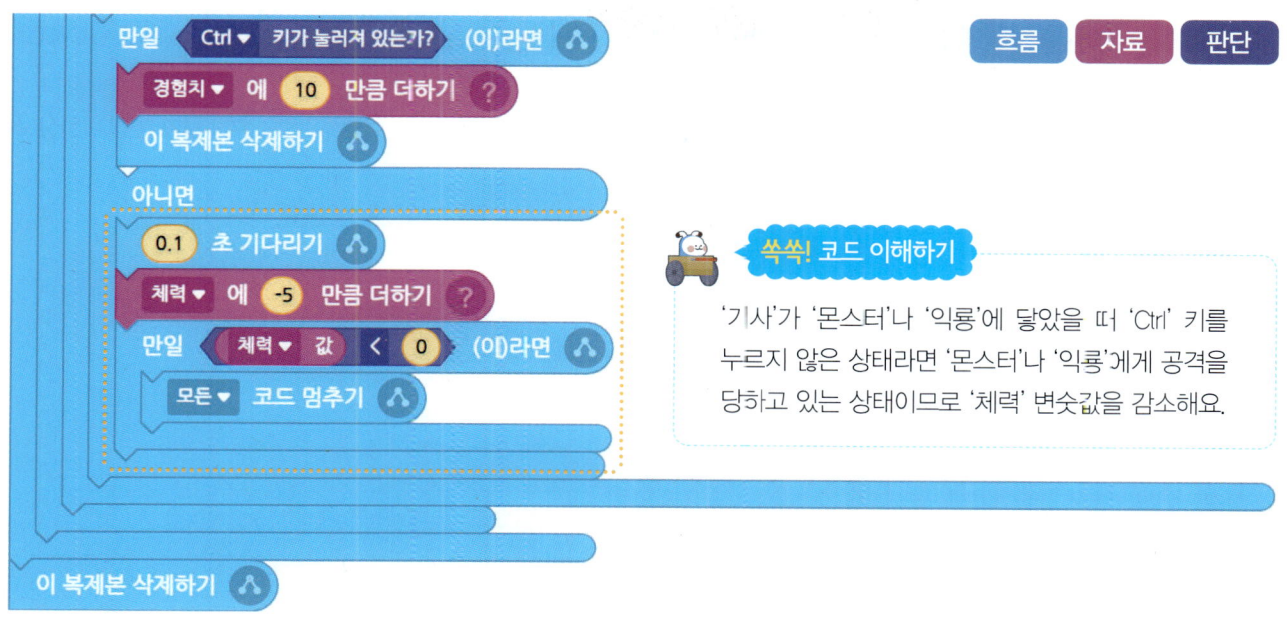

❻ '기사'가 '요소'에 닿았을 때 모양 이름이 '물약' 또는 '코인'이면 '체력', '코인' 변숫값을 증가하고 복제본을 삭제하도록 그림과 같이 코드를 완성합니다.

❼ 프로그램이 완성되면 실행하여 '기사'의 '경험치'를 쌓아 봅니다.

17 스스로 코딩

• 예제 파일 : 17강 물고기 잡기(예제).ent   • 완성 파일 : 17강 물고기 잡기(완성).ent

 **미션 1** 예제 파일을 불러와 '펭귄'이 이동하며 점프하도록 코딩해 보세요.

| 펭귄 | ① 키보드의 좌우 방향키를 누르면 '펭귄'이 좌우로 이동해요.
② '펭귄'이 좌우로 이동할 때 걷는 모습을 표현해요.
③ '스페이스' 키를 누르면 '펭귄'이 점프해요. |

 **미션 2** '펭귄'이 다른 요소를 피해 '물고기'를 먹도록 코딩해 보세요.

| 요소 | ① 랜덤 시간 간격으로 복제되어 왼쪽으로 이동해요.
② '랜덤 선택' 변숫값을 '1'~'4' 사이의 값으로 지정해요.
③ 리스트의 '랜덤 선택' 변숫값 번째 항목의 모양과 위치로 변경해요.
④ '펭귄'에 닿았을 때 모양 이름이 '물고기'면 '점수'가 증가해요. |

| 힌트 | • '소환 이름', '소환 위치' 리스트의 '랜덤 선택' 변숫값 번째 항목으로 모양과 y좌표 위치를 변경해 보세요.
• `자신▼ 의 모양 번호▼` 블록을 이용해 '요소'의 모양별로 이동 속도를 다르게 설정해 보세요.

18 우주 전쟁

학습목표
- 전투기는 마우스의 x좌표를 따라 계속해서 좌우로 이동해요.
- 랜덤 모양의 작은 우주선이 우주선에서 발사돼요.
- 작은 우주선을 공격하여 경험치를 쌓고 레벨에 따라 무기 모양을 변경해요.
- 파워 리스트의 레벨 변숫값 번째 항목만큼 우주선의 크기를 변경해요.

오늘의 작품은?

조용하던 우주 행성에 거대한 우주선이 나타났어요. 우주선은 다양한 모양의 작은 우주선을 발사하며 행성으로 내려오기 시작했어요. 무기를 쏴 우주선을 제거해야 해요. 경험치를 쌓아 레벨을 높이면 무기의 종류도 변경할 수 있으니 작은 우주선이 행성에 도착하기 전에 우주선을 제거해 주세요!

• 예제 파일 : 18강 우주 전쟁(예제).ent   • 완성 파일 : 18강 우주 전쟁(완성).ent

주요 블록

| 마우스 x 좌표 | x: 10 위치로 이동하기 | 레벨 ▼ 에 10 만큼 더하기 | 파워 ▼ 의 1 번째 항목 |

1 전투기 움직임 설정하기

전투기가 계속해서 마우스를 따라 좌우로 이동하도록 해보세요.

❶ '18강 우주 전쟁(예제).ent' 파일을 불러와 [속성] 탭에서 '경험치', '레벨' 변수와 '게임종료' 신호를 생성합니다.

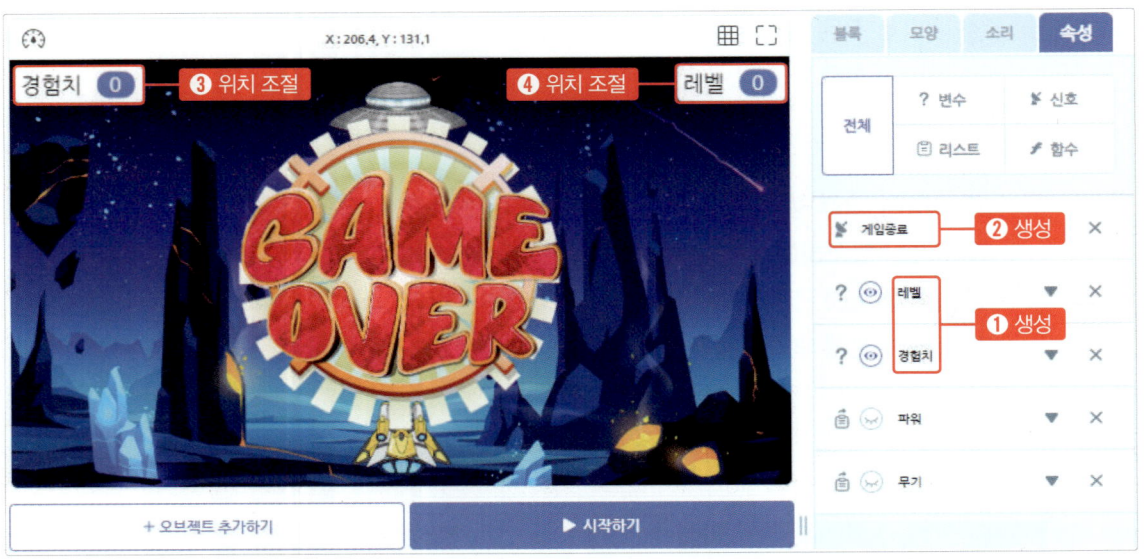

> **Tip**
> '무기', '파워' 리스트는 예제 파일에 생성되어 있어요.

전투기 : 마우스를 따라 좌우로 이동해요.

❷ 프로그램이 시작되면 '레벨' 변숫값을 '1'로 지정하고 계속해서 마우스의 x좌표를 따라 좌우로 이동하도록 그림과 같이 코드를 완성합니다.

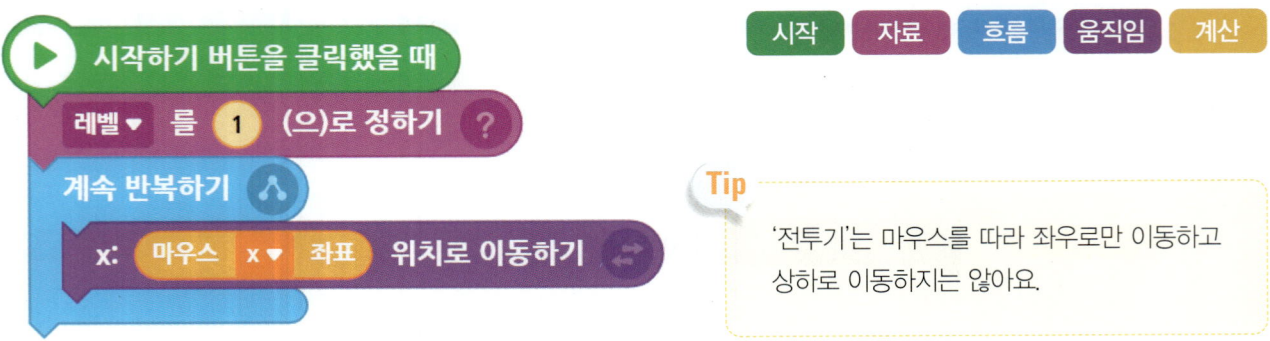

> **Tip**
> '전투기'는 마우스를 따라 좌우로만 이동하고 상하로 이동하지는 않아요.

2 무기 발사하기

레벨에 따라 무기의 종류가 변경되며 전투기에서 발사되도록 해보세요.

 무기 : '레벨' 변숫값에 따라 모양을 변경하며 '전투기' 위치에서 발사돼요.

❶ 프로그램이 시작되면 계속해서 '레벨' 변숫값 모양으로 변경하고 '전투기' 위치로 이동하도록 그림과 같이 코드를 완성합니다.

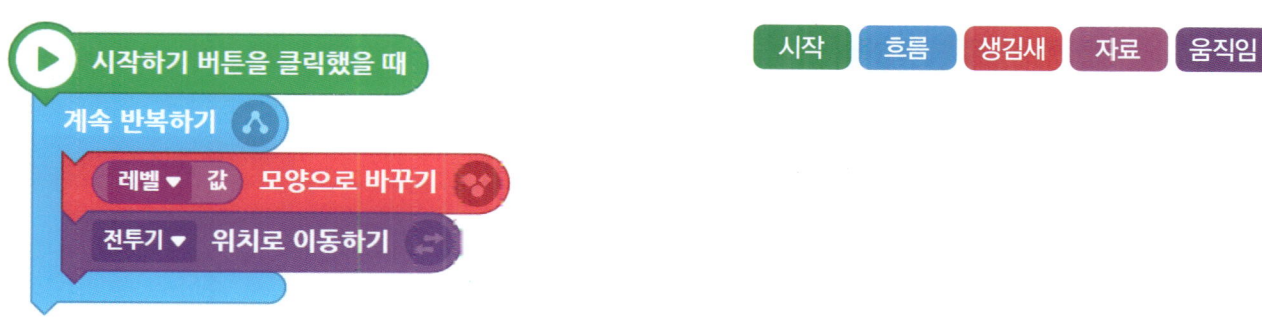

❷ '무기'가 '0.3'초 간격으로 계속 복제되도록 그림과 같이 코드를 완성합니다.

❸ 복제된 '무기'가 '위쪽 벽'에 닿을 때까지 회전하며 위쪽으로 이동하도록 그림과 같이 코드를 완성합니다.

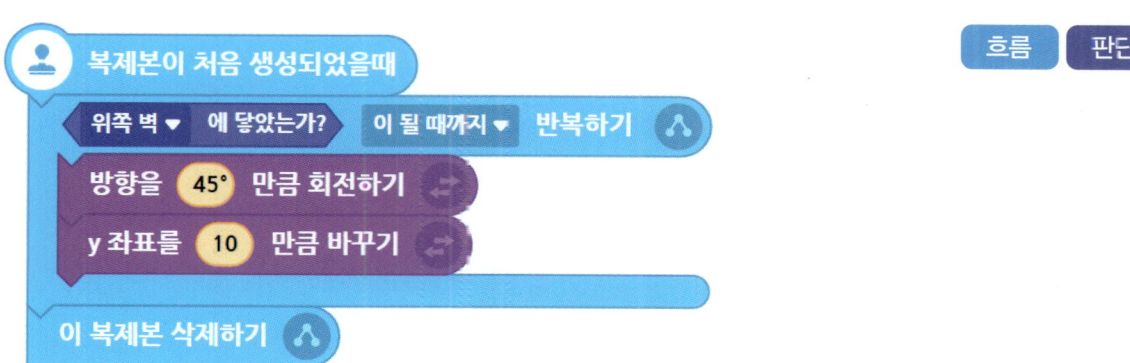

3 우주선 설정하기

우주선에서 나온 작은 우주선이 행성에 도착하면 게임이 종료되도록 해보세요.

 우주선 : '우주선'이 좌우로 이동하다가 작은 우주선을 출동시켜요.

❶ 프로그램이 시작되면 '우주선'이 랜덤의 속도로 좌우로 이동하다가 랜덤의 개수만큼 복제본을 생성하도록 그림과 같이 코드를 완성합니다.

```
시작하기 버튼을 클릭했을 때
계속 반복하기
    0.5 부터 1.5 사이의 무작위 수 초 동안 x: -200 부터 200 사이의 무작위 수 y: 100 위치로 이동하기
    1 부터 3 사이의 무작위 수 번 반복하기
        자신▼ 의 복제본 만들기
```

시작 흐름 움직임 계산

❷ 복제된 '우주선'의 크기, 모양, 이동 방향을 랜덤으로 지정하고 '아래쪽 벽'에 닿을 때까지 이동 방향으로 이동하다가 '아래쪽 벽'에 닿으면 '게임종료' 신호를 보내도록 그림과 같이 코드를 완성합니다.

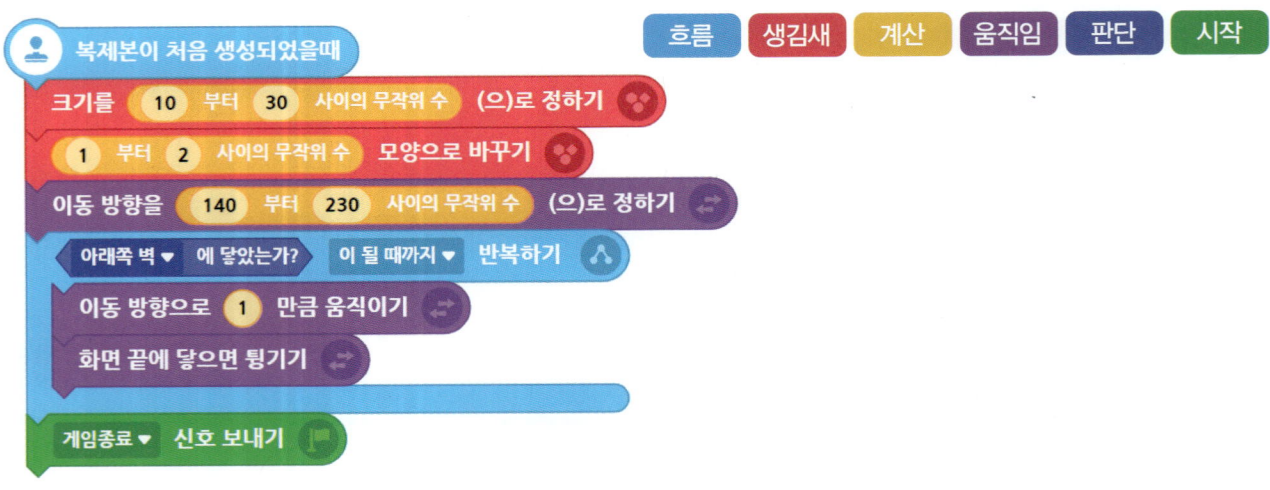

흐름 생김새 계산 움직임 판단 시작

 쏙쏙! 코드 이해하기

복제된 '우주선'이 이동 방향으로 이동하다가 벽에 닿으면 방향을 변경하고 '아래쪽 벽'에 닿으면 '게임종료' 신호를 보내 프로그램을 종료해요.

❸ 복제된 '우주선'이 이동하다가 '무기'에 닿으면 '경험치' 변숫값이 증가하도록 그림과 같이 코드를 완성합니다.

❹ '경험치' 변숫값이 '100'보다 커지면 '레벨' 변숫값을 '1'만큼 증가하고 '경험치' 변숫값을 초기화하도록 그림과 같이 코드를 완성합니다.

쏙쏙! 코드 이해하기

'경험치'를 '100'까지 쌓으면 '레벨'이 증가하고 다시 '경험치'를 '0'으로 초기화하는 코드예요.

❺ 복제된 '우주선'이 '무기'에 닿았을 때 '레벨' 변숫값이 '3'보다 작으면 크기를 '파워' 리스트의 '레벨' 변숫값 번째 항목으로 변경하고 아니면 3번째 항목으로 변경하도록 그림과 같이 코드를 완성합니다.

 쏙쏙! 코드 이해하기

- '파워' 리스트에는 '-1', '-2', '-10'의 3가지 항목이 기록되어 있어, '레벨' 변숫값이 커질수록 복제된 '우주선'의 크기가 작아져요.
- '레벨' 변숫값이 '3'이거나 '3'보다 커지면 복제된 '우주선'의 크기는 '10'만큼 작아져요.

❻ 복제된 '우주선'이 작아지다가 크기가 '5'보다 작아지면 복제본이 삭제되도록 그림과 같이 코드를 완성합니다.

4 우주 전쟁 실패 설정하기

작은 우주선이 바닥까지 이동하면 우주 전쟁이 종료되도록 해보세요.

 **실패** : '게임종료' 신호를 받으면 '실패' 모양이 화면에 나타나고 프로그램이 종료돼요.

① 프로그램이 시작되면 화면에서 모양을 숨기도록 그림과 같이 코드를 완성합니다.

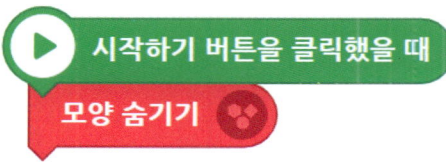

② '게임종료' 신호를 받으면 화면에 나타난 후 프로그램이 종료되도록 그림과 같이 코드를 완성합니다.

③ 프로그램이 완성되면 실행하여 '무기'를 발사해 '우주선'을 물리쳐 봅니다.

18 스스로 코딩

• 예제 파일 : 18강 불 끄기(예제).ent   • 완성 파일 : 18강 불 끄기(완성).ent

미션 1 예제 파일을 불러와 마우스로 '물총'의 움직임을 제어하도록 코딩해 보세요.

 물총, 실패

① '레벨', '경험치' 변수와 '게임종료' 신호를 생성해요.
② '물총'은 계속해서 마우스의 x좌표를 따라 좌우로 이동해요.
③ '실패'는 프로그램이 시작되면 화면에서 모양을 숨겨요.
④ '게임종료' 신호를 받으면 화면에 나타난 후 프로그램이 종료돼요.

 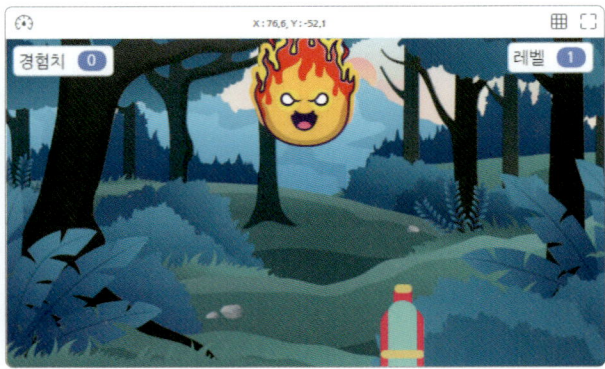

미션 2 '물방울'을 발사하여 '불'을 진화하도록 코딩해 보세요.

   불, 물방울

① '불'은 랜덤의 크기, 모양으로 랜덤의 이동 방향으로 이동해요.
② '불'이 '물방울'에 닿으면 '경험치' 변숫값이 증가해요.
③ '경험치'가 일정 값보다 커지면 '레벨' 변숫값이 증가해요.
④ '물방울'은 '레벨' 변숫값에 따라 크기를 지정하여 '물총'에서 발사돼요.

| 힌트 | '레벨' 변숫값이 '3'보다 작으면 '화력' 리스트의 '레벨' 변숫값 번째 항목만큼 크기를 변경해 보세요.

19 과일 순서 맞히기

학습목표
- 시작 버튼을 클릭하면 문제 리스트에 과일이 랜덤으로 추가돼요.
- 랜덤으로 선택된 과일이 문제판에 순서대로 나타나요.
- 선택한 과일을 순서대로 풀이 리스트에 추가해요.
- 문제와 선택한 과일의 순서가 다르면 순서 맞히기가 다시 시작돼요.

오늘의 작품은? 과일 순서 기억하기 도전! 어떤 친구가 과일의 순서를 오래 동안 기억하고 있을까요? 문제가 출제되면 과일이 기억해야 할 순서대로 문제판에 하나씩 나타나요. 풀이판에서 순서대로 과일을 클릭해 보세요. 기억해야 할 과일이 점점 많아지니 지금부터 집중력을 끌어 올리세요!

• 예제 파일 : 19강 과일 맞히기(예제).ent   • 완성 파일 : 19강 과일 맞히기 (완성).ent

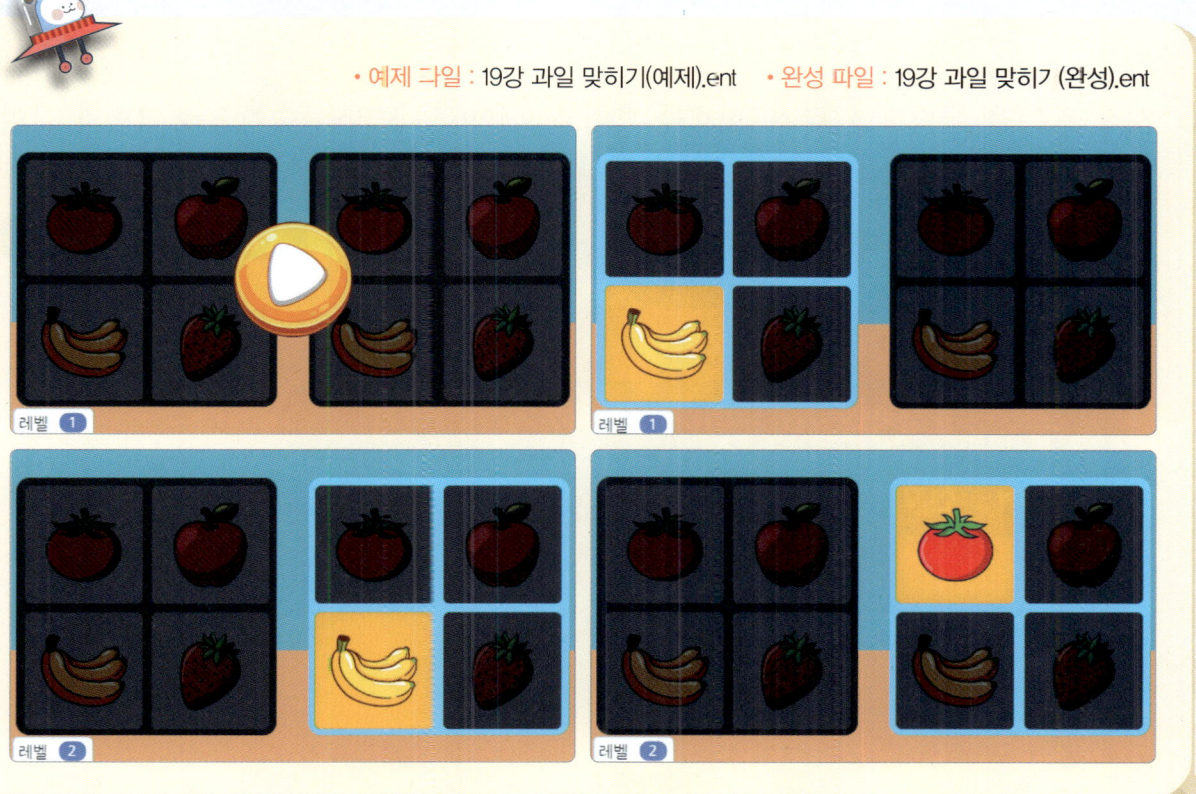

 주요 블록

1 과일 순서 맞히기 문제 출제하기

시작 버튼을 클릭하여 과일 순서 맞히기 문제를 출제하도록 해보세요.

 **시작 버튼** : '시작 버튼'을 클릭하면 과일 순서 맞히기 문제가 출제되어 화면에 나타나요.

❶ '19강 과일 순서 맞히기(예제).ent' 파일을 불러와 프로그램이 시작되면 '레벨' 변숫값을 '1'로 지정하도록 그림과 같이 코드를 완성합니다.

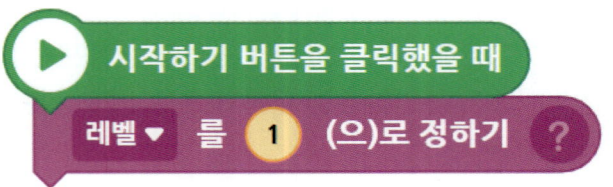

시작　자료

❷ '시작 버튼'을 클릭하면 '추가' 신호를 보내고 화면에서 모양을 숨기도록 그림과 같이 코드를 완성합니다.

흐름　판단　시작　생김새

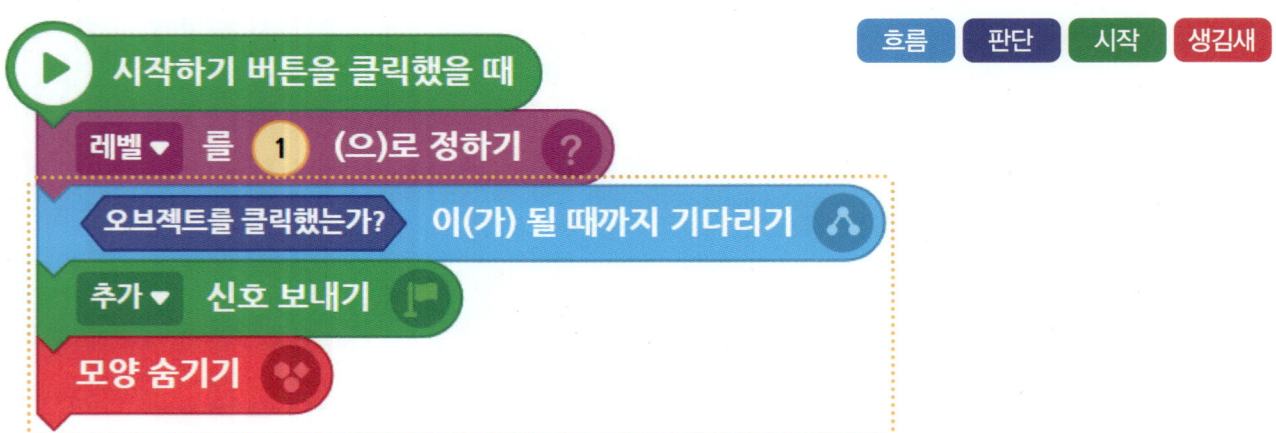

❸ '추가' 신호를 받으면 '이름' 리스트의 랜덤 번째 항목을 '문제' 리스트에 추가하도록 그림과 같이 코드를 완성합니다.

 쏙쏙! 코드 이해하기
- '이름' 리스트에는 '토마토', '사과', '바나나', '딸기' 항목이 기록되어 있어요.
- 과일 순서를 맞힐 때마다 '문제' 리스트에 랜덤의 과일을 하나씩 추가하여 다음 문제가 출제될 때 이전 문제부터 순서대로 출제할 수 있어요.

❹ '순서' 변숫값을 '0'으로 지정하고 '문제' 리스트의 항목 수만큼 반복하여 '순서' 변숫값을 '1'만큼 증가한 후 '출제시작' 신호를 보내고 기다리도록 그림과 같이 코드를 완성합니다.

 쏙쏙! 코드 이해하기
- '출제시작' 신호를 보내면 '문제 딸기'~'문제 토마토'가 신호를 받아 해당 과일에 불이 켜진 모양으로 변경돼요.
- 과일의 순서를 기억할 수 있도록 문제는 '0.5'초 간격으로 출제돼요.

2 과일 순서 맞히기

출제된 문제를 보고 풀이판에서 순서대로 과일을 클릭하도록 해보세요.

시작 버튼 : 사용자가 출제된 문제의 수만큼 과일을 클릭했는지 확인해요.

❶ '입력시작' 신호를 보내고 출제된 과일의 개수와 선택한 과일의 개수가 같다면 '입력정지' 신호를 보내도록 그림과 같이 코드를 완성합니다.

 쏙쏙! 코드 이해하기

- '입력시작' 신호를 보내 '풀이판'의 불을 켜고 '풀이판'에서 클릭한 과일의 순서를 '풀이' 리스트에 추가할 예정이에요.
- '문제' 리스트의 항목 수만큼 '풀이판'에서 과일을 클릭하면 '입력정지' 신호를 보내 '풀이판'의 불을 꺼요.

❷ '순서' 변숫값을 다시 '0'으로 초기화하고 '문제' 리스트의 항목 수만큼 반복해 출제된 과일의 순서와 선택한 과일의 순서를 비교하여 순서가 같지 않으면 과일 순서 맞히기가 다시 시작되도록 그림과 같이 코드를 완성합니다.

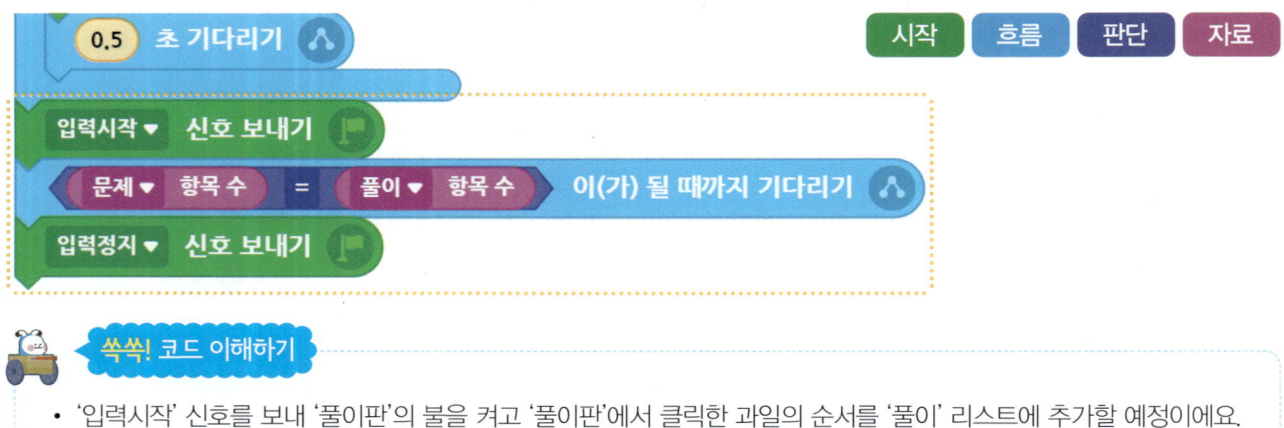

❸ 다음 문제를 풀기 위해 '풀이' 리스트의 항목 수만큼 반복해 '풀이' 리스트의 1번째 항목을 삭제하여 '풀이' 리스트를 초기화하도록 그림과 같이 코드를 완성합니다.

Tip
'풀이' 리스트의 항목 수만큼 반복하여 1번째 항목을 삭제하면 '풀이' 리스트에 기록된 모든 항목을 삭제할 수 있어요.

❹ 과일 순서를 맞히면 '레벨' 변숫값을 '1'만큼 증가하고 '추가' 신호를 보내 다음 과일을 추가하도록 그림과 같이 코드를 완성합니다.

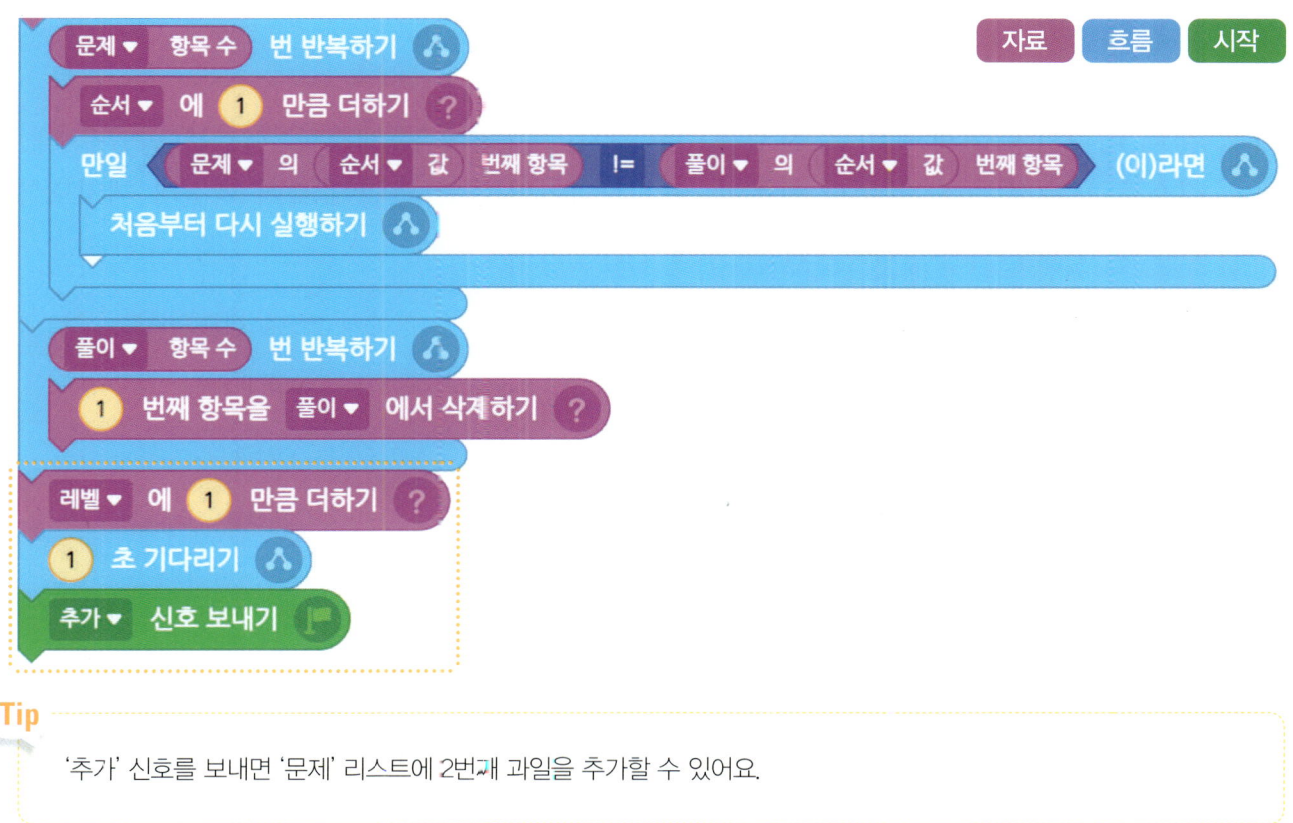

Tip
'추가' 신호를 보내면 '문제' 리스트에 2번째 과일을 추가할 수 있어요.

CHAPTER 19 과일 순서 맞히기 **_143**

3 출제 과일 표시하기

출제시작 신호를 받으면 기억할 과일에 순서대로 불이 켜지도록 해보세요.

 문제 딸기 : 출제된 과일이 딸기면 '문제 딸기'에 불이 켜져요.

❶ '출제시작' 신호를 받았을 때 '문제' 리스트의 '순서' 변숫값 번째 항목이 '딸기'면 '문제 딸기'에 불이 켜졌다 꺼지도록 그림과 같이 코드를 완성합니다.

❷ '문제 바나나'~'문제 토마토' 오브젝트를 각각 선택하고 '출제시작' 신호를 받았을 때 '문제' 리스트의 '순서' 변숫값 번째 항목이 해당 과일이면 해당 과일에 불이 켜졌다 꺼지도록 ❶과 같은 방법으로 코드를 완성합니다.

오브젝트	'순서' 변숫값 비교 텍스트
문제 바나나	바나나
문제 사과	사과
문제 토마토	토마토

> **Tip**
> '문제 딸기' 오브젝트의 코드를 복사하여 붙여 넣은 후 '순서' 변숫값 비교 텍스트를 수정해 보세요.

4 풀이 과일 표시하기

입력시작 신호를 받았을 때 과일을 클릭하면 해당 과일에 불이 켜지도록 해보세요.

풀이 딸기 : 문제 출제가 끝나고 '풀이 딸기'를 클릭하면 불이 켜졌다 꺼져요.

❶ '입력시작' 신호를 받았을 때 '풀이 딸기'를 클릭하면 불이 켜지고 '딸기'를 '풀이' 리스트에 추가한 후 불이 꺼지도록 그림과 같이 코드를 완성합니다.

Tip
선택한 과일을 '문제' 리스트와 비교하기 위해 '풀이' 리스트에 추가해요.

❷ '입력정지' 신호를 받으면 코드가 멈추도록 그림과 같이 코드를 완성합니다.

❸ '풀이 바나나'~'풀이 토마토' 오브젝트를 각각 선택하고 ❶~❷와 같은 방법으로 코드를 완성한 후 '풀이' 리스트에 추가할 항목을 '바나나'~'토마토'로 입력합니다.

5 문제판, 풀이판 불 켜기

문제가 출제될 때는 문제판에, 문제를 풀 때는 풀이판에 불이 켜지도록 해보세요.

■ 문제판 : 문제가 출제될 때 '문제판'에 불이 켜져요.

❶ '추가' 신호를 받으면 '문제판'에 불이 켜지고 '입력시작' 신호를 받으면 불이 꺼지도록 그림과 같이 코드를 완성합니다.

■ 풀이판 : 과일 순서를 맞힐 때 '풀이판'에 불이 켜져요.

❷ '입력시작' 신호를 받으면 '풀이판'에 불이 켜지고 '추가' 신호를 받으면 불이 꺼지도록 그림과 같이 코드를 완성합니다.

❸ 프로그램이 완성되면 실행하여 출제된 과일의 순서를 기억해 과일 순서를 맞혀 봅니다.

19 스스로 코딩

• 예제 파일 : 19강 모습 기억하기(예제).ent   • 완성 파일 : 19강 모습 기억하기(완성).ent

미션 1 예제 파일을 불러와 문제가 출제되도록 코딩해 보세요.

문제

① '방향' 리스트의 랜덤 항목을 '문제순서' 리스트에 추가해요.
② '문제순서' 항목 수만큼 반복하여 '순서' 변숫값을 증가하고 문제를 출제해요.
③ '문제순서' 리스트의 '순서' 변숫값 번째 항목으로 모양을 변경해요.
④ '문제순서', '기억순서' 리스트의 항목이 서로 다르면 게임을 다시 시작해요.

| 힌트 | • '문제순서', '기억순서' 리스트의 항목 수가 같으면 '기억순서' 리스트의 항목을 모두 삭제하고 다시 문제를 출제해 보세요.
• 문제의 순서대로 모양을 변경하면 '레벨' 변숫값을 증가시켜 보세요.

미션 2 키보드의 방향키로 '플레이어'의 모양을 변경하여 문제를 풀도록 코딩해 보세요.

플레이어

① '입력시작' 신호를 받고 키보드의 방향키를 누르면 '앞쪽'~'오른쪽' 모양으로 변경돼요.
② '앞쪽'~'오른쪽' 항목을 '기억순서' 리스트에 추가해요.

CHAPTER 19 과일 순서 맞히기 _ 147

20 좀비 HP 줄이기

학습목표
- 시작 버튼을 클릭하면 좀비게이지 리스트에 10개의 항목을 추가해요.
- 함수를 이용하여 좀비게이지 리스트의 항목 값을 변경해요.
- 좀비게이지 리스트의 항목 값에 따라 게이지의 모양이 변경돼요.
- 좀비의 현재 게이지가 좀비 머리 위에 표시돼요.

오늘의 작품은? 마을에 좀비가 나타났어요. 용감한 군인은 총을 들고 좀비를 물리치기 위해 출동했죠. 좀비 머리 위에는 현재 체력을 나타내는 게이지가 표시되는데, 좀비가 총알을 맞을 때마다 게이지가 줄어들어요. 게이지가 모두 소진되면 좀비를 물리칠 수 있으니, 좀비의 체력을 확인하며 마을 여기 저기서 나타나는 좀비들을 물리쳐 보세요!

• 예제 파일 : 20강 좀비 HP 줄이기(예제).ent　　• 완성 파일 : 20강 좀비 HP 줄이기(완성).ent

주요 블록

1 게이지 추가하기

리스트와 신호를 생성하고 시작 버튼을 클릭하면 게이지가 채워지도록 해보세요.

❶ '20강 좀비 HP 줄이기(예제).ent' 파일을 불러와 [속성] 탭에서 '좀비게이지' 리스트와 '게임 시작', '게임 종료', '게이지1표시'~'게이지10표시' 신호를 생성하고 리스트를 화면에서 숨깁니다.

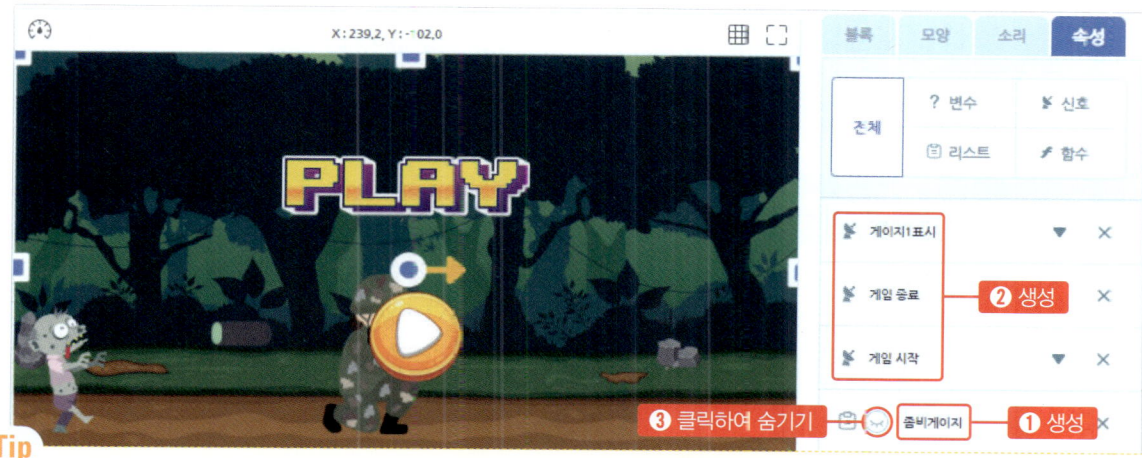

Tip 실행 화면에 추가하고 싶은 좀비의 수만큼 '게이지표시' 신호를 생성해요. 교재에서는 '10'마리의 좀비를 추가하기 위해 '게이지1표시'~'게이지10표시' 신호를 생성했어요.

 시작 버튼 : '시작 버튼'을 클릭하면 '좀비'의 게이지가 차워져요.

❷ '시작 버튼'을 클릭하면 '좀비게이지' 리스트에 '좀비'의 최초 에너지('10')를 '10'개 추가하고 '게임 시작' 신호를 보내도록 그림과 같이 코드를 완성합니다.

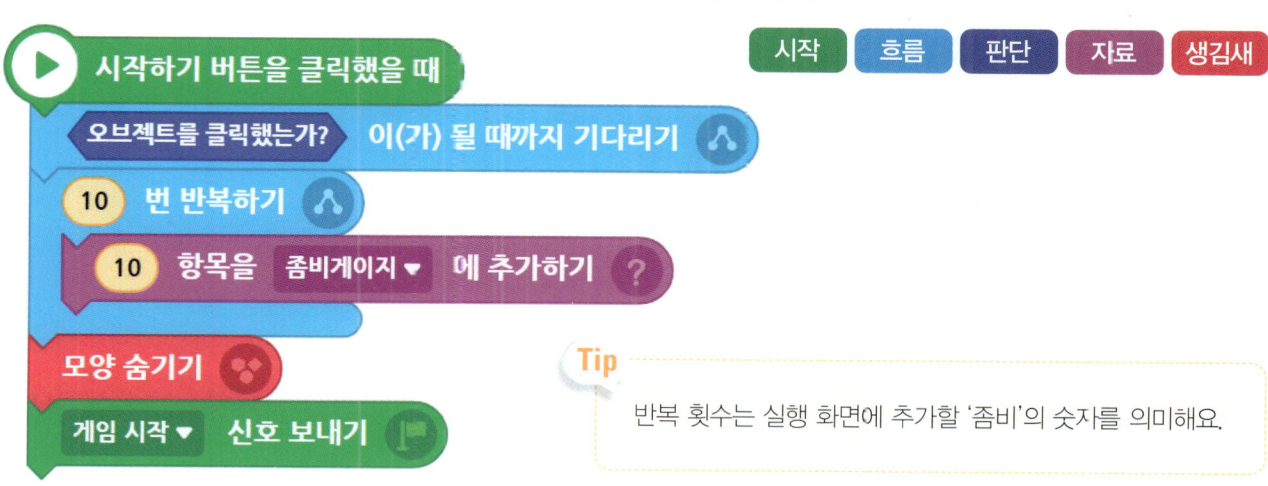

Tip 반복 횟수는 실행 화면에 추가할 '좀비'의 숫자를 의미해요.

2 좀비 설정하기

좀비가 마을을 돌아다니다가 군인에 닿으면 프로그램이 종료되도록 해보세요.

 좀비1 : '게임 시작' 신호를 받으면 계속해서 걸어다녀요.

❶ '게임 시작' 신호를 받으면 '좀비1'이 걷는 모습을 표현하도록 그림과 같이 코드를 완성합니다.

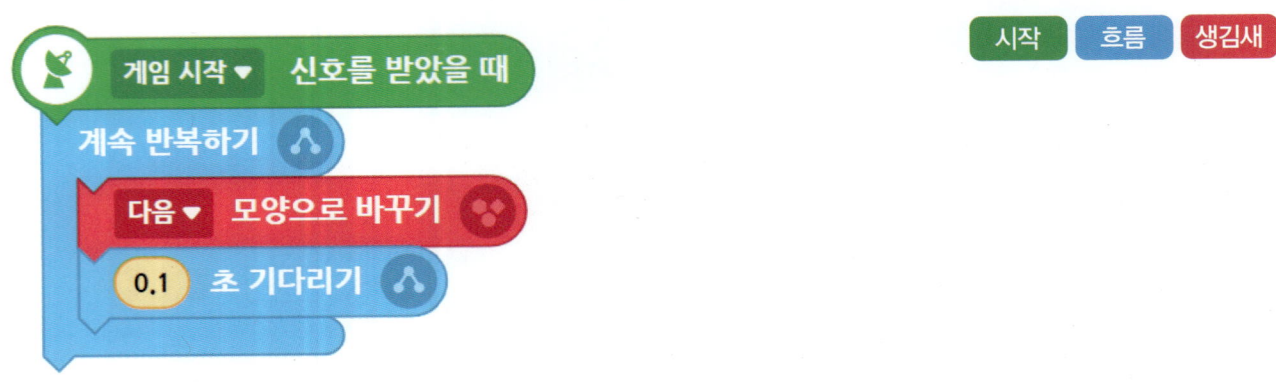

❷ '게임 시작' 신호를 받으면 랜덤의 시간 동안 기다린 후 '게이지1표시' 신호를 보내고 계속해서 이동 방향으로 이동하도록 그림과 같이 코드를 완성합니다.

쏙쏙! 코드 이해하기

- '좀비'가 한꺼번에 나타나지 않도록 랜덤 시간 동안 기다린 후 나타나요.
- '게이지1표시' 신호를 보내 '좀비1'의 머리 위에 '게이지'가 표시되도록 할 예정이에요.

좀비1 : '총알'에 맞으면 반대 방향으로 이동하다가 '게이지'가 소진되면 사라져요.

❸ '게임 시작' 신호를 받았을 때 '좀비1'이 '총알'에 닿으면 반대 방향으로 이동하도록 그림과 같이 코드를 완성합니다.

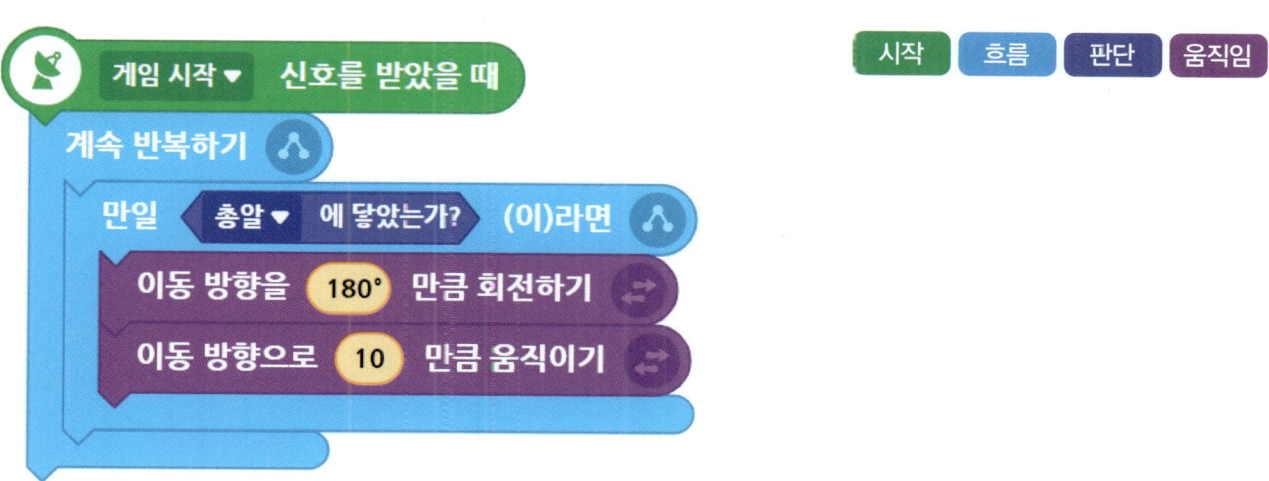

❹ '게임 시작' 신호를 받았을 때 '좀비게이지' 리스트의 1번째 항목 값이 '1'보다 작으면 '좀비1'이 사라지도록 그림과 같이 코드를 완성합니다.

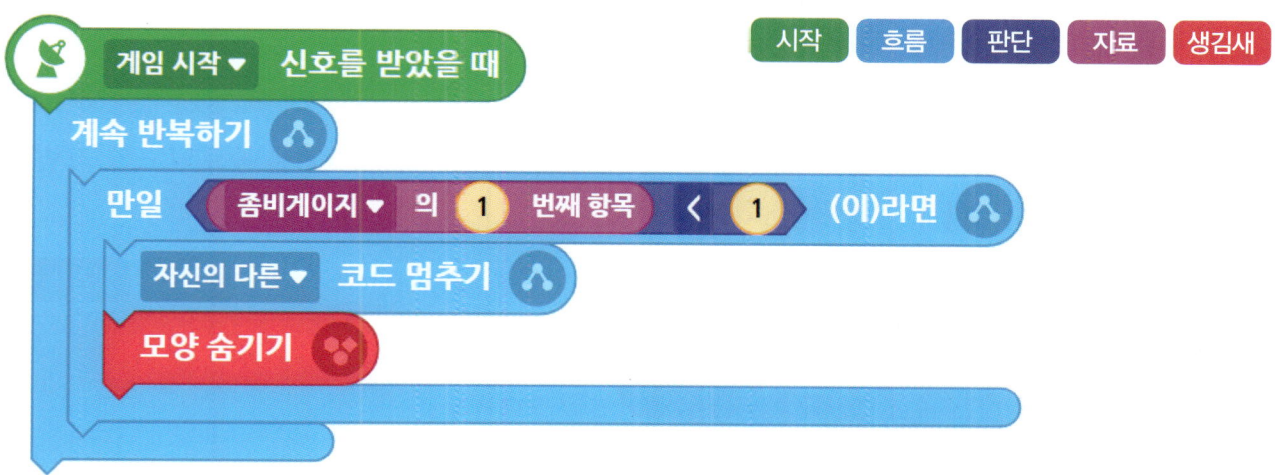

 쏙쏙! 코드 이해하기

- '좀비1'은 '좀비게이지' 리스트의 1번째 항목 값을 사용해 게이지를 표시하고, '좀비2'는 '좀비게이지' 리스트의 2번째 항목 값을 사용해 게이지를 표시해요.
- '좀비1'이 사라질 때 움직임을 멈추도록 `자신의 다른 코드 멈추기` 블록을 사용해요.

CHAPTER 20 좀비 HP 줄이기 _ **151**

 좀비1 : '좀비1'이 '군인'에 닿으면 프로그램이 종료돼요.

❺ 프로그램이 시작되면 화면에서 모양을 숨기고 '좀비1'이 '군인'에 닿으면 '게임 종료' 신호를 보내도록 그림과 같이 코드를 완성합니다.

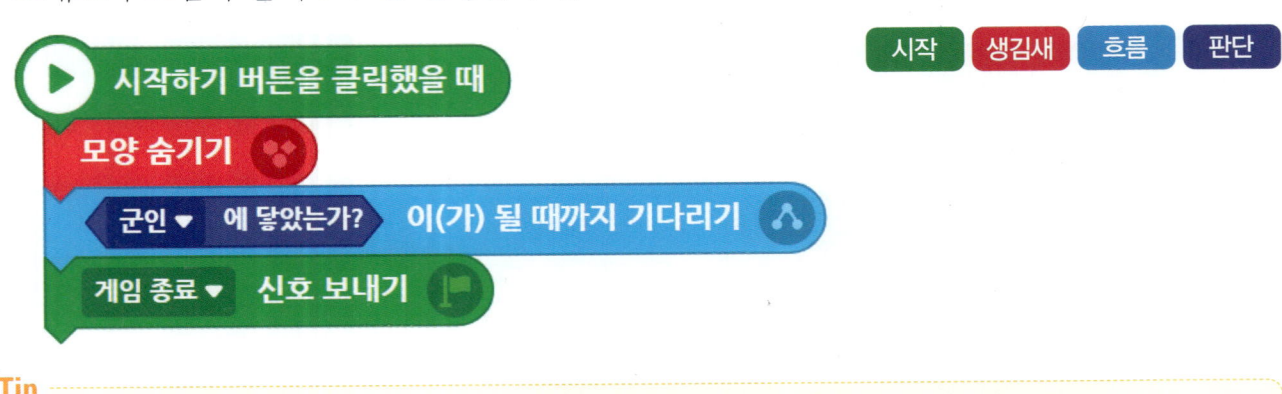

Tip
'게임 시작' 신호를 받으면 '좀비1'이 나타나도록 하기 위해 프로그램이 시작됐을 때는 모양을 숨겨요.

 시작 버튼 : 게임이 종료되면 '게임 종료' 모양이 나타나고 프로그램이 종료돼요.

❻ '게임 종료' 신호를 받으면 '게임 종료' 모양이 나타나고 프로그램이 종료되도록 그림과 같이 코드를 완성합니다.

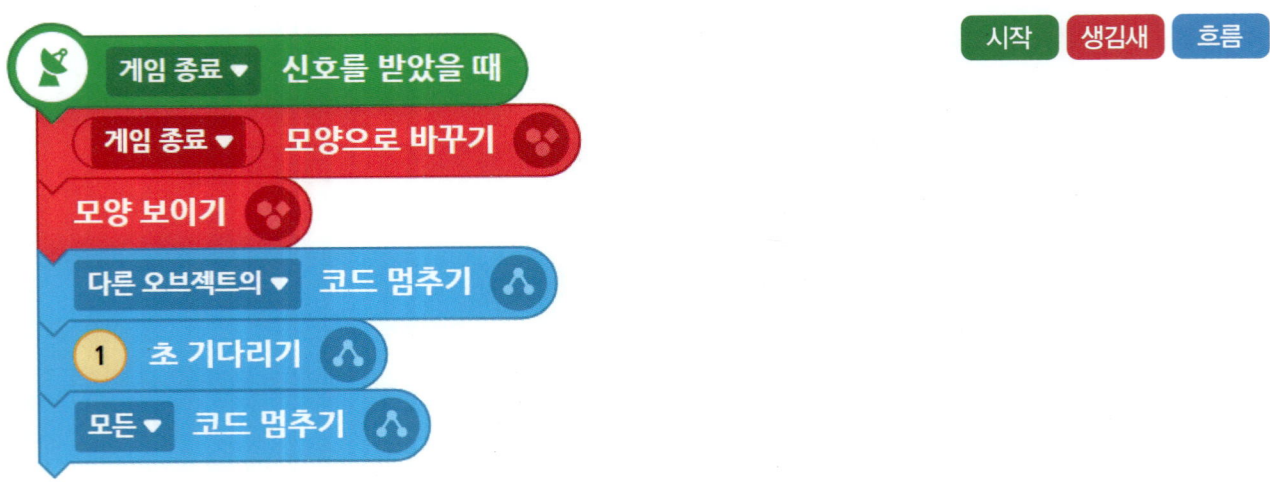

3 좀비 머리 위에 게이지 표시하기

게이지가 좀비를 따라 이동하도록 해보세요.

 게이지1 : 계속해서 '좀비1' 위치로 이동하다가 '게이지'가 소진되면 사라져요.

❶ 프로그램이 시작되면 화면에서 모양을 숨기고 계속해서 '좀비1' 위치로 이동하도록 그림과 같이 코드를 완성합니다.

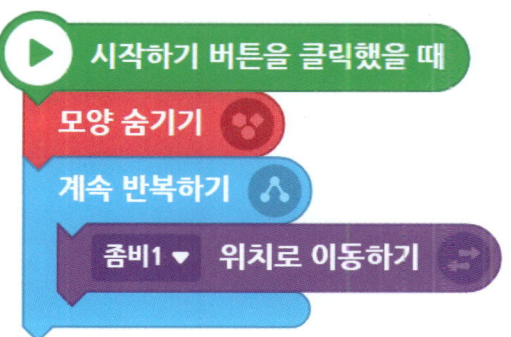

시작 생김새 흐름 움직임

❷ '게이지1표시' 신호를 받으면 화면에 나타나도록 그림과 같이 코드를 완성합니다.

시작 생김새

❸ '게임 시작' 신호를 받으면 '좀비게이지' 리스트의 1번째 항목 모양으로 변경하고 1번째 항목 값이 '1'보다 작으면 화면에서 모양을 숨기도록 그림과 같이 코드를 완성합니다.

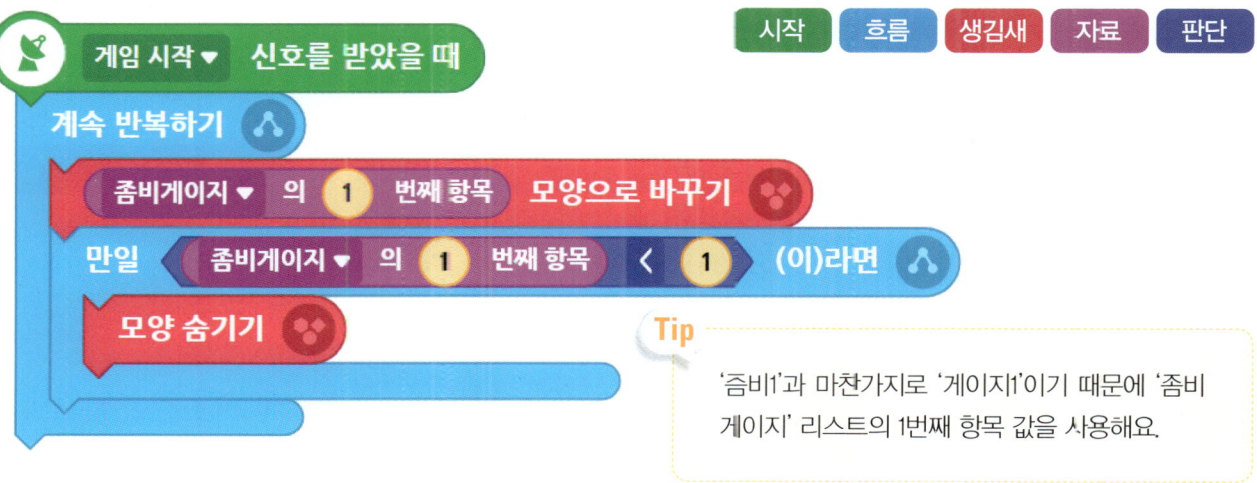

시작 흐름 생김새 자료 판단

> **Tip**
> '좀비1'과 마찬가지로 '게이지1'이기 때문에 '좀비게이지' 리스트의 1번째 항목 값을 사용해요.

4 좀비와 게이지 추가하기

오브젝트를 복제하여 실행 화면에 좀비와 게이지를 추가해 보세요.

❶ '좀비1' 오브젝트를 복제하여 '좀비게이지' 리스트의 항목 수('10')만큼 추가하고 오브젝트의 순서와 이름을 변경합니다.

Tip
'좀비게이지' 리스트에 '3'개 항목을 추가하고 '게이지표시' 신호를 '3'개 만들었다면 '좀비'도 '3'마리로 만들어요.

❷ '좀비2' 오브젝트를 선택하고 다음 명령 블록에서 '좀비게이지' 리스트의 항목과 '게이지표시' 신호를 해당 좀비에 맞게 수정합니다.

❸ 같은 방법으로 복제한 '좀비' 오브젝트를 각각 선택하고 '좀비게이지' 리스트의 항목과 '게이지표시' 신호를 해당 좀비에 맞게 수정합니다.

❹ '게이지1' 오브젝트를 '좀비게이지' 리스트의 항목 수('10')만큼 복제하고 오브젝트의 순서와 이름을 변경합니다.

Tip

'좀비' 머리 위에 '게이지'가 나타나도록 하기 위해 '게이지'의 중심점이 아래쪽으로 설정되어 있으므로 중심점은 변경하지 않아요.

❺ '게이지2' 오브젝트를 선택하고 다음 명령 블록에서 '좀비' 종류와 '게이지표시' 신호, '좀비게이지' 리스트의 항목을 해당 게이지에 맞게 수정합니다.

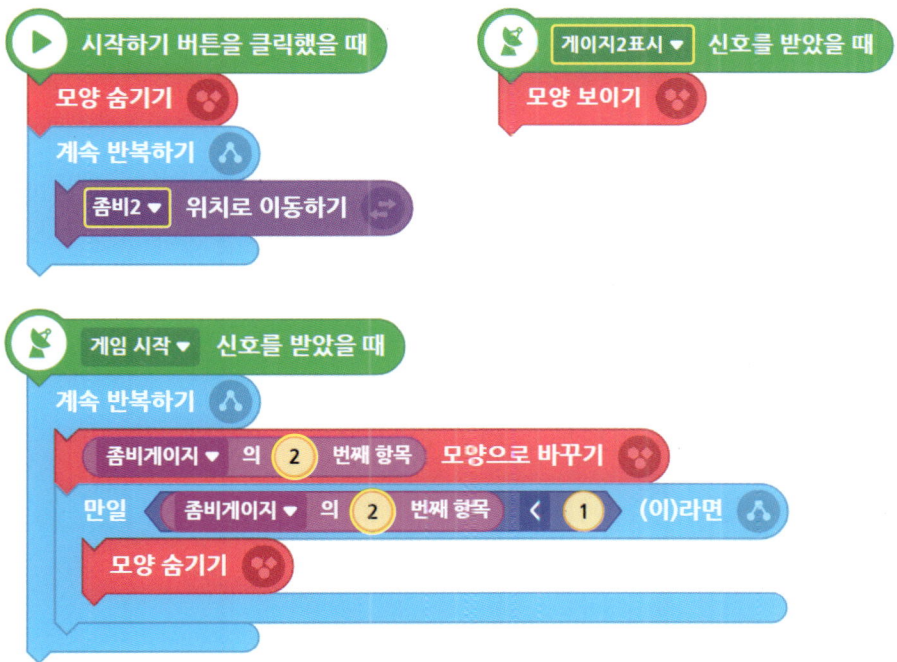

❻ 같은 방법으로 복제한 '게이지' 오브젝트를 각각 선택하고 '좀비' 종류와 '게이지표시' 신호, '좀비게이지' 리스트의 항목을 해당 게이지에 맞게 수정합니다.

5 총알 발사하기

군인이 총알을 발사해 좀비를 공격하도록 해보세요.

 군인 : 좌우 방향키를 누르면 '군인'이 좌우 방향을 바라봐요.

❶ '게임 시작' 신호를 받으면 키보드의 좌우 방향키를 이용하여 '군인'의 이동 방향을 좌우로 변경하도록 그림과 같이 코드를 완성합니다.

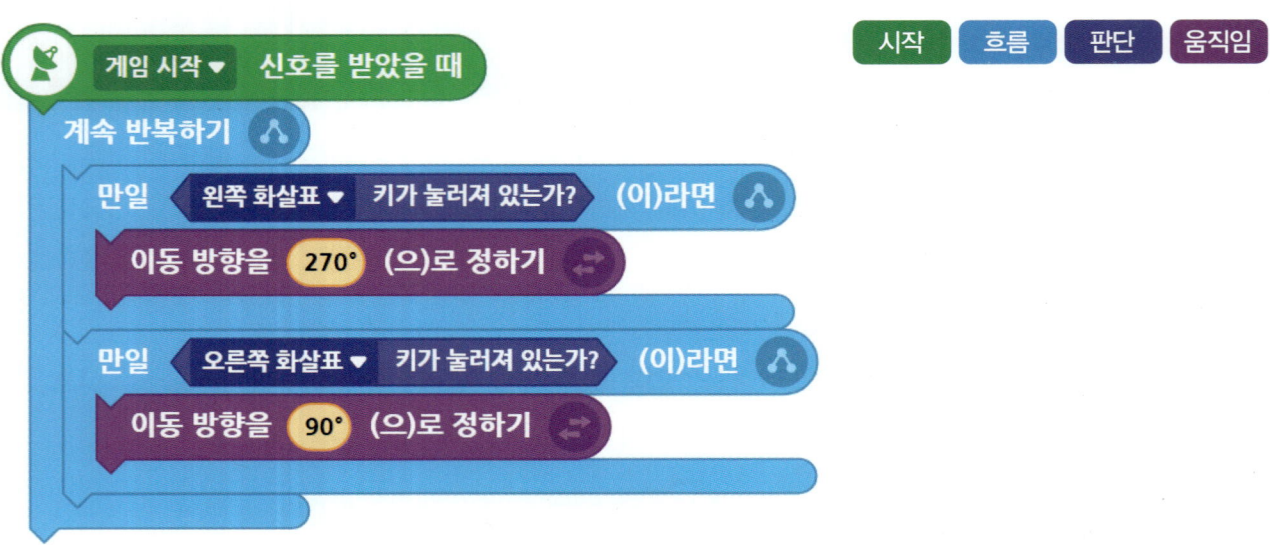

시작 　흐름　 판단 움직임

 총알 : 프로그램이 시작됐을 때는 '총알'이 화면에 보이지 않아요.

❷ 프로그램이 시작되면 화면에서 모양을 숨기도록 그림과 같이 코드를 완성합니다.

시작 생김새

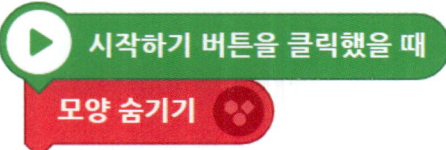

총알 : '스페이스' 키를 누르면 '군인'이 바라보는 방향으로 '총알'이 발사돼요.

❸ '게임 시작' 신호를 받았을 때 '스페이스' 키를 누르면 복제본이 생성되도록 그림과 같이 코드를 완성합니다.

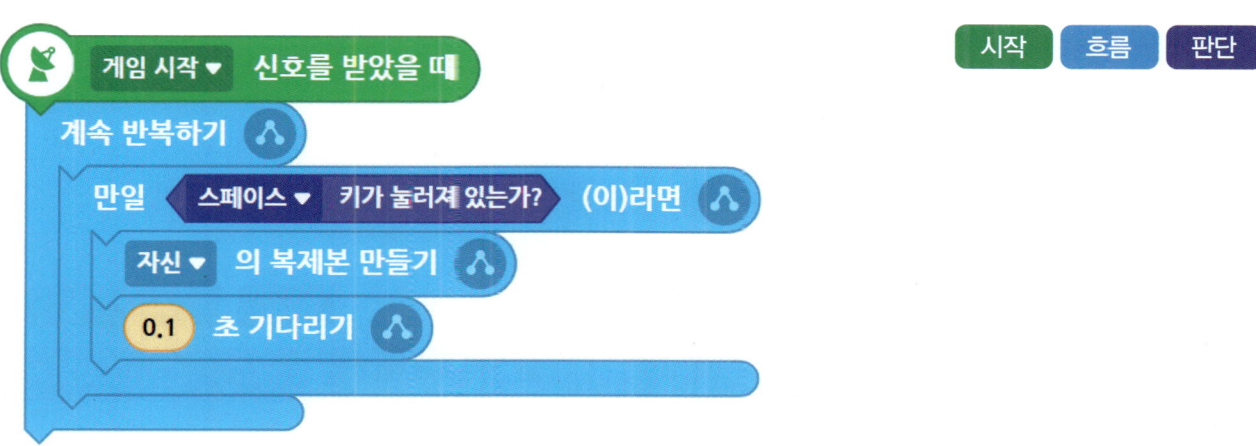

❹ 복제된 '총알'이 '군인' 위치에서 나타나 '군인'의 이동 방향으로 이동하다가 벽에 닿으면 복제본을 삭제하도록 그림과 같이 코드를 완성합니다.

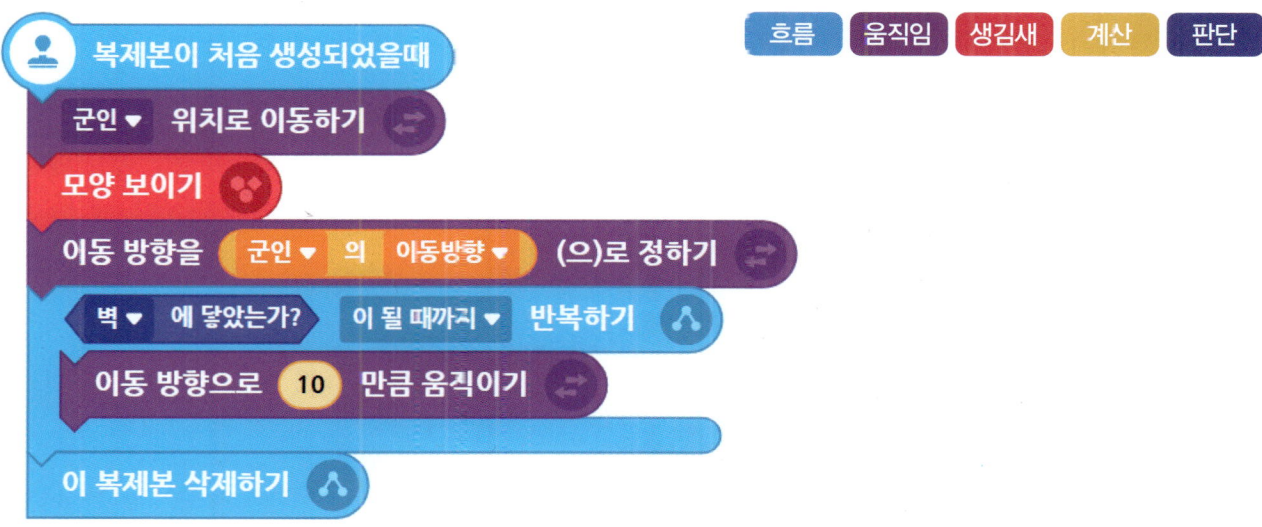

6 함수 이용하여 게이지 변경하기

함수를 이용하여 총알이 좀비에 닿으면 게이지가 줄어들도록 해보세요.

 총알 : '총알'이 '좀비'에 닿으면 '게이지'가 줄어들어요.

❶ 반복되는 코드를 함수로 정의하여 사용하기 위해 '충돌 함수'를 생성하고 이름('좀비 이름')과 매개 변수('문자/숫자값 1')를 추가한 후 '총알'이 '좀비'에 닿을 때마다 '좀비게이지' 리스트의 항목 값을 변경하도록 그림과 같이 코드를 완성합니다.

❷ '총알'이 '좀비1'에 닿으면 '충돌 함수'를 호출하여 '게이지'가 줄어들도록 그림과 같이 코드를 완성합니다.

❸ '좀비'의 수만큼 코드를 추가하여 '총알'이 '좀비'에 닿으면 '게이지'가 줄어들도록 코딩해 봅니다.

```
[복제본이 처음 생성되었을때]
  군인▼ 위치로 이동하기
  모양 보이기
  이동 방향을 (군인▼ 의 이동방향▼) (으)로 정하기
  벽▼ 에 닿았는가? 이 될 때까지▼ 반복하기
    이동 방향으로 10 만큼 움직이기
    만일 <좀비1▼ 에 닿았는가?> (이)라면
      충돌 함수 좀비 이름 1
    만일 <좀비2▼ 에 닿았는가?> (이)라면
      충돌 함수 좀비 이름 2
    만일 <좀비3▼ 에 닿았는가?> (이)라면
      충돌 함수 좀비 이름 3
  이 복제본 삭제하기
```

[흐름] [판단] [함수]

 쏙쏙! 코드 이해하기

- 매개 변수에 '1'을 입력하면 '좀비1' 머리 위에 위치한 '게이지1'의 모양이 변경돼요.
- '좀비게이지' 리스트의 항목 값은 모두 '10'이에요. '총알'이 '좀비'에 닿으면 '좀비게이지' 값이 '1'씩 줄어들거요.
- '좀비게이지' 리스트의 항목 값이 줄어들면 값에 따라 '게이지'의 모양을 변경하여 '게이지'가 줄어드는 모습을 표현할 수 있어요.

❹ 프로그램이 완성되면 실행하고 '총알'을 발사하여 '좀비'를 물리쳐 봅니다.

CHAPTER 20 좀비 HP 줄이기 _ **159**

20 스스로 코딩

• 예제 파일 : 20강 유령 잡기(예제).ent   • 완성 파일 : 20강 유령 잡기(완성).ent

 예제 파일을 불러와 '유령 게이지'에 따라 배경이 변경되도록 코딩해 보세요.

 배경
① '유령 게이지' 리스트에 '3'개의 항목을 추가해요.
② '유령 게이지' 리스트의 항목 수와 '제거 횟수' 변숫값이 같으면 낮으로 변경돼요.
③ 낮이 되면 프로그램이 종료돼요.

 '유령'을 클릭하면 '게이지'가 감소하도록 코딩해 보세요.

유령1, 게이지1
① '유령'은 랜덤 시간 동안 기다린 후 나타나 랜덤의 방향으로 이동해요.
② '유령'을 클릭하면 '유령 게이지' 리스트의 항목 값을 '1'만큼 감소해요.
③ 항목 값이 '1'보다 작으면 '제거 횟수' 변숫값을 '1'만큼 증가해요.
④ '게이지'는 '유령 게이지' 리스트의 항목 값으로 모양을 변경해요.

| 힌트 | • '유령1', '게이지1' 오브젝트를 '2'개씩 복제하여 '3'개의 '유령'과 '게이지'를 만들어 보세요.
• 복제된 '유령', '게이지' 오브젝트를 선택하고 '유령 게이지' 리스트의 항목과 '게이지표시' 신호를 변경해 보세요.

21 아이디 생성하기

학습목표
- 가입하기 버튼을 클릭하면 가입할 아이디와 비밀번호를 질문해요.
- 입력한 대답을 사용자 아이디, 사용자 비밀번호 리스트에 추가해요.
- 사용자 아이디가 중복되면 다른 아이디를 입력하도록 질문해요.

오늘의 작품은?

신비로운 마을을 여행하려면 마을에 로그인할 수 있는 아이디가 필요해요. 가입하기 버튼을 클릭해 사용할 아이디와 비밀번호를 리스트에 추가해 보세요. 단, 이미 사용 중인 아이디를 입력하면 가입할 수 없으니 주의하세요!

• 예제 파일 : 21강 아이디 생성하기(예제).ent   • 완성 파일 : 21강 아이디 생성하기(완성).ent

 주요 블록

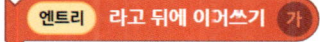

1 가입 기능 설정하기

가입하기 버튼을 클릭하면 아이디와 비밀번호를 생성하도록 해보세요.

 **가입하기 버튼** : '가입하기 버튼'을 클릭하면 아이디를 생성할 수 있어요.

❶ '21강 아이디 생성하기(예제).ent' 파일을 불러와 '가입하기 버튼'을 클릭하면 '가입시작' 신호를 보내고 화면에서 모양을 숨기도록 그림과 같이 코드를 완성합니다.

 **입력창** : 프로그램이 시작되면 '입력창'이 보이지 않아요.

❷ 프로그램이 시작되면 화면에서 모양을 숨기도록 그림과 같이 코드를 완성합니다.

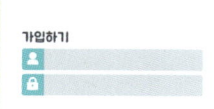

입력창 : '가입시작' 신호를 받으면 아이디와 비밀번호를 생성할 수 있는 창이 나타나요.

❸ '가입시작' 신호를 받으면 '가입 이미지' 모양으로 변경한 후 화면에 나타나도록 그림과 같이 코드를 완성합니다.

시작 생김새

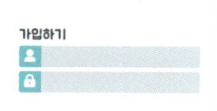

입력창 : '완료' 신호를 받으면 '입력창'이 다시 사라져요.

❹ '완료' 신호를 받으면 다시 화면에서 모양을 숨기도록 그림과 같이 코드를 완성합니다.

시작 생김새

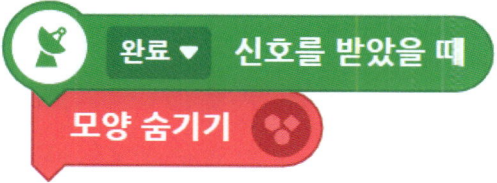

Tip

평상시에는 '입력창'을 화면에서 숨겼다가 아이디를 생성할 때만 나타나도록 설정해요.

 안내 : 가입할 아이디와 비밀번호를 입력 받아 가입을 도와줘요.

❺ 프로그램이 시작되면 화면에서 '대답'과 모양을 숨기도록 그림과 같이 코드를 완성합니다.

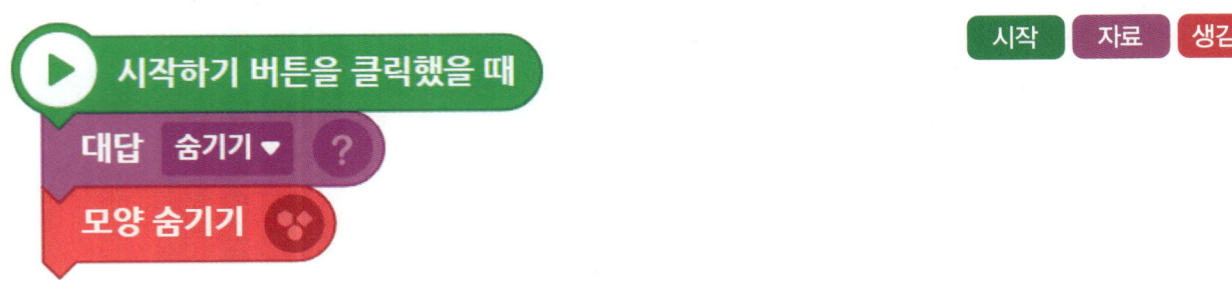

❻ '가입시작' 신호를 받으면 화면에 나타나도록 그림과 같이 코드를 완성합니다.

❼ 이어서 "가입할 아이디를 입력하세요."를 묻고 대답을 기다리도록 그림과 같이 코드를 완성합니다.

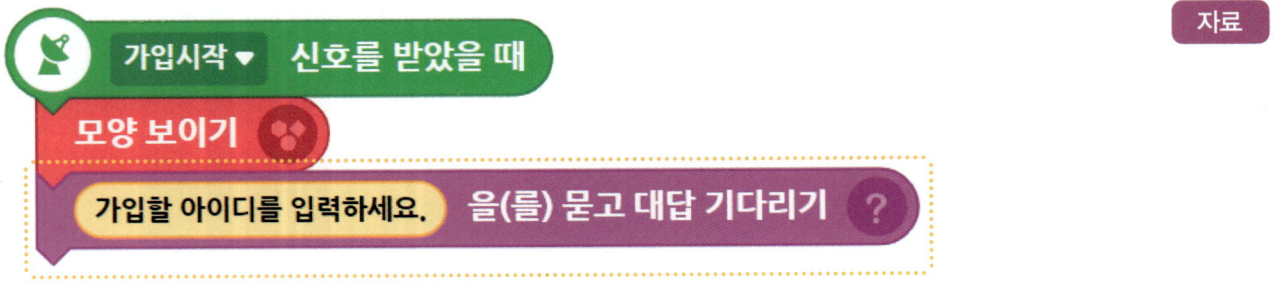

❽ 입력한 '대답'이 '사용자 아이디' 리스트에 포함되어 있으면 "입력한 아이디를 사용할 수 없습니다. 다른 아이디를 입력하세요."를 묻고 대답을 기다리도록 그림과 같이 코드를 완성합니다.

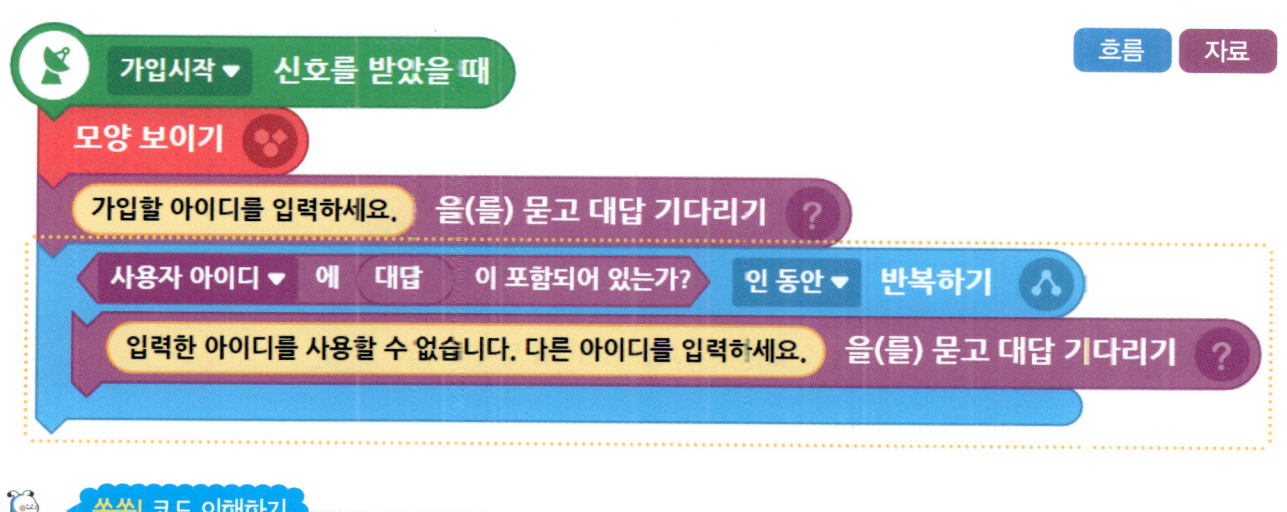

쏙쏙! 코드 이해하기

입력한 아이디가 '사용자 아이디' 리스트에 있다면 다른 사용자가 사용 중인 아이디라는 뜻이므로 다른 아이디를 입력받아요.

❾ 아이디가 중복되지 않으면 입력한 '대답'을 '사용자 아이디' 리스트에 추가하고 '아이디 표시' 신호를 보내도록 그림과 같이 코드를 완성합니다.

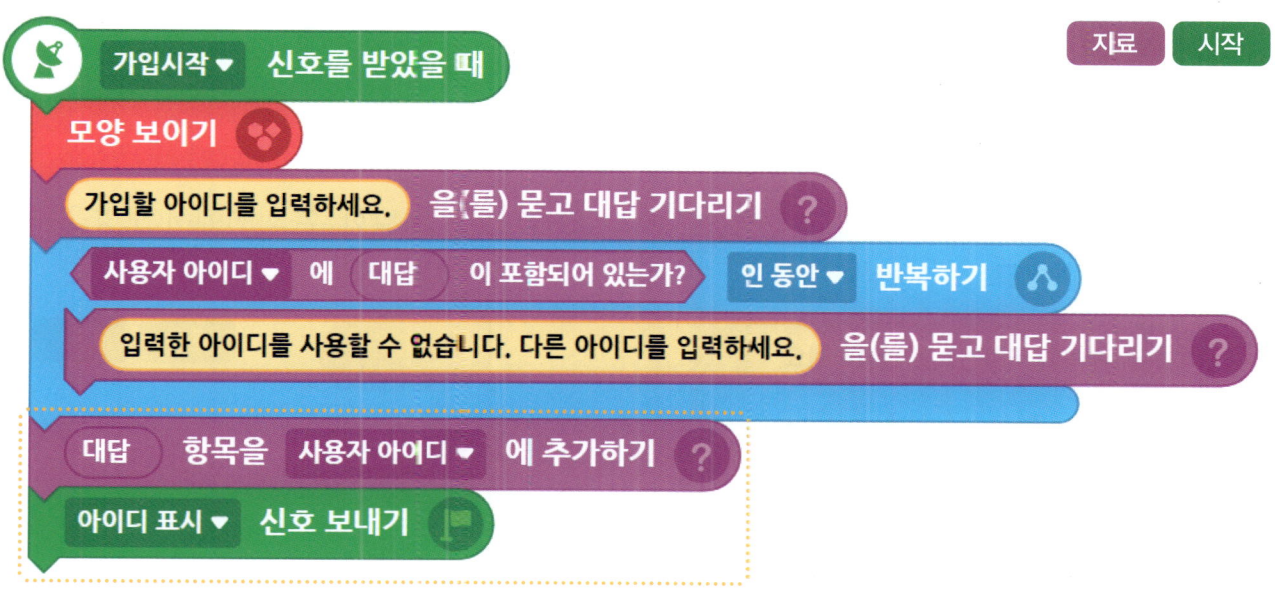

⑩ 이어서 "사용할 비밀번호를 입력하세요."를 묻고 입력한 '대답'을 '사용자 비밀번호' 리스트에 추가한 후 '비밀번호 표시' 신호를 보내도록 그림과 같이 코드를 완성합니다.

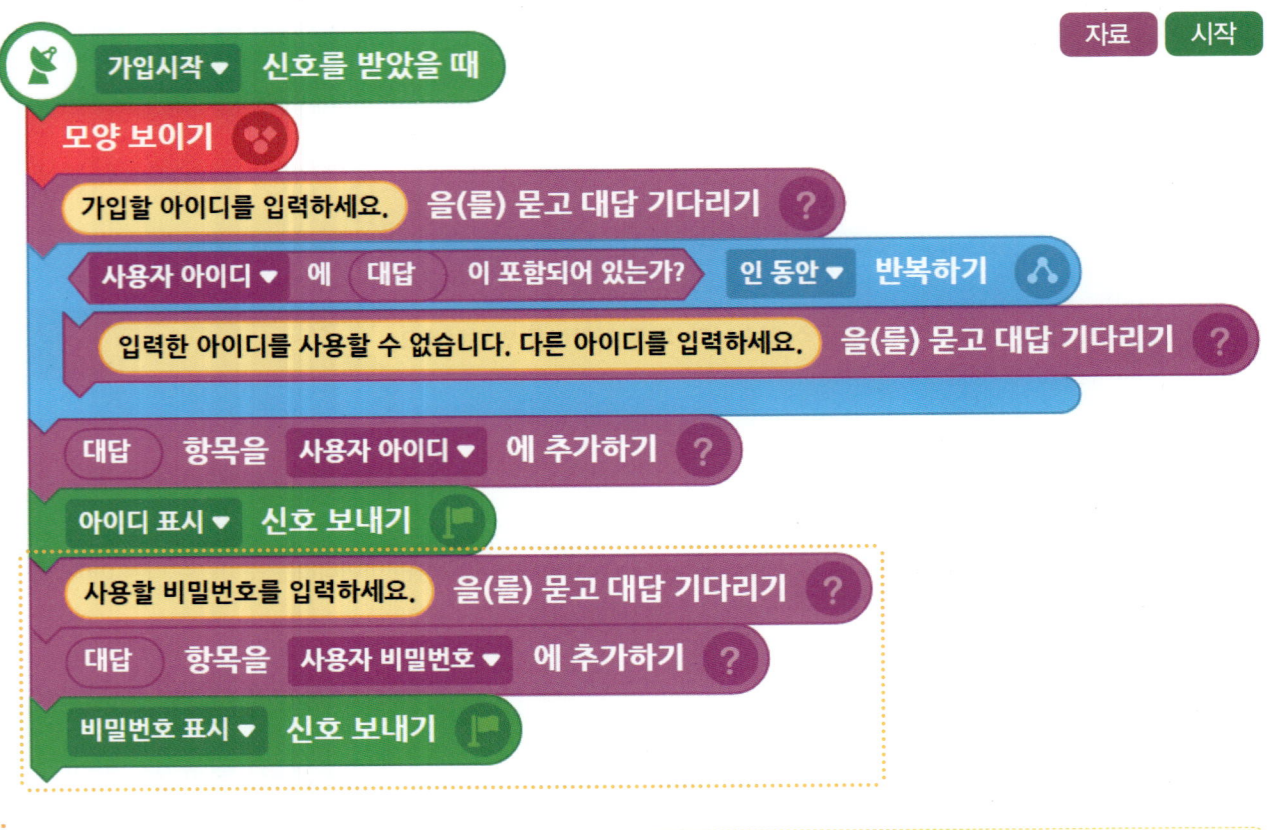

Tip 비밀번호는 다른 사용자와 동일해도 문제가 없기 때문에 '사용자 비밀번호' 리스트에 같은 항목이 있어도 비밀번호를 다시 입력 받지 않아요.

⑪ '1'초 후 '완료' 신호를 보내고 "가입이 완료되었습니다."를 말한 후 화면에서 모양을 숨기도록 그림과 같이 코드를 완성합니다.

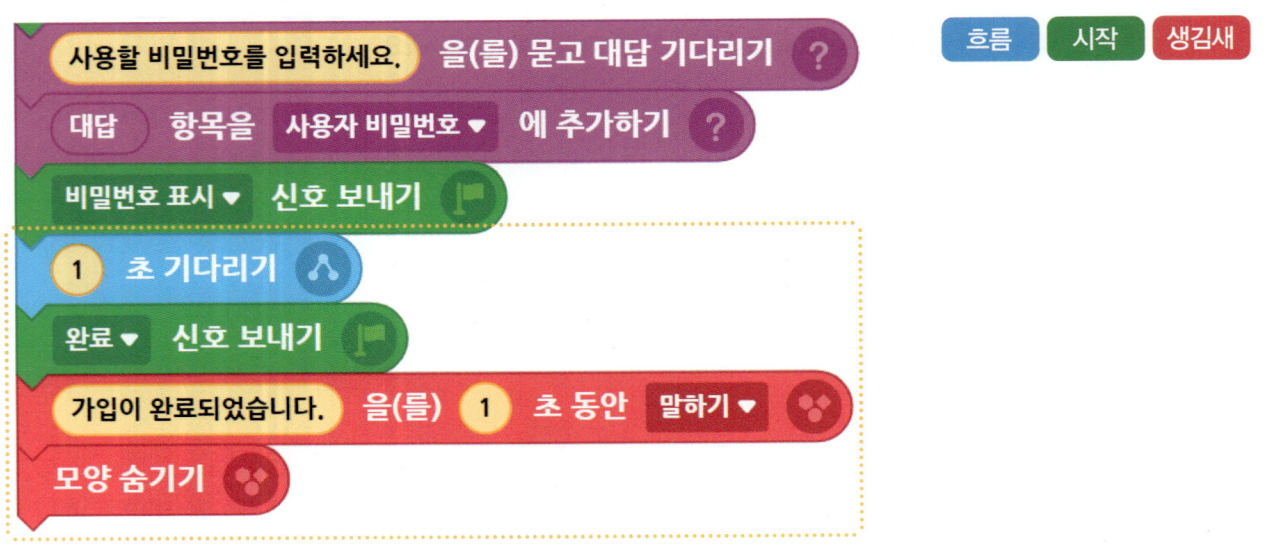

아이디와 비밀번호 표시하기
입력한 아이디와 비밀번호가 입력창에 나타나도록 해보세요.

| A | 아이디 : '입력창'에 입력한 아이디가 나타나요. |

 프로그램이 시작되면 화면에서 모양을 숨기도록 그림과 같이 코드를 완성합니다.

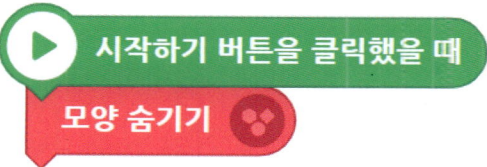

② '아이디 표시' 신호를 받으면 입력한 '대답'을 글상자에 입력하여 화면에 나타나도록 그림과 같이 코드를 완성합니다.

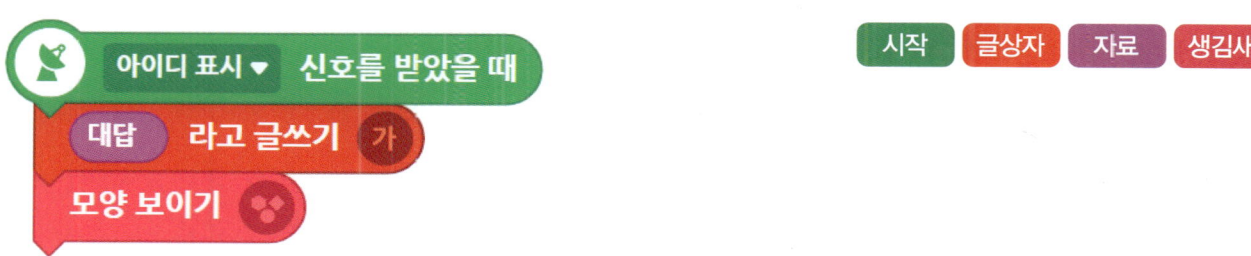

③ '완료' 신호를 받으면 입력된 '대답'을 글상자에서 삭제하고 다시 화면에서 모양을 숨기도록 그림과 같이 코드를 완성합니다.

| A | 비밀번호 : '입력창'에 입력한 비밀번호가 '*' 표시로 나타나요. |

④ 프로그램이 시작되면 화면에서 모양을 숨기도록 그림과 같이 코드를 완성합니다.

⑤ '비밀번호 표시' 신호를 받으면 글상자에 입력된 내용을 모두 삭제하고 입력한 '대답'의 글자 수만큼 반복하여 '*'가 나타나도록 그림과 같이 코드를 완성합니다.

⑥ '완료' 신호를 받으면 글상자에 입력된 내용을 모두 삭제하고 다시 화면에서 모양을 숨기도록 그림과 같이 코드를 완성합니다.

⑦ 프로그램이 완성되면 실행하여 가입할 아이디와 비밀번호를 생성해 봅니다.

21 스스로 코딩

• 예제 파일 : 21강 닉네임 설정하기(예제).ent   • 완성 파일 : 21강 닉네임 설정하기(완성).ent

미션 1 예제 파일을 불러와 '버튼'을 클릭하여 닉네임을 생성하도록 코딩해 보세요.

   버튼

① '닉네임' 리스트와 '생성 확인' 신호를 생성하고 리스트를 화면에서 숨겨요.
② '버튼'을 클릭하면 사용할 닉네임을 입력해요.
③ 입력한 '대답'이 '닉네임' 리스트에 포함되어 있으면 다른 닉네임을 입력해요.
④ 입력한 '대답'을 '닉네임' 리스트에 추가해요.

미션 2 닉네임을 입력하면 닉네임에게 인사를 하도록 코딩해 보세요.

    접속 확인

① '생성 확인' 신호를 받으면 입력한 '대답'과 "님 반갑습니다."를 합쳐요.
② 합친 내용이 글상자에 기록되어 화면에 나타나요.

22 로그인 설정하기

학습목표
- 로그인 버튼을 클릭했을 때 모양 이름이 로그인이면 로그인 신호를 보내요.
- 사용자 아이디 리스트의 순서 변숫값 번째 항목이 대답이면 반복을 중단해요.
- 사용자 비밀번호 리스트의 순서 변숫값 번째 항목이 대답이면 로그인할 수 있어요.

오늘의 작품은?

신비로운 마을에 접속하기 위해 이전에 생성한 아이디와 비밀번호를 입력해 봐요. 아이디를 잘못 입력하면 신비로운 마을에 접속할 수 없어요. 물론 아이디를 생성할 때 설정한 비밀번호도 정확하게 입력해야 해요. 그럼 지금부터 신비로운 마을에 접속하기 위해 아이디와 비밀번호를 입력해 볼까요?

- 예제 파일 : 22강 로그인 설정하기(예제).ent
- 완성 파일 : 22강 로그인 설정하기(완성).ent

주요 블록

- 로그인 버튼▼ 의 모양 이름▼
- 엔트리 라고 글쓰기 가
- 순서▼ 값
- 사용자 비밀번호▼ 에 10 이 포함되어 있는가?
- 사용자 비밀번호▼ 의 1 번째 항목

1 로그인 설정하기

리스트를 이용하여 로그인 버튼을 클릭하면 로그인을 할 수 있도록 해보세요.

❶ '22강 로그인 설정하기(예제).ent' 파일을 불러와 [속성] 탭에서 '아이디', '순서' 변수와 '로그인', '로그아웃', '로그인 설정' 신호를 생성한 후 변수를 화면에서 숨깁니다.

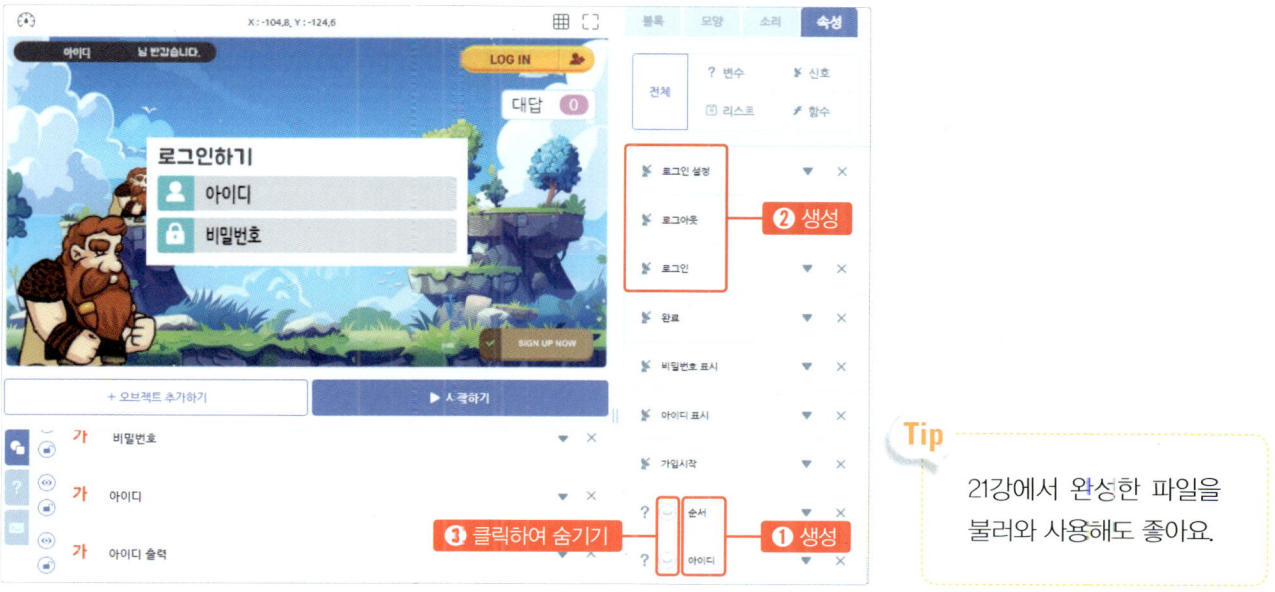

> **Tip**
> 21강에서 완성한 파일을 불러와 사용해도 좋아요.

로그인 버튼 : '로그인 버튼'을 클릭하면 '로그인' 또는 '로그아웃' 신호를 보내요.

❷ '로그인 버튼'을 클릭했을 때 '로그인 버튼'의 모양 이름이 '로그인'이면 '로그인' 신호를 보내도록 그림과 같이 코드를 완성합니다.

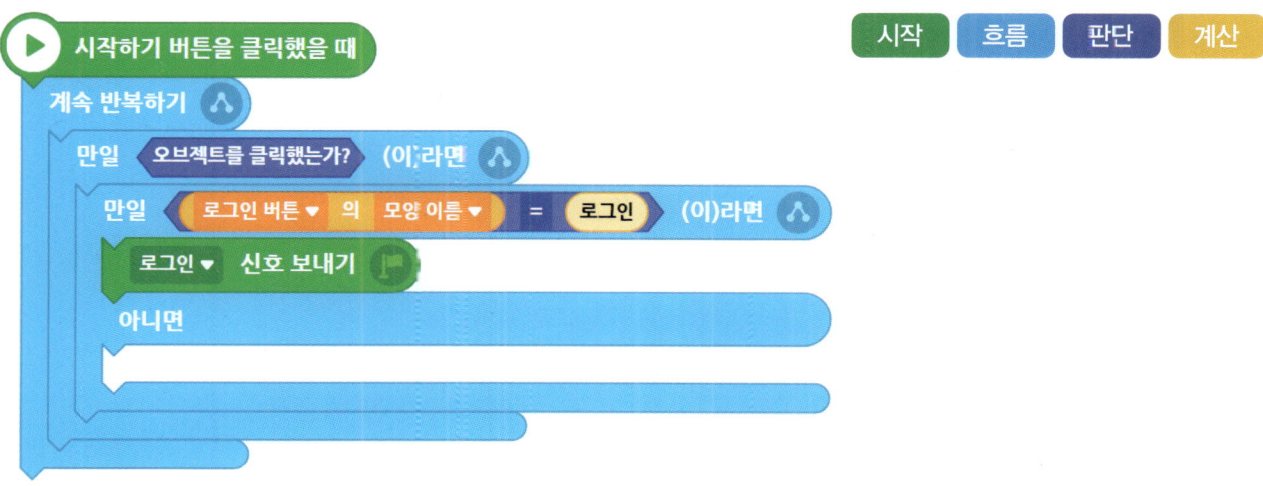

❸ '로그인 버튼'의 모양 이름이 '로그인'이 아니면 '로그아웃' 신호를 보내고 '로그인' 모양으로 변경되도록 그림과 같이 코드를 완성합니다.

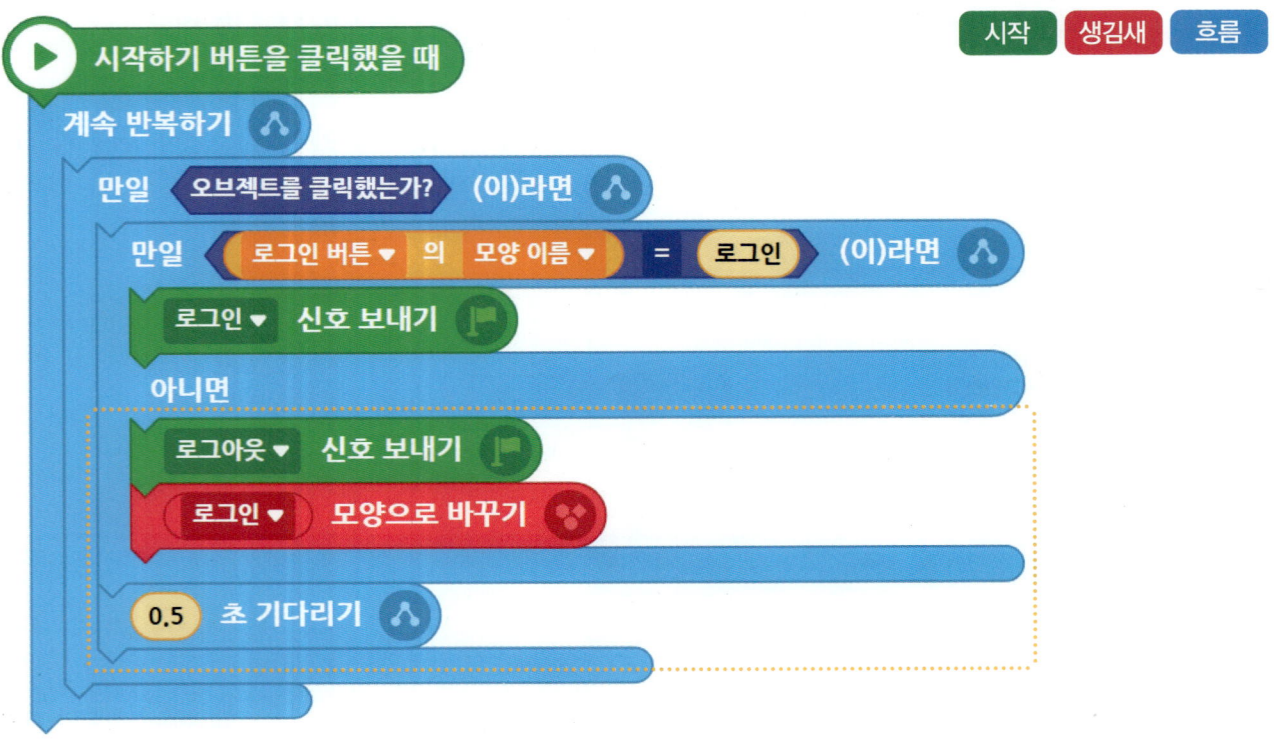

쏙쏙! 코드 이해하기

'로그인 버튼'의 모양 이름이 '로그인'이면 아이디를 입력해 로그인할 수 있도록 '로그인' 신호를 보내고 모양 이름이 '로그인'이 아니면 로그인 상태이므로 '로그아웃' 신호를 보내 프로그램에서 로그아웃한 후 다시 로그인할 수 있도록 모양을 '로그인'으로 변경해요.

❹ '로그인 설정' 신호를 받으면 '로그아웃' 모양으로 변경되도록 그림과 같이 코드를 완성합니다.

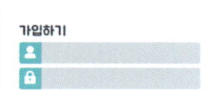
입력창 : '로그인' 신호를 받으면 '입력창'이 나타나요.

❺ '로그인' 신호를 받으면 '로그인 이미지' 모양이 화면에 나타나도록 그림과 같이 코드를 완성합니다.

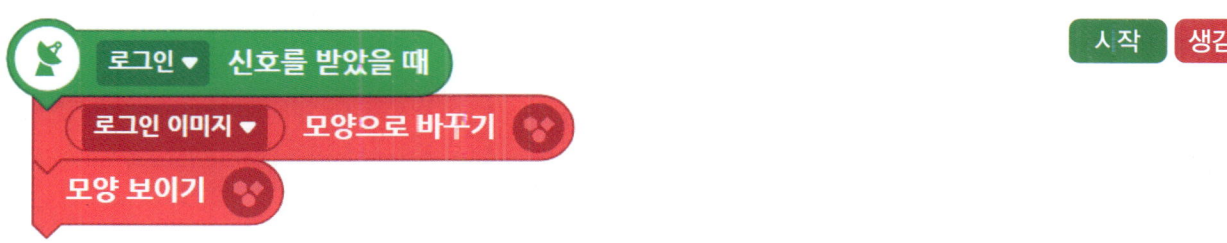

안내 : '로그인' 신호를 받으면 아이디와 비밀번호를 입력 받아 로그인을 도와줘요.

❻ '로그인' 신호를 받으면 아이디를 끌고 입력한 '대답'이 '사용자 아이디' 리스트에 포함되어 있지 않으면 아이디를 다시 입력하도록 그림과 같이 코드를 완성합니다.

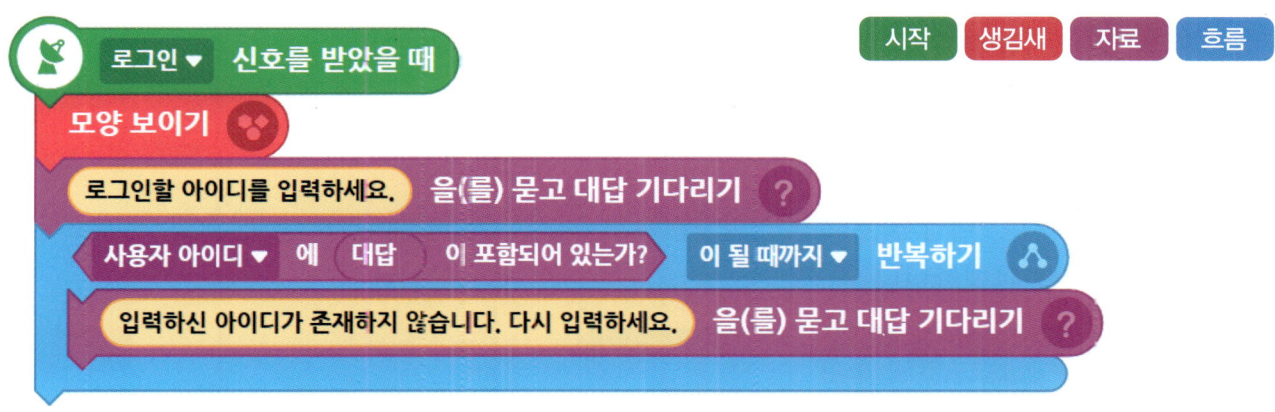

Tip
- 예제 파일의 '사용자 아이디' 리스트에 기록되어 있는 아이디는 'haerambs'예요.
- '사용자 아이디', '사용자 비밀번호' 리스트에 항목을 추가하여 여러 개의 아이디와 비밀번호를 만들어도 좋아요.

❼ 입력한 '대답'이 '사용자 아이디' 리스트에 있으면 '사용자 아이디' 리스트 중 몇 번째 항목에 있는지 확인하고 반복을 중단하도록 그림과 같이 코드를 완성합니다.

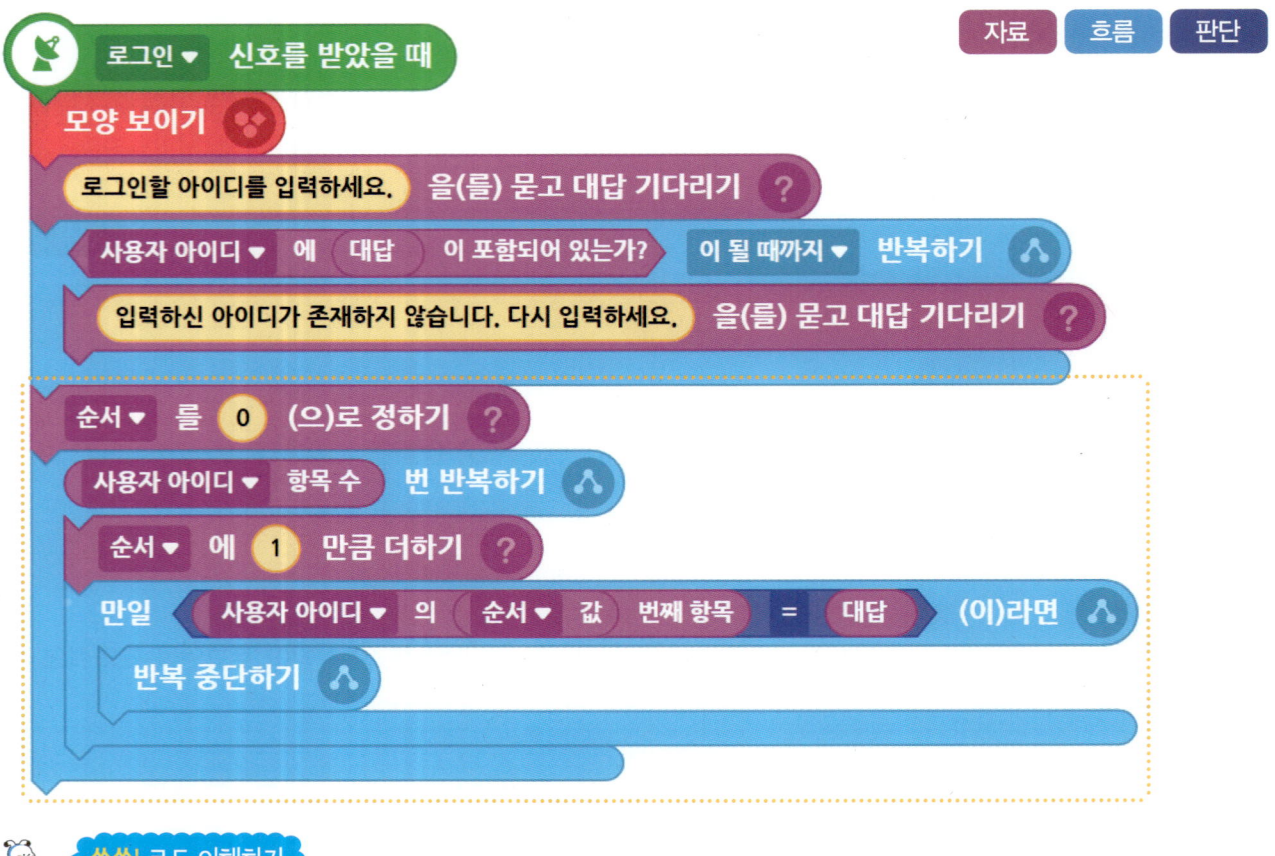

쏙쏙! 코드 이해하기

- '순서' 변수를 활용하여 '사용자 아이디' 리스트의 모든 항목을 확인해요.
- '사용자 아이디' 리스트에 입력한 '대답'과 같은 항목이 있으면 반복을 중단하여 해당 위치를 '순서' 변수에 저장해요.

❽ 이어서 입력한 '대답'을 '아이디' 변숫값으로 지정하고 '아이디 표시' 신호를 보내도록 그림과 같이 코드를 완성합니다.

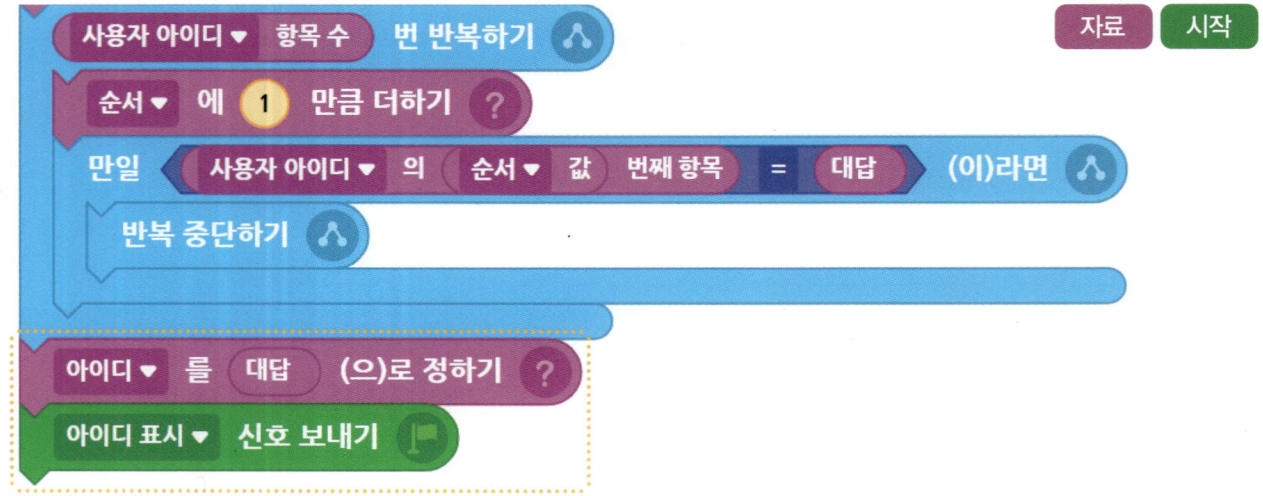

❾ 이어서 비밀번호를 묻고 입력한 '대답'이 '사용자 비밀번호' 리스트의 '순서' 변숫값 번째 항목과 같을 때까지 다시 비밀번호를 묻고 '비밀번호 표시' 신호를 보내도록 그림과 같이 코드를 완성합니다.

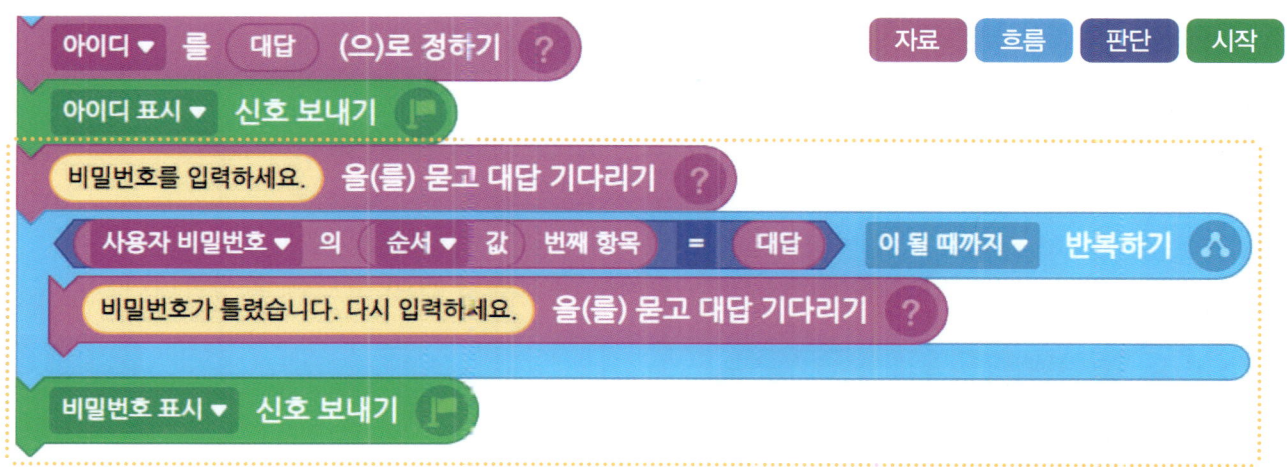

 쏙쏙! 코드 이해하기

- 아이디와 비밀번호는 '사용자 아이디', '사용자 비밀번호' 리스트의 같은 순서에 저장되어 있기 때문에 '순서' 변수를 활용하여 사용자 아이디에 맞는 사용자 비밀번호를 확인하도록 해요.
- 예제 파일에서 설정되어 있는 'haerambs' 아이디에 맞는 비밀번호는 '123456789'예요.

❿ '완료', '로그인 설정' 신호를 보내고 로그인에 성공했음을 알린 후 화면에서 모양을 숨기도록 그림과 같이 코드를 완성합니다.

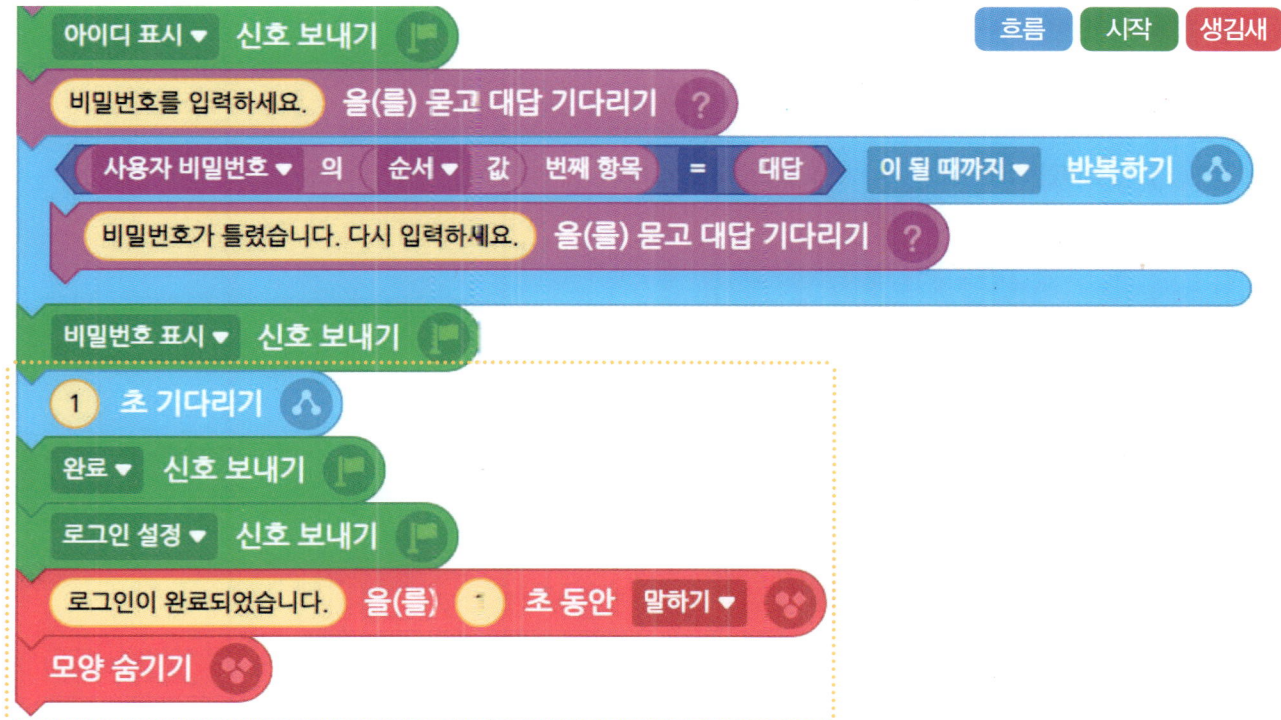

CHAPTER 22 로그인 설정하기 _ **175**

2 아이디 표시하기

로그인이 완료되면 화면에 아이디가 나타나도록 해보세요.

| A | 아이디 출력 : 로그인이 완료되면 입력한 아이디가 화면에 나타나요. |

❶ 프로그램이 시작되면 화면에서 모양을 숨기도록 그림과 같이 코드를 완성합니다.

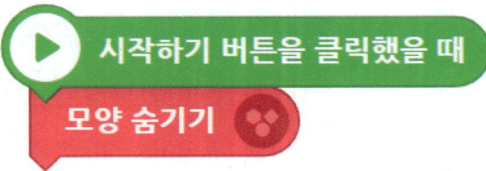

❷ '로그인 설정' 신호를 받으면 '아이디' 변숫값을 글상자에 기록한 후 화면에 나타나도록 그림과 같이 코드를 완성합니다.

 쏙쏙! 코드 이해하기

앞서 입력한 아이디를 '아이디' 변숫값으로 지정했어요.

❸ '로그아웃' 신호를 받으면 글상자의 내용을 모두 삭제하고 화면에서 모양을 숨기도록 그림과 같이 코드를 완성합니다.

3 가입하기 버튼 설정하기

로그인되면 화면에서 사라지고 로그아웃되면 다시 나타나도록 해보세요.

 **가입하기 버튼** : 로그인되면 화면에서 사라지고 로그아웃되면 다시 화면에 나타나요.

❶ '로그인' 신호를 받으면 화면에서 고양을 숨기도록 그림과 같이 코드를 완성합니다.

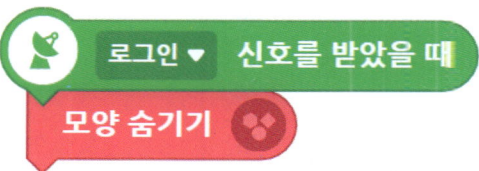

시작 생김새

❷ '로그아웃' 신호를 받으면 화면에 나타나 '가입하기 버튼'을 클릭하면 다시 가입할 수 있도록 그림과 같이 코드를 완성합니다.

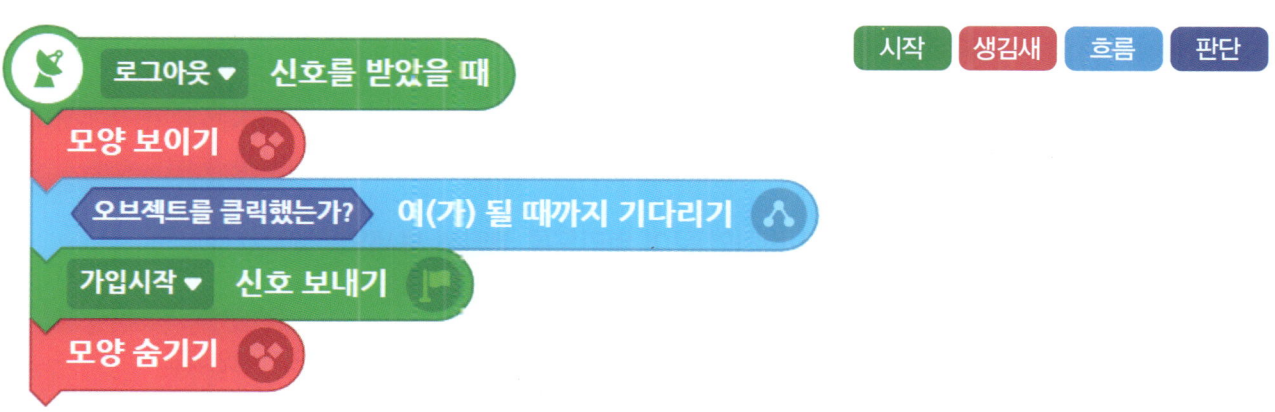

시작 생김새 흐름 판단

 쏙쏙! 코드 이해하기

- '로그아웃' 신호를 받으면 다시 가입할 수 있도록 '가입하기 버튼'을 실행 화면에 표시해요.
- '가입하기 버튼'을 클릭하면 '가입시작' 신호를 보내 다시 아이디와 비밀번호를 생성하여 가입할 수 있어요.

❸ 프로그램이 완성되면 실행하고 아이디와 비밀번호를 입력하여 로그인해 봅니다.

• 예제 파일 : 22강 도어락 열기(예제).ent　　• 완성 파일 : 22강 도어락 열기(완성).ent

미션 1 예제 파일을 불러와 '도어락'을 클릭하면 비밀번호를 입력하도록 코딩해 보세요.

도어락

① '사용자', '비밀번호' 리스트와 '순서' 변수를 생성해요.
② '사용자', '비밀번호' 리스트 항목에 사용자와 비밀번호를 추가해요.
③ '도어락'을 클릭해 비밀번호를 입력해요.
④ '대답'이 '비밀번호' 리스트에 포함되어 있지 않으면 다시 비밀번호를 입력해요.

| 힌트 | [속성] 탭에서 '사용자', '비밀번호' 리스트를 각각 선택하고 [리스트 불러오기]를 클릭하여 사용자와 비밀번호를 추가해 보세요.

미션 2 정확한 비밀번호를 입력하면 문이 열리도록 코딩해 보세요.

도어락

① '비밀번호' 리스트의 '순서' 변숫값 번째 항목이 '대답'인지 확인해요.
② '비밀번호' 리스트의 '순서' 변숫값 번째 항목이 '대답'이면 해당 사용자에게 문이 열렸음을 안내해요.

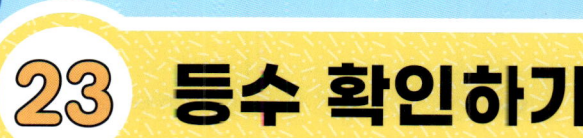
23 등수 확인하기

학습목표
- 아이디와 점수를 입력하면 점수 순서대로 아이디, 점수 리스트에 항목을 추가해요.
- 순위 확인 버튼을 클릭하면 순위가 출력돼요.
- 글상자를 이용해 등수별로 점수 리스트의 항목을 표시해요.

오늘의 작품은?

재미있게 게임을 마친 친구들은 게임 순위가 궁금했어요. "누가 1등이야?", "나는 몇 등이야?" 민수는 친구들에게 말했어요. "잠깐! 내가 리스트를 이용해 만든 프로그램에 점수를 입력하면 순위를 확인할 수 있어!"
민수가 친구들의 아이디와 게임 점수를 입력하자 순위별로 자료가 정렬됐어요.

• 예제 파일 : 23강 등수 확인하기(예제).ent   • 완성 파일 : 23강 등수 확인하기(완성).ent

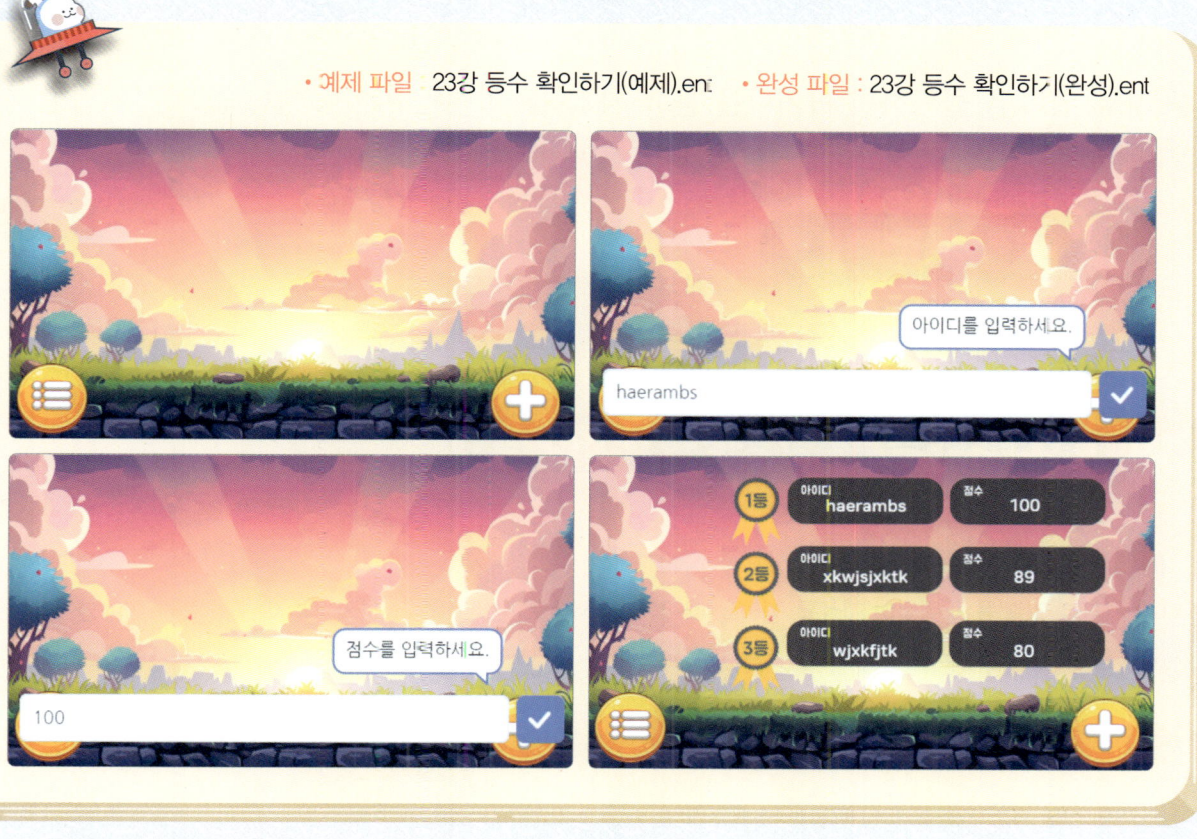

 주요 블록

`10` `을(를)` `아이디▼` `의` `10` `번째에 넣기`   `점수▼` `의` `10` `번째 항목`   `입력된 아이디▼` `값`   `10` `+` `10`

1 아이디와 점수 입력하기

자료 입력을 클릭하면 리스트에 아이디와 점수를 추가하도록 해보세요.

 **자료 입력** : '자료 입력'을 클릭하면 아이디와 점수를 입력할 수 있어요.

❶ '23강 등수 확인하기(예제).ent' 파일을 불러와 프로그램이 시작되면 화면에서 '대답'을 숨기도록 그림과 같이 코드를 완성합니다.

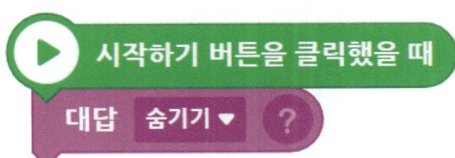

❷ '자료 입력'을 클릭하면 아이디를 묻고 '대답'을 '입력된 아이디' 변숫값으로 지정한 후 점수를 묻도록 그림과 같이 코드를 완성합니다.

 쏙쏙! 코드 이해하기

'자료 입력'을 클릭하여 자료를 정리할 때 점수 순서대로 정렬을 해야 하기 때문에 입력한 아이디를 먼저 '입력된 아이디' 변숫값으로 지정해요.

❸ '아이디' 리스트에 항목이 없다면 '입력된 아이디' 변숫값을 '아이디' 리스트에 바로 추가하고 '대답'을 '점수' 리스트에 추가하도록 그림과 같이 코드를 완성합니다.

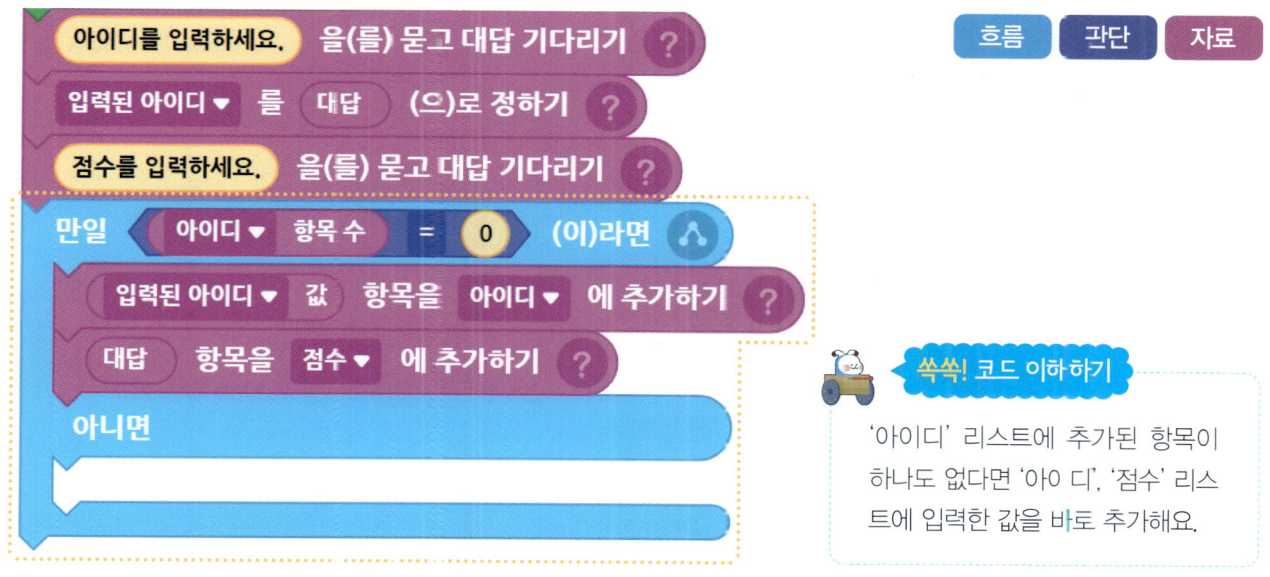

❹ '아이디' 리스트에 항목이 있다면 '순서' 변수를 활용해 '점수' 리스트의 이전 항목과 입력한 '대답'을 비교하여 점수대로 정렬되도록 그림과 같이 코드를 완성합니다.

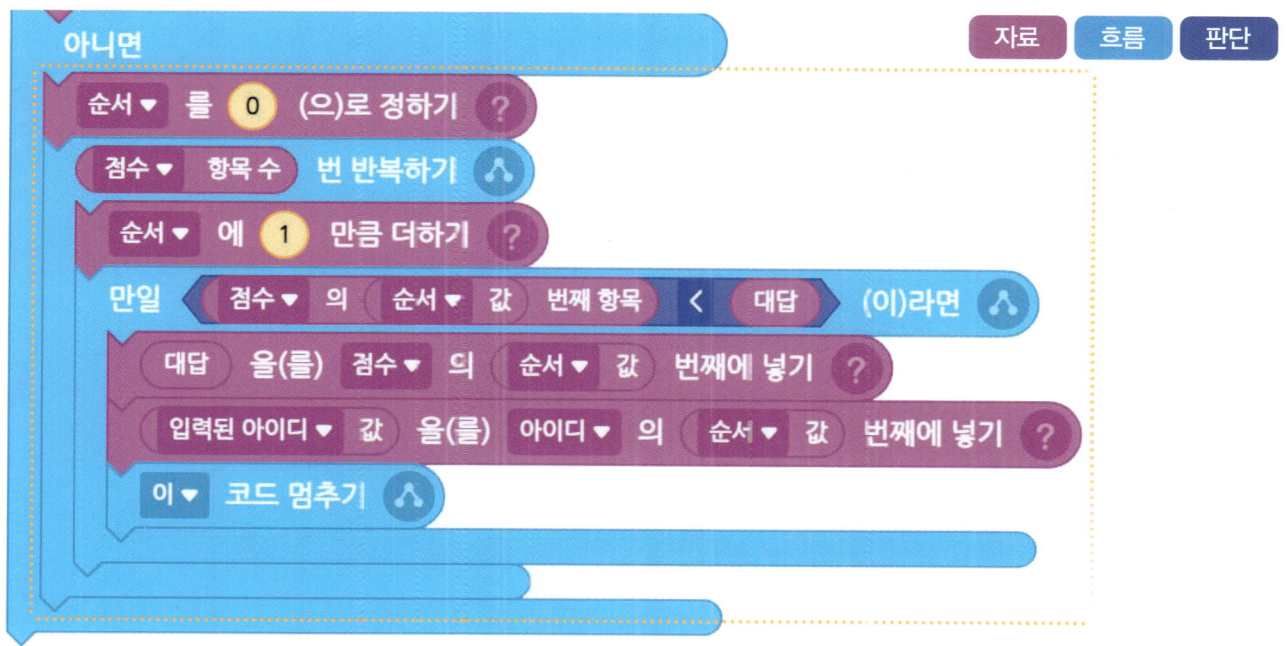

 쏙쏙! 코드 이해하기

- '순서' 변숫값을 활용하여 '점수' 리스트에 기록된 항목을 하나씩 비교해요. '점수' 리스트에 추가되어 있는 항목이 '대답'보다 작으면 입력된 값을 현재 항목에 추가하고 코드를 멈춰요.
- 이전 항목보다 큰 항목의 값을 현재 항목에 추가하면 높은 점수가 가장 위쪽 항목에 기록되기 때문에 1등부터 순위를 표시할 수 있어요.

❺ 입력한 '대답'이 '점수' 리스트의 모든 항목보다 작으면 입력한 값이 '점수', '아이디' 리스트의 마지막 항목에 추가되도록 그림과 같이 코드를 완성합니다.

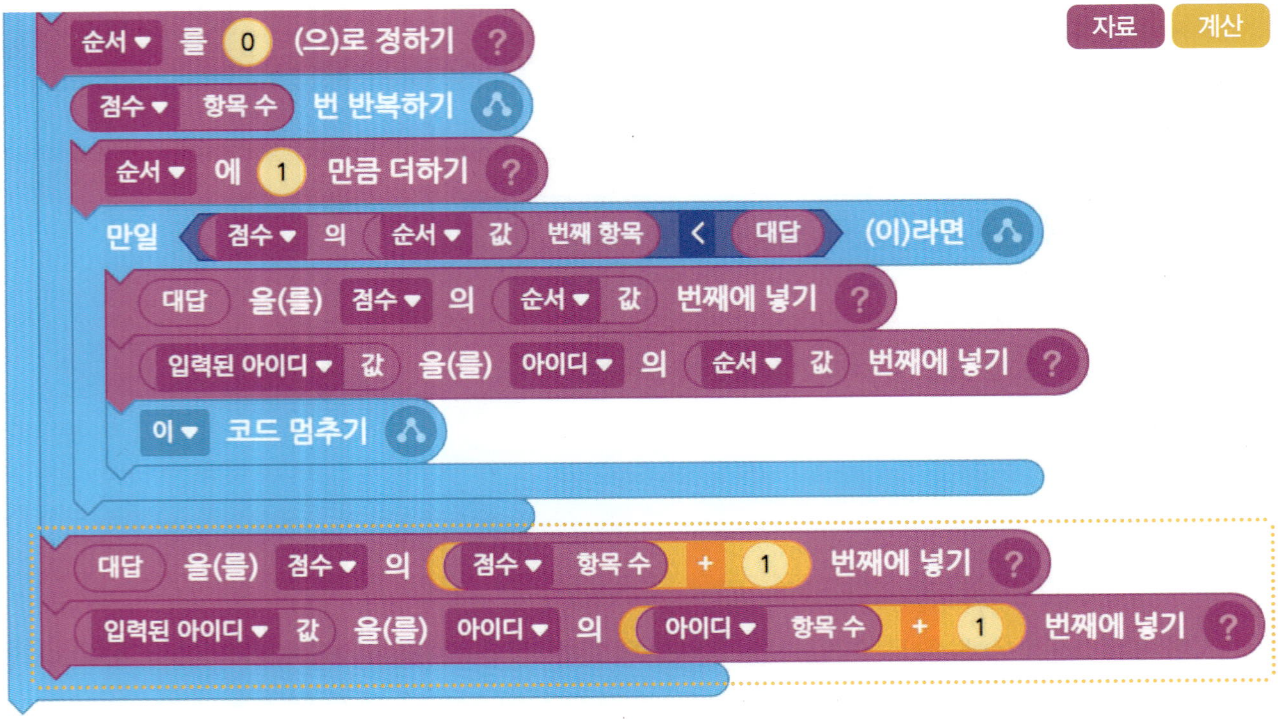

쏙쏙! 코드 이해하기

입력받은 '대답'이 '점수' 리스트의 모든 항목 값보다 작으면 '점수' 리스트 마지막 항목에 추가해요.

❻ 아이디와 점수 입력이 완료되면 '1'초 동안 "입력 완료"를 말하도록 그림과 같이 코드를 완성합니다.

2 등수 표시하기

순위 확인을 클릭하면 등수별로 화면에 아이디와 점수가 나타나도록 해보세요.

 순위 확인 : '순위 확인'을 클릭하면 1등~3등의 아이디와 점수가 나타나요.

❶ '순위 확인'을 클릭했을 때 '아이디' 리스트에 추가된 항목이 없다면 "정렬할 자료가 없습니다."를 말하고 아니면 '랭킹 출력' 신호를 보내도록 그림과 같이 코드를 완성합니다.

 등수 표시 : '랭킹 출력' 신호를 받으면 '등수 표시' 판이 나타나요.

❷ 프로그램이 시작되면 화면에서 드양을 숨기고 '랭킹 출력' 신호를 받으면 나타나도록 그림과 같이 코드를 완성합니다.

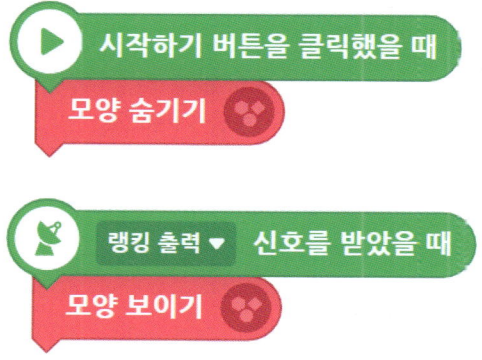

A	'1등 아이디'~'3등 아이디' : '랭킹 출력' 신호를 받으면 1등~3등의 아이디가 나타나요.

❸ '1등 아이디'~'3등 아이디' 오브젝트를 각각 선택하고 '랭킹 출력' 신호를 받았을 때 '아이디' 리스트의 항목 수가 해당 등수보다 크거나 같으면 글상자에 해당 아이디가 입력되도록 그림과 같이 코드를 완성합니다.

▲ '1등 아이디' 오브젝트

▲ '2등 아이디' 오브젝트

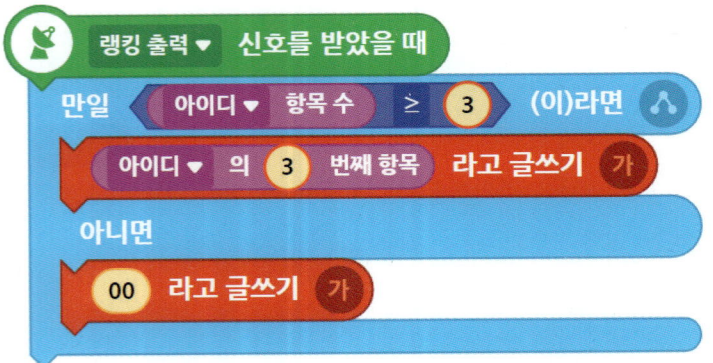

▲ '3등 아이디' 오브젝트

쏙쏙! 코드 이해하기

- 아이디와 점수를 리스트에 추가할 때 '점수' 순서대로 항목을 정리했어요.
- 항목 수가 '1'개 이상이면 '1'등의 항목이 있다는 뜻으로, 항목 수가 '1'보다 많으면 1번째 항목(1등)을 기록해요.
- 마찬가지로 항목 수가 '2'개, '3'개 이상이면 '2'등, '3'등의 항목이 있다는 뜻으로, 2번째, 3번째 항목을 기록해요.

A	'1등 점수'~'3등 점수' : '랭킹 출력' 신호를 받으면 1등~3등의 점수가 나타나요.

❹ '1등 점수'~'3등 점수' 오브젝트를 각각 선택하고 '랭킹 출력' 신호를 받았을 때 '점수' 리스트의 항목 수가 해당 등수보다 크거나 같으면 글상자에 해당 점수가 입력되도록 그림과 같이 코드를 완성합니다.

▲ '1등 점수' 오브젝트

▲ '2등 점수' 오브젝트

▲ '3등 점수' 오브젝트

❺ 프로그램이 완성되면 실행하여 아이디와 점수를 입력하고 1등~3등을 확인해 봅니다.

23 스스로 코딩

• 예제 파일 : 23강 노래방 랭킹(예제).ent   • 완성 파일 : 23강 노래방 랭킹(완성).ent

미션 1 예제 파일을 불러와 노래 제목과 점수가 추가되도록 코딩해 보세요.

 결과 입력

① '결과 입력'을 클릭하면 노래 제목과 점수를 '제목', '점수' 리스트에 추가해요.
② '순서' 변수를 활용하여 '점수' 리스트의 항목과 '대답'을 비교해요.
③ '대답'이 '점수' 리스트의 항목보다 크면 현재 위치에 점수를 추가해요.
④ '대답'이 '점수' 리스트의 모든 항목보다 작으면 마지막 항목에 점수를 추가해요.

미션 2 1등~3등의 노래 제목과 점수가 나타나도록 코딩해 보세요.

  '1등 제목'~ '1등 점수'

① '제목' 리스트의 항목 수가 '1' 이상이면 1번째 항목을 글상자에 기록해요.
② '점수' 리스트의 항목 수가 '1' 이상이면 1번째 항목을 글상자에 기록해요.
③ '2등 제목'~'3등 제목', '2등 점수'~'3등 점수'도 해당 제목과 점수를 표시해요.

24 점수대로 정렬하기

학습목표
- 내림차순을 클릭하면 점수가 높은 순서부터 차례대로 정렬돼요.
- 오름차순을 클릭하면 점수가 낮은 순서부터 차례대로 정렬돼요.

오늘의 작품은?

아이디별 게임 점수를 확인하던 민아가 말했어요. "점수가 제일 높은 아이디가 뭐야?"
아린이는 점수를 내림차순으로 정렬해 민아에게 보여주며 말했어요.
"리스트를 활용하면 점수를 오름차순 또는 내림차순으로 정렬할 수 있어."
아린이는 이번에는 점수를 오름차순으로 정렬해 민아에게 보여줬어요.

- 예제 파일 : 24강 자료 정렬하기(예제).ent
- 완성 파일 : 24강 자료 정렬하기(완성).ent

1 오름차순 정렬하기

오름차순을 클릭하면 점수가 작은 순서부터 정렬되도록 해보세요.

 **오름차순** : '오름차순'을 클릭하면 점수가 작은 순서부터 큰 순서대로 정렬돼요.

❶ '24강 자료 정렬하기(예제).ent' 파일을 불러와 '오름차순'을 클릭하면 '확인 횟수' 변숫값을 '점수' 리스트의 항목 수로 지정하도록 그림과 같이 코드를 완성합니다.

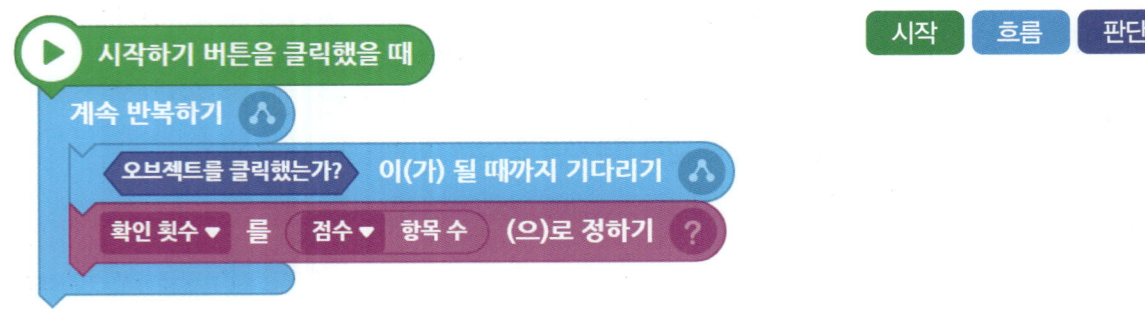

쏙쏙! 코드 이해하기

예를 들어 '10'명의 친구가 키가 작은 순서대로 줄을 선다고 할 때 1번째 친구가 2번째~10번째 친구들과 키를 비교하여 자리를 찾아가면 2번째 친구는 1번째 친구를 제외한 9명의 친구들과 키를 비교한 후 자리를 찾아가면 돼요. 이때 반복문을 사용해 키를 비교하려면 반복 횟수를 '1'만큼씩 감소해야 되는데 '확인 횟수' 변숫값이 이 역할을 하게 돼요.

❷ '점수' 리스트의 항목 수만큼 조건을 반복한 후 "오름차순 정렬 끝"을 말하도록 그림과 같이 코드를 완성합니다.

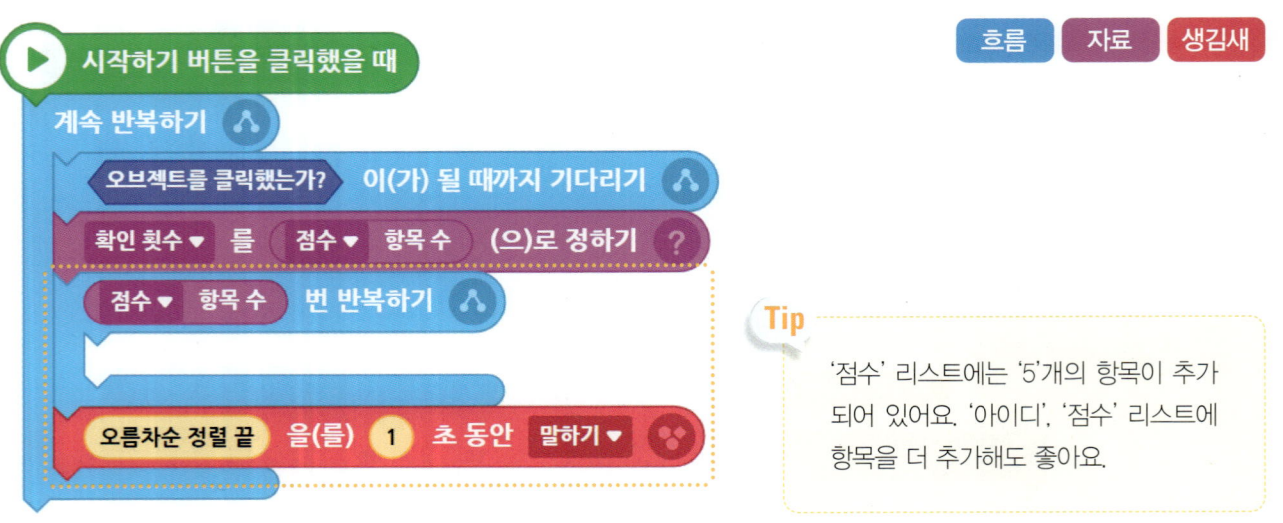

Tip '점수' 리스트에는 '5'개의 항목이 추가되어 있어요. '아이디', '점수' 리스트에 항목을 더 추가해도 좋아요.

❸ '순서' 변수를 활용하여 '점수' 리스트의 1번째 항목과 2번째 항목을 비교하고 1번째 항목이 2번째 항목보다 크면 '임시 아이디 저장소', '임시 점수 저장소' 변숫값을 1번째 항목 값으로 지정하도록 그림과 같이 코드를 완성합니다.

쏙쏙! 코드 이해하기

오름차순은 작은 수부터 큰 수로 나열돼요. 예를 들어, 1번째 친구가 2번째 친구보다 키가 크다면 1번째 친구가 2번째 친구 자리로 이동하기 위해 먼저 1번째 친구의 위치 정보를 임시 변숫값으로 지정해 놓는 코드예요.

❹ 1번째 항목보다 작은 2번째 항목을 1번째 항목 위치로 옮기도록 그림과 같이 코드를 완성합니다.

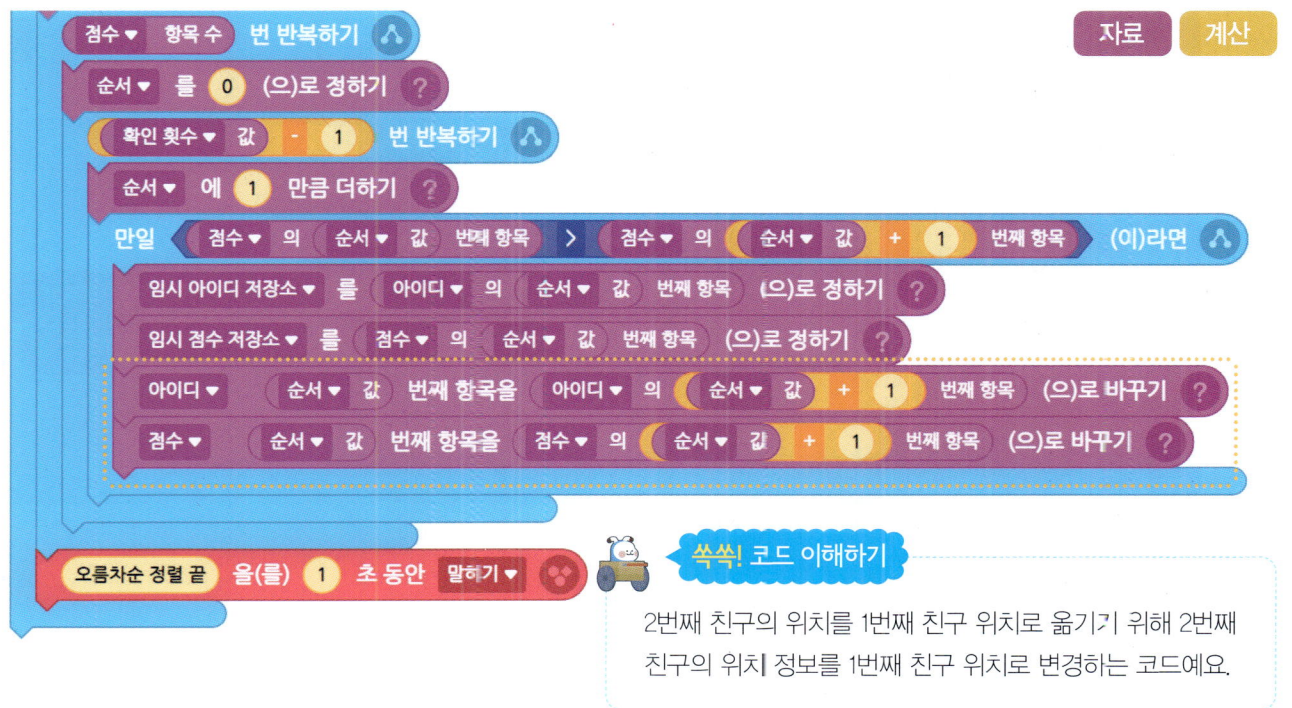

쏙쏙! 코드 이해하기

2번째 친구의 위치를 1번째 친구 위치로 옮기기 위해 2번째 친구의 위치 정보를 1번째 친구 위치로 변경하는 코드예요.

❺ 1번째 항목을 2번째 항목 위치로 옮기도록 그림과 같이 코드를 완성합니다.

🚗 쏙쏙! 코드 이해하기

앞서 임시 변숫값으로 저장했던 1번째 친구의 위치 정보를 2번째 친구의 위치로 옮기도록 하는 코드예요.

❻ 다음 항목을 비교할 때 정렬을 마친 자료는 비교하지 않기 위해 '확인 횟수' 변숫값을 '1'만큼 감소하도록 그림과 같이 코드를 완성합니다.

2 내림차순 정렬하기

내림차순을 클릭하면 점수가 큰 순서부터 정렬되도록 해보세요.

내림차순 : '내림차순'을 클릭하면 점수가 큰 순서부터 작은 순서대로 정렬돼요.

❶ '오름차순' 오브젝트의 코드를 복사하여 붙여 넣은 후 부등호를 '작다(＜)'로 변경하고 안내 메시지를 "내림차순 정렬 끝"으로 변경합니다.

쏙쏙! 코드 이해하기

오름차순과 내림차순은 정렬 방식이 서로 반대이므로 두 자료를 비교하는 부등호만 변경하면 오름차순에서 내림차순으로 정렬 방식을 변경할 수 있어요.

❷ 프로그램이 완성되면 실행하여 자료를 오름차순, 내림차순으로 정렬해 봅니다.

• 예제 파일 : 24강 동물 달리기(예제).ent   • 완성 파일 : 24강 동물 달리기(완성).ent

 **1** 예제 파일을 불러와 동물 달리기 기록을 오름차순으로 정렬하도록 코딩해 보세요.

 오름차순

① 클릭하면 '확인 횟수' 변숫값을 '달리기 기록(분)' 리스트의 항목 수로 지정해요.
② 리스트 항목 수만큼 반복하여 1번째 항목과 2번째 항목을 비교해요.
③ 1번째 항목이 더 크면 해당 항목을 임시 변숫값으로 지정해요.
④ 임시 변숫값을 이용해 1번째 항목과 2번째 항목의 위치를 변경해요.

 **2** 동물 달리기 기록을 내림차순으로 정렬하도록 코딩해 보세요.

내림차순

① 클릭하면 '확인 횟수' 변숫값을 '달리기 기록(분)' 리스트의 항목 수로 지정해요.
② 리스트 항목 수만큼 반복하여 1번째 항목과 2번째 항목을 비교해요.
③ 1번째 항목이 더 작으면 해당 항목을 임시 변숫값으로 지정해요.
④ 임시 변숫값을 이용해 1번째 항목과 2번째 항목의 위치를 변경해요.